社

an imaginative society

想

U0965873

家庭与夫妻治疗：案例与分析

Assessing Families and Couples: From Symptom to System

[美] 萨尔瓦多·米纽庆(Salvador Minuchin)
[美] 迈克尔·P. 尼科尔斯(Michael P. Nichols) 著
[美] 李维榕(Wai-Yung Lee)
胡赤怡 卢建平 陈 珏 译

華東理工大學出版社
EAST CHINA UNIVERSITY OF SCIENCE AND TECHNOLOGY PRESS
·上海·

图书在版编目(CIP)数据

家庭与夫妻治疗：案例与分析/(美)萨尔瓦多·米纽庆(Salvador Minuchin)，(美)迈克尔·P. 尼科尔斯(Michael P. Nichols)，(美)李维榕(Wai-Yung Lee)著；胡赤怡，卢建平，陈珏译.—上海：华东理工大学出版社，2022.1(2025.3重印)

(社想)

书名原文：Assessing Families and Couples：From Symptom to System

ISBN 978-7-5628-6273-4

Ⅰ.①家… Ⅱ.①萨… ②迈… ③李… ④胡… ⑤卢… ⑥陈… Ⅲ.①集体心理治疗 Ⅳ.①R459.9

中国版本图书馆CIP数据核字(2021)第248819号

策划编辑 / 刘　军
责任编辑 / 孟媛利
装帧设计 / 李尘工作室
出版发行 / 华东理工大学出版社有限公司
地址：上海市梅陇路130号，200237
电话：021-64250306
网址：www.ecustpress.cn
邮箱：zongbianban@ecustpress.cn
印　刷 / 上海盛通时代印刷有限公司
开　本 / 710 mm×1000 mm　1/16
印　张 / 20.25
字　数 / 309千字
版　次 / 2022年1月第1版
印　次 / 2025年3月第4次
定　价 / 128.00元

前言

任何一部由两位或多位作者合写的著作，都一定有它如何面世的故事。对于本书来说，有三个这样的故事。我们希望这三个故事，可以成功地融入后面的章节。萨尔瓦多·米纽庆（Salvador Minuchin）从事临床工作多年，希望能写一部总结性的著作，也希望这本书能引起学术界的关注，因为它以一种雅致的方式囊括了他临床经验的精华，既饱含知识，又充满美感。迈克尔·P. 尼科尔斯（Michael P. Nichols）对青年学子施教多年，希望能为刚刚开始临床之旅的既充满憧憬又颇感迷茫的青年学子写一些有益的东西。李维榕（Wai-Yung Lee）的治疗实践深受其自身的中国文化根源的影响，她希望能对不确定的知识畅抒己见。

当然，作者们的合作是一个趣味盎然且错综复杂的过程。第一章的引论是由三位作者共同完成的；之后的案例虽然由第一作者撰写，或者说是治疗师的作品，但所有作者都参与了评述。五组案例前的介绍由迈克尔·P. 尼科尔斯撰写，李维榕则撰写了结语。

对位于萨克拉门托（Sacramento，美国加州首府）的加利福尼亚大学的克里斯特尔·巴兰蒂（Chrystal Barranti）以及俄克拉荷马州立大学的凯瑟琳·布里格斯（Kathleen Briggs）富有真知灼见的述评，作者们在此表示感谢。

目录

第一章

引论：家庭与夫妻治疗的四步模式

家庭治疗演变的简短回顾

家庭治疗的先驱者告诫我们，要以超越个体特征的眼光去审视使家庭成员构成一个家庭的模式；家庭是由彼此联系的不同生命个体构成的，且它又是由严格但未言明的规则掌控的。

不过，自格雷戈里·贝特森(Gregory Bateson)、默里·鲍恩(Murray Bowen)和内森·阿克曼(Nathan Ackerman)时代以来，这个领域已经有所改变，从最初强调家庭的互动(family interactions)，逐步发展到专注于对经验的叙说性建构(narrative construction)——简而言之，就是从人际关系的视角转变为个体认知的视角。但是，如果你认为家庭系统理论(family systems theory)的最大创新在于发现了人们的生活是密不可分地相互缠绕在一起的，并且认为家庭成员的行为在很大程度上不过是展现他们互动的一种方式而已，那么这种改变就未免有些令人困惑。

基于这个前提的各种治疗方式的目的均在于改变家庭组织(organization of the family)。我们也因此想当然地认为，一旦家庭组织发生了变化，每一个家庭成员的生活也会随之发生相应的改变。家庭治疗能够繁荣发展，不仅是因为其效果，而且还因为它帮助我们重新发现了人类状况的最基本的相互关联：家庭系统理论告诫我们，家庭远胜于个体的集合(collection of individuals)；它是一个系统，是一个有组织的整体，它的每个部分皆以超越其各自特点的方式来发挥自身的功能。

为了看到整体，我们学会了通过模糊(blurring)对个性的关注来审视系统这个统一体的方法。不幸的是，在回头审视系统的过程中，家庭治疗师有时会忽略组成家庭的个体。[①]如果不对人们所处的社会情境(social context)特别是家庭加以考虑，我们就不可能理解个体；但是如果我们只将关注点限制在互动的表面而完全忽略了内在经验的社会行为，这无疑也是一种误导。

家庭治疗进入21世纪的桥梁是社会建构主义(social constructionism),

① 相当于“只见森林，不见树木”。——译者注

它认为我们的经验能够帮助我们清楚地表达事件。这种从行为到认知的转变，开拓了各种新的可能性。

当今家庭治疗的叙说方式是后现代(postmodern)革命的完美表达。当所有的知识都被视作是被建构的而不是一种新发现的时候，以下说法似乎是再恰当不过的了：家庭治疗的主导方式应该关注人们创造意义(create meaning)的方式，而不是他们的行为方式。不幸的是，在重新发掘个体及其内在经验的过程中，后现代方式已经出现无视家庭及其内在关系的倾向。

这一领域从家庭互动转向个体认知的原因之一是，我们为了改变家庭而将注意力放在技术上，从而使我们远离了对家庭的研究。受到贝特森全身心地投入科学观察和研究的激励，第一代家庭治疗师花费了大量的时间来观察和聆听。他们之所以愿意观察和了解家庭，是因为家庭当时还属于未知领域(terra incognita)。不幸的是，当家庭治疗师变得越来越关注治疗技巧而不是去理解家庭的时候，他们便开始远离这种接纳性的开放(receptive openness)了。于是，改变、改变的动力学、声音和意义的延伸变成了焦点，而心理组织(psychological organization)以及创造意义和对话的人们之间的相互联结虽然没有被完全忽略，也几乎被弃之不顾。

此外，当代家庭治疗忽视家庭取向的另一个原因是，家庭治疗领域一直存在一股令人厌恶的反家庭暗流。治疗师最初是以敌对者的身份进入家庭的。家庭治疗的出现本应是一种科学的进步，但也不免会受到道德和政治的潜在影响(undertones)。以前，疯狂(madness)是被忽略、被放逐或者被禁锢的，现在却要由家庭来承担责任，接受责难。家庭治疗师为精神分裂症患者的疯狂行为赋予了意义，认为这种疯狂行为不过是其为应对紊乱的家庭环境而采取的一种绝望的、不得已的处理方式而已；由此，家庭治疗师将精神分裂症患者从精神疾病的无可救药的地步中拯救出来。发狂的不是病人，而是家庭。

治疗师们努力让家庭中的个体成员成为其权利的自主主体，这实际上是对抗拒成长的家庭权威的挑战。个体成员可能要求改变，但是家庭或许需要某个人来充当“病人”的角色。病人由此变成了“被认定的病人”(identified patients)——家庭的替罪羊(family scapegoats)，为维护家庭不安全的平衡而做出牺牲。家庭治疗师把他们自己看作复仇的天使，热衷于通过“谋杀”(slaying)家庭中的残暴之人(dragons)来拯救无辜的受害者。攻击家庭的最尖锐的声音出现在20世纪60年代。根据R. D. 莱恩(R. D. Laing)的说法[1]，孩子一生下来就成了受家庭和文化桎梏的囚徒。莱恩曾将家庭形象地描述为反面角色——“现代社会的集中营”(the concentration camp of modern society)，虽然这一描述未免过于戏剧化，也过于极端，但它的确与多数人看待家庭的方式并无二致。

尽管贝特森团队的观察不可谓不科学，但他们用来描述家庭系统的语言却未免有点儿“杀气腾腾”，他们常常暗示家庭系统不仅无意识地抵抗改变，而且还有意识地挑战改变。“双重束缚”(double bind)的概念引导了一种治疗理念——将个体从家庭病态的控制中解放出来。这种敌视家庭的观念，同样也将治疗师放在了敌对者的位置上。因为家庭被视为愚笨无知的系统，一旦同时被视为僵化的(顽固地坚持他们自己的方式)以及捉摸不定的(难以把握的)，那么对家庭成员进行访谈便无异于一场搏斗。甚至是那些不再认为病人是其亲属的无辜牺牲品的家庭治疗师们，也常常会觉得他们自己在反对家庭，因为这些家庭顽固抵抗各种旨在改变家庭成员的种种努力。这种敌视家庭的观点，可以在鲍恩“未分化的家庭自我体系”(undifferentiated family ego mass)[2] 的概念中一览无余，这个概念强调家庭成员要降低自我的个体性。甚至米纽庆旨在解救三角化的孩子(triangulated child)和针对“缠结家庭”(enmeshed families)[3] 的工作，以及米兰(Milan)学派“肮脏游戏”(dirty games)[4] 的概念，也常常以敌对斗争的面貌出现。

当今时代，当家庭治疗师们呼吁应对家庭采取合作式方式(collaborative approach)之时，他们铭刻在心的，是要摆脱先前模式的那种显而易见的攻击性。先驱们最初进入家庭时常常将家庭视为对手(adversary)——“过稳态”(homoeostatic)和“阻抗”(resistant)——的部分原因是他们进入家庭时带有根深蒂固的偏见。他们一心想拯救“家庭的替罪羊”，所以将母亲视为要被制服的敌人，将父亲视为可以被忽略的边缘人物。但哈琳·安德森(Harlene Anderson)和哈里·古丽珊(Harry Goolishian)[5] 在提倡采取合作式方式之时，则正式宣称应摒弃独裁者模式(authoritarian model)。这种独裁者模式认为：治疗师作为无所不知的专家，可以为病人提供其所寻求问题的答案。后现代治疗师在拒绝控制论模式——家庭犹如一个功能不良的反馈环(dysfunctional feedback loops)——的同时，对“家庭本身一定有某些错误或缺陷”这一观念大加挞伐。不幸的是，他们还是回归到了家庭治疗开宗明义的三个发现：(1) 心理症状常常与家庭冲突有关；(2) 人的问题可以相互影响；(3) 治疗时应将家庭视为一个单元。

家庭治疗的早期版本有时的确会将家庭视为洪水猛兽，并因家庭所存在的问题而对其大加责难。叙事运动将治疗师与家庭的关系转变为伙伴关系。然而，叙事治疗师在拒绝家庭治疗早期施恩于家庭的思想意识的同时，也对系统式思维予以拒绝，这样虽然强调了机械论的元素，但却忽略了其更为人性化的含义。

结构式家庭治疗演变的简短回顾

《家庭与家庭治疗》(*Families and Family Therapy*)[6] 这部著作在30年前便广受欢迎，原因是它不仅为理解两人之间相互交换的动力学［双重束缚，追赶者—回避者(pursuer-distancer)，等等］，也为理解整个家庭的组织提供了简单且全面的模式。进行家庭治疗存在巨大困难的原因之一是，家庭常常以个体集合的方式出现，且家庭成员之间相互影响，又不易于被理解。结构式(structural)家庭治疗虽然在其实施过程中难免忽略个体动力学，即在建构家庭经验时拒绝个人历史的影响，并且因为偏爱过程而忽略了意义(所有这些或许是其瑕疵所在)，但它的确为家庭治疗提供了一个框架，使得其实施更具条理性，也更具意义。不仅如此，结构式家庭治疗的确一直遵循一个基本路径(trajectory)，即从试图去理解家庭到制订策略，以此来改变人们。

在有关我们工作的第一部著作《贫民窟家庭》(*Families of the Slums*)[7] 里，我们重点谈到了家庭组织，描述了亚系统(subsystem)、联盟和联合(alliances and coalitions)，区分了功能的界限(boundaries)和归属于不同亚系统的家庭成员的不同的行为方式，以及缠结或疏离组织所导致的失败的结局。治疗基于对家庭组织的理解。治疗性探索的目标在于发掘导致某种类型的经验和行为的家庭组织——尤其是那些促使青少年付诸行动的家庭关系类型。因此，准确的评估是干预的先决条件。

在《心身家庭》(*Psychosomatic Families*)[8] 一书里，我们讨论了何种类型的家庭关系导致了躯体化(somatization)。只有当我们对动力学有所理解时，才有可能发展出挑战病理性僵化的技术，并促使新的关系模式和功能方式的形成。重申一次，评估才是重中之重。

在《贫民窟家庭》这部著作中，我们提出了家庭组织的一种疏离类型：父母要么对孩子的行为漠不关心，要么对孩子实行独裁主义的控制。他们的行为方式，不是忽略就是暴力。这样的父母对孩子所做出的反应，主要是基于他们自己的情绪，而不是基于孩子的行为。无法对父母的反应做出预测，这无疑会妨碍孩子对规则的理解，并阻碍他们形成内在的自我控制。孩子总是需要父母来控制的，这样的控制也常常会变得反复无常。我们不知道当今时代是否仍然可以遵循 20 世纪 60 年代写作的《贫民窟家庭》一书所接受的所有假设，不过，显而易见的是，现在，我们在试图改变家庭之前，探索的重点应该是对问题的理解。

在《心身家庭》一书里，我们试图描述导致躯体症状产生的家庭组织。我们假定这些家庭缠结、回避冲突、过度保护，而且父母之间通过被认定的病人的三角化而避免了直接的冲突。此后更进一步的调查研究质疑了我们的一些描述，并且提出了另外一些建议。不过，我们采取何种程度的干预措施是基于我们对受到多重保护的家庭动力的评估以及我们的警觉性，例如，对于有厌食症孩子的家庭来说，需要引起重视的是过度饥饿所导致的紧急情况。我们用来挑战过度饥饿模式的午餐治疗(lunch session)，便是基于我们对家庭组织的理解而提出的。午餐治疗的目标在于引发父母与被认定的病人之间的冲突，同时也对父母借助被认定的病人以回避夫妻之间的直接冲突的方式提出了挑战。

与我们对付诸行动的儿童(acting-out children)的工作一样，对厌食症孩子的工作也是从观察家庭功能开始的，之后再对家庭组织做出理论假设，然后才发展技术，引导家庭成员之间的关系出现新的变化。此后，因对家庭的理解受到削弱，而过于强调发展干预方法以及对治疗师的风格、家庭情境和提供服务的公司组织进行探索，家庭治疗领域已经在向摒弃观察家庭的方向转变，并且逐步转向注重技术［循环提问(circular questioning)、假设(hypothesizing)、恒定不变的处方(invariant prescription)］和治疗师的权威问题，以及作者的身份(authorship)，后来则转向注重为行为赋予意义的故事的作用。

50 年后治疗师的风格

治疗师的风格会随着他或她个人的成长和职业的发展而改变，并且会与时俱进或因时而变。作为一个 80 多岁的老人，当我回首过去时，我看到的并不是毫无缝隙的轨道，而是一段伴有驿站的旅程；偶尔停歇下来，认识到自己正在确定无疑地误入歧途时，我便会重启旅程。这是一段布满岔道、走走停停的旅途。

玛拉·塞尔维尼-帕拉佐莉（Mara Selvini-Palazzoli）[9] 是一位非凡的先锋人物，她勇敢地将自己的错误和新的起点公之于众。显然，每个起点都必定为开辟新的旅程提供能量。不过，令她的学生和追随者感到沮丧的是，还存在另外一个同样确定的起点。矛盾处方（paradoxes）被循环提问取代，家庭游戏也让位于恒定不变的处方，而她的同事博斯科洛和切金（Boscolo & Cecchin）[10] 却又用关注对意义的建构这个后现代方法取代了他们以前的方法。

同样地，50 多年的治疗师生涯使我或多或少地还保留着一贯的思维方式，也一直在孜孜不倦地锻炼我干预的风格。首先，我要承认，我有博采众家之长的癖好。我在阅读同行著作的同时，常常有自己个人的评价与判断，极少无动于衷，而且我会“复制”他们的想法。我曾经“复制”过弗吉尼娅·萨提亚（Virginia Satir）、阿克曼、贝特森、黑利（Haley）、卡尔·惠特克（Carl Whitaker）、鲍恩、保罗·瓦兹拉维克（Paul Watzlawick）、佩姬·帕普（Peggy Papp）和克洛·曼登尼斯（Cloe Madanes）的想法。此外，我还“复制”过后现代主义者，如米兰学派、哈琳·安德森和哈里·古丽珊、迈克尔·怀特（Michael White）和戴维·爱普斯顿（David Epston）、史蒂夫·德沙泽（Steve deShazer）以及其他许多人的思想。

我从来不认为有人可享有自己思想的专有权。如果某个治疗师的想法很好，那么它应当是他或她给这个领域的礼物，可供任何人挑选、借鉴。虽然如此，我知道，当我“复制”卡尔·惠特克思想的时候——问某个配偶，他或她是否已经与伴侣“离婚”，并且“娶”了或

“嫁给”了孩子或高尔夫——我不是在模仿卡尔，我是在对他的思想兼容并蓄，我所带有的西班牙口音和其中的微妙之处是我的，而不是他的。

生活经历可以塑造治疗风格。豪尔赫·路易斯·博尔赫斯(Jorge Lius Borges)教会了我神秘和不确定的价值。我的母亲教会了我秩序在生活中的重要性。我的父亲让我知道了什么是对正义和公平的扭曲，让我领悟了作为一个犹太人，他所属的民族对他来说意味着什么，让我知晓了作为一个移民没有归属感的忧虑。过去那些几乎被遗忘的经历，在与某一个新的家庭相遇时，便会被重新点燃。一旦你接受了治疗师是一种有所偏爱甚至存在偏见的“工具”这种观念时，你就会意识到自我认识(self-knowledge)的重要性，你也可以自由自在地借鉴生活中的经验。这只是有关自我使用的一部分，对家庭治疗师来说，如何在治疗中运用自我是需要接受专门的训练的。

当然，我也“复制”我自己的想法。我会乐此不疲地使用我在回应家庭时的拿手好戏。我会选择对某些家庭在某些情境下似乎有效的某个词语或者概念，并且在类似的情形下重复使用它们。我尝试过使用明暗化(shading)、幽默以及情感调性等方法。这些方法最初是自发或者自然出现的，不过，令我惊讶的是，它们慢慢地就变成了技巧。最终，这些技巧变成了我的拿手好戏的一部分，而我并没有意识到我正在使用它们，就像武士(Samurai)的剑变成了他手臂的一部分一样。阅读我著作的读者也许可以津津乐道地追溯我是如何频繁地重复使用我自己的不同技巧的，好像我总在自发地创新(spontaneously innovating)。

经过数十年的治疗实践，我已经从一个主动的挑战者——对抗、指导、控制——转向更柔和的风格。其间，我可以运用幽默、接纳、支持、建议和引导等方法，去实现以前需要运用犀利的风格才能达到的目标。我已经从指导者转变成一个协作者，但我并没有放弃作为一个专家的角色；我已经从其所植根的社会情境去看待家庭和人类转向于观察家庭系统和个人的精神世界，但并没有丧失对其相互影响的警觉；我已经从目不斜视地关注现在转向探索过去的影响，不过，目标依然在于促进现在的改变。这些变化使我的风格更为复杂，也更加多样。

通过这些转变，有些行为和某些词汇已经变成了我的标签。现在我将与你一起分享这些词汇和行为，希望利于你在合适的时候借用。

非言语干预

我采用空间作为情绪亲近程度的标志。例如，正如你稍后将看到的一样，我在治疗中要求萨拉(Sara)——我在西班牙看到的那位年轻的“父母化了的女儿”——将她的“椅子”从她的家庭中移开，这是一种暗示独立的方式。我常常会这样做。我要求那个奥地利家庭的母亲做同样的事情，而且有时我要求某个疏离(disengaged)的家庭成员与另外的成员坐得更近一些。这是一种简单的干预，无论是成年人还是儿童，都很容易领会我的意思。此外，因为要求人们搬动他们的椅子，这本身便提供了一个无言的建议，家庭成员可以对此赋予他们自己的意义。

在访谈幼童时，我常常要求他们站起来，站在父母旁边；有时我也会要求父母将孩子抱在怀里。如果我访谈的对象是所谓的“不可救药”(impossible)的幼童时，我会要求他们击打我张开的手掌并坚持让他们使出浑身的力气，直到他们筋疲力尽为止。这样做是在以生动的方式提醒人们：与他们的父母亲相比，孩子并非那么身强力壮，并非真有那么大的力气。

有时候，我与家庭成员握手，表达对他们的言语或行动的赞许；当访谈对象来自农村家庭的时候，我会以握手的方式，就其要做出的改变来与他们达成协议——这种做法显然源自我在小镇的生活成长经历。

隐喻的运用

在治疗中使用隐喻(metaphor)既能使治疗师挑战家庭成员，又不会让家庭成员觉得需要进行自我防卫。例如，治疗师建议一位父亲应该对其女儿更温和一些，因为“他的声音那么强悍，而她的声音却那么柔弱”；这种方式要比直接告诉父亲——他在用压制的方式胁迫她——更容易让父亲接受一些。一个精心挑选的隐喻可以揭穿家庭貌似和睦的假象。有些家庭的孩子深陷在父母之间的冲突中，对于这样的家庭，治疗师通过询问“谁是这个家庭的家长”可以让一些事实的呈现变得非常清晰和迅速。接下来，治疗师可以询问：“那么你的配偶是副家长还是‘辩护律师’？”由此便可以帮助家庭描绘出整幅“画像”。

我常常使用我称之为“胡萝卜加大棒”(a stroke and a kick)的两步挑战的方式来表达我希望引起改变的建议。例如，“你很聪明(clever)，但不明智(wise)”，或者“虽然你很疼爱你的孩子，也愿意保护他，但你为什么听不到你说的话(*或者看不到你做的事*)对他造成了伤害”，或者“奇怪的是，一些充满关爱的家庭，为何往往会像盲人一样对关爱视而不见”，等等。

正如你将要看到的一样，在本书中我不止一次地说过：“爱是一个金制的笼子……因为它是金制的，所以人们并未意识到它是一个笼子……但它的确是一个笼子……你没有办法飞走。”这种干预方法已经取代了我先前对缠结(enmeshment)的挑战，以前的挑战有时候听起来像是一种责怪，也像是需要做出改变的要求。

至于孩子与父母之间的循环效应，我会说：“父母既是‘狱卒’，又是‘囚徒’；而孩子既是‘囚徒’，又是‘狱卒’。”“孩子抛出鱼饵，父母便咬住，就像鱼一样被他们的孩子捕获……钓鱼者和鱼之间存在一个环路，你们在这两者之间游弋，时而是钓鱼者，时而是鱼。”

对于“哪里有难处，哪里就有他或她”并因此而操劳过度的热心肠的人，正如马丁内斯(Martinez)家的那个母亲，我或许会说：“印度教(*或墨西哥或希腊或基督教*)的女神有八只臂膀。你只有两只，但你却认为你有八只……你不知道如何去寻求帮助……你不会委派他人做你的代表。”

至于缠结的父亲或母亲和疏离的伴侣之间的动力关系，我会借助以下提问将其引入正题：“你是什么时候与你的伴侣离婚，而‘娶’了或‘嫁给’这些孩子的？”对于没有孩子的夫妻，这种变通的隐喻可以包括诸如“你是什么时候与你的伴侣离婚，而‘娶’了或‘嫁给’你的事业或者网球拍的？”这样一些问题。

有效的挑战是对人们的行为及其后果的描述。不过，为了让来访者接受治疗师为他们指出的问题，治疗师不应让他们感到遭受了冷嘲热讽。例如，在指出某些问题之前，我们常常会说“那很有趣……”，这是为了引起他们对话题的好奇，而不是为他们创造一个借以自卫的时机。

虽然我们这样费尽心机地告诉人们他们应该做什么，但这样做却大大降低了他们学会观察自己的所作所为及其后果的可能性。

如果我访谈的是一对夫妻，我倾向于说："你不能改变你自己，但你可以改变你的伴侣。你需要他或她做出什么样的改变，你的生活才会变得容易一些？"接下来，我会拿出一根"魔术棒"(magic wand)(一支铅笔或类似的东西)，并要求他们其中一人看着自己的配偶，就像一位雕塑家看着一块大理石一样，边思考边说出对方应该做出哪些改变。我或许会根据阴—阳理论做出评论，通过改变整体的背景或情境，才有可能改变其他人或事物。

上述这些干预方式，都是在邀请家庭成员将他们自己视为一个顽皮的故事讲述者来讲述故事的一部分。治疗师可以在需要时应用和修改这些干预方式，我们不要求来访者提供任何处方或申请。

至此，读者也许会问：拥有了从其他治疗师那里借鉴来的技术、个人风格的演变以及生活经验的影响(这些影响使我们对以前确定的东西产生了疑问)，那么，结构式家庭治疗的核心在哪里？活现(enactment)又在哪里？而活现一直是结构式家庭治疗师"工具箱"里最特别的技术。让我首先来回答最后一个问题。之所以发展活现这个技术，是因为我们不相信家庭向治疗师讲述的故事，不相信治疗师的倾听和回应方式中所存在的固有的、扭曲的倾向。

我们设想家庭成员讲述他们所列举的故事，治疗师在与他们的对话和互动中有可能会较好地迸发出新奇的火花，而这些正是治疗师可以追溯并以此不断推动治疗向纵深发展的重要方式。在这个过程中，情绪反应(emotional responses)有时会干扰其思想的连贯性；家庭成员和治疗师会发现他们进入了新的境界，可以探求新的行为和意义。

对于我们来说，活现这个技术似乎会被强调共同构建意义的治疗师所接纳。实际上，在结构式家庭治疗领域里，活现已经有所提升，它不只是一种技术，更是一种普遍深入的态度。

至于结构式家庭治疗的核心，我可以说，虽然我改变了访谈风格，但依然保持对其理论性概念的忠诚。这些概念是在20世纪60年代形成和发展的，包括以下几点：家庭是有结构的并由亚系统(subsystem)组成的社会组织，亚系统之间由不同的界限(boundaries)所分隔；亚系统限定了其成员的功能或作用；家庭成员自己组织其联盟(alliances)、从属关系

(affiliations)以及联合体(coalitions);随着家庭的改变,家庭不断发展并经历转变阶段等。

将焦点放置于家庭,并将其视为理解其成员发展和修正有关自我与他人概念的情境,观察家庭成员的经验和行为对家庭的影响,仍然是系统式家庭治疗(systemic family therapy)的核心所在。

随着时间的流逝,家庭治疗领域已经出现了相应的改变,并且已经对其早期的视觉盲点(scotomas)进行了修正。与此同时,结构式家庭治疗也已经发展出一种新型的广角透镜(lens),它既包括将个体视为一个心理单元(psychological unit)的面向,又包括将探索过去作为理解现在的一种方式。本书所描述的四步模式,是我与家庭治疗领域一起成长的结果,代表着更为广泛的愿景(vistas),而随着时间的流逝、思想的改变和经验的积累,这些愿景已经触手可及。

评估家庭且为治疗指明方向的地图

我们所绘制的用于评估家庭的这幅地图貌似简单,但它是对50年来家庭治疗的概念和技术进行筛选的结果。

在过去的10年里,我一直在美国和其他国家为一些大型团体主持以两天为期的工作坊。在这些工作坊里,我一直遵循一个有规则的模式,这个模式似乎对家庭、听众和我自己都很适用。

我通常会在工作坊开始的前几天抵达所在的城市,并且访谈两个家庭。我对访谈的录像带进行编辑,并在工作坊开始的第一天播放;第二天便在治疗工作室现场访谈这两个家庭,并将访谈实况传输和投影给观众观摩。一般来说,我们(家庭和我)会设法采用连贯的叙述,着重考虑家庭的文化氛围。我已经在26个国家采用了这个模式,从新西兰到日本,从西班牙到德国,从墨西哥到阿根廷,绝大多数情况下,会有译员为我们翻译。

我曾经质疑过我自己和来自如此众多国家且文化背景迥然不同的这些家庭之间的适合性。达成相互之间的理解几乎是不可能的,原因之一是我发现自己经常忽略了言语表达的细微差别，而这些在治疗中又非常重要；原因之二是我经常在自己对其文化习俗几乎全然不知的国家中工作。我从中总结出的结论是，对这种现象有两种解释：一种解释是，我是一个“催眠大师”，有能力让来自不同文化背景的家庭信服，他们相信我看待他们的经验的方式比他们自己的方式更优越；另外一种可能性更大的解释是，我们所有人，包括我自己，有可能有着看待和理解家庭关系的同一种方式，我为家庭提供了一个似乎可以解释他们困境的组织架构，他们由此便使用这个模式，并且对其加以创新，加入他们自己独特的方式。

家庭评估的四步模式

在访谈家庭时，评估的艺术在于，发掘是什么在阻碍家庭实现其目标，加入(joining)家庭成员，并让他们明确如何从他们现在所处的位置来抵达他们想要到达的目的地。我们分四步来完成这项任务：(1) 拓展目前的主诉(opening up the presenting complaint)；(2) 着重探索使问题持续存在的互动(highlighting problem-maintaining interactions)；(3) 结构化地集中探索过去(a structurally focused exploration of the past)；(4) 探索相关的改变方式(an exploration of alternative ways of relating)。

第一步：拓展目前的主诉

这一步是挑战家庭的确定性，他们确信主要的问题在于个别病人的内在机制。该步骤也是将治疗转化为家庭治疗的一个步骤。这一步骤常用的技术包括以下几种：

- 关注被认定的病人的能力范围；
- 对家庭所认定的问题赋予不同的意义(重构)；
- 探索症状本身的表现方式，并且重点关注细节；

◆ 从不同的视角审视问题，直到症状消失为止；

◆ 探索症状出现的背景；

◆ 探索其他家庭成员的困难，并判断该困难与被认定的病人的问题是相似还是不同；

◆ 鼓励被认定的病人描述症状以及他或她所认为的症状的意义，描述他或她自己在其他方面的情况，描述他或她的家庭；换句话说，让其他家庭成员成为听众，从而给予他或她一个尊重的空间。

• • • 第二步：着重探索使问题持续存在的互动

这一步要探索家庭成员的哪些言行导致了问题的持久存在。诀窍在于，在不会激起来访者抵触情绪的情况下帮助他们看到他们的行为是如何使他们身上的问题持续存在的。

这一步是持系统思维的各种干预方法的基础。家庭成员的相互影响存在互补特点，实际上，这几乎是众所周知的道理，因此，对于家庭成员来说，这已不再是什么稀奇的事了，因为在明确(crystallizing)他们的最初构想即"这是他(或她)内在的问题"之前，他们早已大声询问过自己或者扪心自问过："我们到底做了些什么？我们应当采取哪些不同的措施？"保罗·瓦兹拉维克曾经以他自相矛盾的方式描述过这一过程："问题恰恰存在于家庭想方设法地去解决这个问题的方式上。"治疗师几乎总是可以发现，家庭的某些成员，尤其是某些起治疗作用的成员，随时都会加入助人的过程中来。事实上，第二步有赖于以下假设，即如果家庭成员认为他们自己有能力帮助被认定的病人，他们便会改变彼此的相处模式。

这一步的技术在家庭治疗的所有著述中都曾被提及，不同的治疗师所采取的技术会有所不同，读者也将在本书的所有案例中反反复复地看到关于这些技术的论述。

• • • 第三步：结构化地集中探索过去

这一步是对家庭中成年成员的过去进行简短、有重点的探索，其目的在于帮助他们理解他们现在看待自己以及他人的狭隘的观点是如何形成的。这一步虽然一直是精神动力治疗方式的一部分，但对于我们来说却很新鲜。我们认为，家庭治疗在对自我的基本构建中拒绝探索过去的经验，这是在与精神动力学派思想家争论的过程中对一种意识形态的反应（ideological response）。而现在，家庭治疗这一领域已经发展成熟，足以纠正其早期的学派偏见。

作为一位 80 多岁的老人，我现在意识到我孩提时代残存的记忆仍然在我脑海里游弋，并且影响着我如今在家庭治疗中对家庭成员的回应。我知道这对于你——本书的读者——也是如此。正因为如此，我们在这一步的干预方式便自然引起了疑问。我们究竟该如何利用对过去的探索来促进对现在的相处模式的拓展呢？

我们将这一步视为治疗师与家庭成员在前一步已经揭示的相处风格的探索的延续。因此，这一步应当指向已经揭示的导致困境产生的特定区域。治疗师或许会针对某一个家庭成员以这样的问题开始提问："在上次访谈时我便注意到，即使很显然你的配偶是错的，而且你也不赞同他或她的观点，你还是不会去挑战你的配偶。在你的孩提时代，是一些什么样的经验导致你回避争论？""你父母是如何为你选择这副特殊的透镜的？你父母帮你挑选的这副透镜似乎限制了你与你的配偶相处的能力；你能否说说，在你的孩童时代，你是如何选择这副透镜的？""我们以前就注意到，虽然事实上你知道你的两只臂膀已经很疲惫了，你自己也不想太过操劳，但你似乎还是像有八只臂膀一样在操劳。在你的孩童时代，与他人相处时，你是如何选择这种特殊取向的？你能说说这个问题吗？"有人会这样认为，这种形式的提问并非仅仅起源于精神动力学的思考，也来源于在古老故事中发掘新意义的叙说传统。

在第三步，孩子一直是一名听众，在聆听他们父母的故事。而到了第四步，他们便加入进来，成为积极的参与者。第四步不仅使评估更为准确，也使评估更为有用。

第四步：探索相关的改变方式

在勾画出一幅究竟是什么维持着家庭的困境，以及他们是如何形成这种方式的粗略的图画后，家庭成员和治疗师便会讨论谁需要改变、改变什么，以及谁愿意改变或者谁不愿意改变。这一步将评估过程从凌驾于家庭的工作转变为与家庭一起的工作。缺乏这一步，治疗便常常会变成将人们推向他们认为没有理由要去的地方的一个过程。如此看来，他们对这一过程予以阻抗，便不足为奇了。

虽然在这一领域有关治疗技术的著作近乎汗牛充栋，但我们对治疗的过程，对必须产生变化的治疗回合的探索，仍然不够充分。治疗技术仅仅是用来完成某项特定任务的工具。治疗师们常常携带着装满各种恰当工具的"工具箱"，却缺乏一幅地图。一个治疗师在进入家庭系统时固然有必要配备一些工具，但如果在使用这些工具时没有理论性的方向，这些工具反而会变成产生相反效果的绊脚石。

进入新千年以后，我们所需要的不再是更多、更好的技术——我们已经有足够多的好技术了。相反，我们的目标应该是提供一个足够宏大的构架，将构建家庭问题的诸多概念以及干预家庭问题的诸多方法组织起来。在本书稍后呈现的十个案例里，我们将尝试将这一技术作为引起某些新奇变化的一部分来集中讨论。

我们设计的这个四步模式，对于在家庭治疗的开放舞台上劳作的不同背景的治疗师来说将会有所裨益(参见表 1-1)。

表 1-1 里的步骤过于简单。治疗师在实施这些步骤时，有必要对家庭是如何组织的这个问题有一些理解，而不是一味地将自己偏好的理论强加给家庭成员。评估的目的应当是与家庭一起，去发现新的、有用的理解他们两难困境的方式，探索他们自己治疗自己的资源。

表 1-1 四步模式

步骤	目的
第一步	对目前存在的问题和存在症状的人去中心化
第二步	探索维持目前问题的家庭模式
第三步	探索重要家庭成员的过去对现在的影响
第四步	重新定义问题并且寻找新的办法

我们曾经尝试让刚入门的治疗师使用这种方法，以评估其有效性。这些治疗师接受过家庭治疗课程的培训，他们能够理解第一步的内在概

念，也知道需要将被认定的病人和问题去中心化(decentralize)，并将之转向人际关系。但是，他们却不知道如何操作这一步骤。他们认识到，需要找到一种语言，邀请家庭成员对这一区域进行探索。为了弥补这个不足，我们讲授了家庭组织以及家庭成员如何成为家庭系统的一部分的课程。由此，四步过程的扩展(参见表 1－2)便丧失了其简约性(lost its simplicity)，因为有关如何进入家庭，如何在家庭系统的背景下理解家庭成员的故事，如何在挑战僵化的家庭的同时保持足够的好奇心并支持家庭成员，如何倾听家庭成员说话并观察其行为——总而言之，就是如何做治疗——都一一被忽略了。

表 1－2　四步过程的扩展

理解家庭组织	技　术
结　构	加　入
界　限	活　现
联　盟	倾　听
联　合	绘制图示
三角化	重　构
家庭生命周期	强　度
	能　力
	制造界限
	去平衡

最后的反思

在开始应用上述四步模式进行治疗之前，我们有必要对评定家庭的整体思路的几个相关问题加以考虑。

家庭治疗是缓解家庭个体成员痛苦的最好方式吗？家庭治疗对被认定的病人或者家庭的其他成员来说，存在未曾预料的效果吗？可以将某个家庭的有利变化视为其在社会情境中的不恰当表现吗？换句话说，可以将变化视为道德的、政治的或者意识形态方面的错误吗？

格雷戈里·贝特森提出过类似的问题，他同样对试图改变人们的观念非常敏感。作为一位人类学家，他并不愿意对此做出评判。他认为治疗师是分类学者：他们创造出诊断标签，并且相信这个标签便是事实。[11]贝特森对治疗师所做出的假设的文化偏见感到忧虑，而且也对他们向人们施加压力、促使人们适应他们认为应当思考或行动的方式感到忧虑。这些忧虑近年来被后现代的批评放大了，后现代的批评挑战的正是“真理可以被知晓”这种观念。什么可以被称为真理呢？后现代主义者说，只有叙说故事这一种方式。

在后现代怀疑主义时代，家庭治疗师发现自己处在一个十字路口。他们可以像豪尔赫·路易斯·博尔赫斯故事中的某个角色一样，同一时刻在两条路上行走吗？他们可以接纳某个家庭的故事并将其视为有理有据的，与此同时却仍然设想一个新的故事或许更为有用吗？如果真是这样，我们应该将问题家庭的本质视为受困于自我—击败(self-defeating)的行为模式还是受困于其认知模式呢？他们必须在两者之间做出选择吗？

当今时代，我们发现自己正处在似是而非的论点之中，与当年物理学家所遇到的光究竟是以光子还是波的形式传递这个问题十分相似。物理学家的反应是：是的，这取决于我们采用什么方式进行观察。不过，家庭治疗师还没有意识到，描述人类的方式有可能不止一种，他们倾向于将自身区分为若干个理论阵营——叙说学派、追随后现代主义、信奉叙说故事的方式。人们通过给自己叙说故事，组织了自身经验，塑造了自身行为，这样，治疗便应该帮助家庭重新检视其假设。系统式治疗师则与此不同，他们将问题家庭归因于自我—击败的方式。行为和信念有可能会相互强化，而促成改变的最佳方式常常来源于外部。我们的观点是，虽然家庭成员有可能会沉迷于破坏性的互动模式中，但他们的确表达了自己的观点，这种互动模式一方面限制而另一方面却促进了他们的思想和行为；因此，为了达到有效的目标，我们在访谈家庭成员时，一方面要将其视为他们自己故事的演员，另一方面又要将他们视为编剧。

行动和认知并非相互排斥。家庭成员需要通过创造故事的方式来解释他们是谁。故事本身可以维持或修改他们讲述的方式，同时也有助于构建新故事所需要的新组织，等等。这取决于你所强调的道路上的实验和实验方法的特性，但一个人总是同时走在两条路上。

• • • 关于治疗师的几句话

以“定义治疗师不是什么”为开篇，比“定义治疗师是什么”似乎要容易一些：治疗师不是公正或者公平的，也不是政治正确的从业者；不是伦理学家、逻辑学家，更不可能无所不知。治疗师是一位变化的从业者。但变化总是通过以下方式被抵制：老马识途般的熟视无睹，家庭对某个事物的执念，构成一个家庭“关系中的自我”之间竞争性的紧张，以及家庭成员对彼此之间做出改变的要求。

因此，治疗师是一位变化者，其拥有的选择并不多，只有当他瓦解了维护家庭假设的常规时才会发挥作用。要做到这些，治疗师需要步入家庭成员的关系之中，这样就为家庭成员提供了希望，即存在于关系之中的改变方式将对他们有所裨益：减轻痛苦，提高满意度，增长知识。

所有这些都意味着，治疗师是一个受到限制的变化者。家庭成员决定着相互关系的改变方式的各种可能性以及限制程度。因此，改变是一项需要相互协作的事业。为了达到其应有的效果，治疗师需要调整自己以适应家庭成员并进入他们的世界，在与他们的关系中充分利用他自己，同时使家庭成员在他们的相互关系中充分利用自身。那些所谓“无所不知、极具权威”的治疗师，常常会将自己的假设强加给轻信的、容易受骗的家庭成员，这些治疗师是不可能与前面描述的治疗过程共存的。当然，治疗师如果在治疗中扮演权威者的角色，其中的绝大多数会遭遇最终的失败，这种经验对治疗师来说是痛苦的，而且常常会给家庭成员带来伤害，我们所有人皆对此了然于心。

因此，治疗师只能在下述方面扮演专家的角色：拥抱不确定性(uncertainty)，在扩展和丰富家庭成员相处方式的冒险过程中进入家庭，通过帮助家庭成员看到不同的相处方式来挑战他们的确定性(certainty)。

在本书的个案里，你将会了解到，我们有两位治疗师——萨尔瓦多·米纽庆和李维榕——将展示他们拓展家庭资源的方式。与所有治疗师一样，这两位治疗师有他们自己的风格，但是，也正如哈里·斯塔克·沙利文(Harry Stack Sullivan)所说，他们两位“比其他任何人都更为单纯”。因此，他们会与你一起分享他们的宝贵经验，你可以借用他们的技术，并将之移植到适合你自己的独特的方式上。

我们将展示十个案例，在每个案例中，我们都遵循四步模式对家庭成员进行两次访谈。我们尽量选择治疗师常常会碰到的问题家庭。这十个案例可以被分成下面五类：（1）麻烦的孩子和他们的父母；（2）有继子女的家庭；（3）互补的夫妻；（4）心身家庭；（5）家庭和社会服务。

在上述每一类案例中，我们将就如何处理其相应的主要问题进行评述。我们对自己的分类方法并不十分满意，这种分类方法太过武断，而选择其他的分类方法也许会更好一些。无论如何，诚邀你加入我们这次治疗过程之旅。

注释①：

1. Laing, R. D. 1965. Mystification, confusion and conflict. In I. Boszormenyi-Nagy & J. L. Framo (Eds.), *Intensive family therapy*. New York: Harper & Row.
2. Bowen, M. 1961. Family psychotherapy. *American Journal of Orthopsychiatry*. 31: 40 - 60.
3. Minuchin, S. 1974. *Families and family therapy*. Cambridge, MA: Harvard University Press.
4. Selvini Palazzoli, M. 1986. Toward a general model of psychotic games. *Journal of Marital and Family Therapy*. 12: 339 - 349.
5. Anderson, H., and Goolishian, H. 1988. Human systems as linguistic systems: Preliminary and evolving ideas about the implications for clinical theory. *Family Process*. 27: 371 - 394.
6. Minuchin, S. 1974. *Families and family therapy*. Cambridge, MA: Harvard University Press.
7. Minuchin, S., Montalvo, B., Guerney, B., Rosman, B., and Schumer, F. 1967. *Families of the slums*. New York: Basic Books.
8. Minuchin, S., Rosman, B., and Baker, L. 1978. *Psychosomatic families: Anorexia nervosa in context*. Cambridge, MA: Harvard University Press.
9. Selvini-Palazzoli, M., Boscolo, L., Cecchin, G., and Prata, G. 1978. *Paradox and counterparadox*. New York: Jason Aronson.
10. Cecchin, G. 1987. Hypothesizing, circularity and neutrality revisited: An invitation to curiosity. *Family Process*. 26: 405 - 413.
11. Bateson, G. 1971. *Steps to an ecology of mind*. New York: Ballantine.

① 为方便读者查阅，本书按原版复制注释，其后各章同此处理。

第一部分

麻烦的孩子和他们的父母

在中世纪，从某种意义上来说，“孩子们”是不存在的。他们被视为“小大人”，并相应地被当作“小大人”来对待。那个时代的家庭照片上是那种司空见惯的、身着绫罗绸缎的父亲、母亲形象。然而，站在这些照片前，你将看到孩子们是同样穿着打扮的父母的奇特的微缩复制品，你也将看到照片上的证据表明孩子们是按照成人的思想和眼光来被塑造的。从那个年代开始，童年就被提升到如此尊贵的地位，以致在当今的家庭里，父母就像行星绕着太阳旋转般围绕着孩子。通过简单回顾儿童精神病治疗的历史可以发现，我们对童年问题的观点已经以新的方式逐渐发展，该方式反映了我们长期存在的对家庭的矛盾情绪(ambivalence)，也反映了我们理解上的进步。

存在心理障碍是童年时代未能解决问题的后果，这是西格蒙德·弗洛伊德(Sigmund Freud)教导我们的。弗洛伊德的发现在于谴责家庭方面，首先是家庭对无辜的孩子的教唆(seduction of innocence)，其次是家庭乃文化压抑的媒介(agent of cultural repression)。假如儿童成长中带一点儿神经症的表现——担心他们自身健康的本能——我们除了责怪他们的父母之外，还能责怪谁呢？如果情绪问题真的是在家庭中产生的，那么将亲属与病人的治疗隔离开来，防止他们受到精神病治疗手术室(psychiatric operating room)的污染，便会很自然地被视为消除家庭影响的最好方式。

在弗洛伊德的众多追随者中，阿尔弗雷德·阿德勒(Alfred Adler)首先倡导治疗儿童可能是防止成人神经症的最有效的办法。为此，阿德勒在第一次世界大战末至20世纪30年代初说服维也纳学校系统建立了32个儿童指导中心(Mosak，1995)。阿德勒(1927)的方法是通过鼓励和支持，帮助儿童减轻自卑感，以使他们建立一种健康的生活方式，并通过对社会有所贡献(social usefulness)来获得成功。不过，阿德勒的著作《个体心理学》中所暗示的观念是，家庭更多的是暗中破坏，而不是培养了儿童健康的天生的潜力。当临床医生考虑到家庭时，家庭往往被看作他们的病人生活中的破坏力量。我们所关注的是差异和不一致，如此一来，和谐的家庭生活——忠诚、宽容、相互帮助以及援助——常常在不经意间不翼而飞，而其中一些理所当然地成为生活的基本背景。阿德勒(1929)在其名著《自卑情结》中描绘了三种剥夺儿童勇气的养育方法。这三种方法是：(1)为孩子感到遗憾；(2)纵容或过度保护儿童；(3)忽视或虐待儿童。

1909年，精神病学家威廉·希利(William Healy)在芝加哥建立了青少年精神病理研究所(后来的青少年研究所)，它是儿童指导诊所的先驱。1917年，威廉·希利搬到了波士顿，建立了贝克法官(Judge Baker)指导中心，致力于评估和帮助违法儿童。虽然第二次世界大战后儿童指导诊所所剩无几，但儿童指导诊所最终还是在美国的每一座城市中都得以建立，它们为儿童问题以及导致儿童问题的复杂的家庭和社会力量提供评估与治疗。治疗由那些非常注重家庭环境的临床团队实施。逐渐地，儿童指导工作者总结出，真正的问题并非显而易见的儿童的症状，而家庭的紧张状态才是这些症状的根源。于是，家庭治疗领域便开始出现一种责备父母尤其是责备母亲的趋势。

根据戴维·利维(David Levy, 1943)的观点，儿童心理问题的主要原因是母亲的过度保护。自身被剥夺了爱的母亲变成了她们孩子的过度保护者。有一些母亲对孩子专横跋扈，还有一些则溺爱纵容。专横跋扈的母亲的孩子温顺但难以结交朋友；溺爱纵容的母亲的孩子在家里非常挑剔(demanding)，但在学校则表现良好。此后不久，弗里达·弗洛姆-赖克曼(Frieda Fromn-Reichman, 1948)创造了精神病学史上最应受到谴责的词语，即"精神分裂症源性母亲"(schizophrenogenic mother)：这些专横好斗的女人，特别是与消极被动、唯命是从的男人结婚后，她们对待孩子的方式被视为一种最致命的病态的父母养育方式。尽管这些研究注意到了家庭的重要性，但因为家庭问题而责备父母特别是责备母亲的倾向，则仍然是萦绕于该领域的替罪羊般的不幸例子。

即使是在家庭的重要性得到认识之后，母亲和孩子仍然被分开治疗，治疗师彼此之间的讨论也令人气馁，因为它有可能破坏个别治疗的关系。通常，精神病学家被安排去治疗孩子，而社会工作者则去见母亲。给母亲提供咨询相对于治疗孩子这一首要任务来说似乎不那么重要。有时，作为事后产生的想法，精神病学家会在晚间小组里见见父亲。在这一模式中，家庭被视为孩子的延伸而不是其他相关的方式。

最终，儿童教育运动的重点从将父母视为残忍的和不称职的，转变成问题起源于病人与父母以及有意义的其他人之间的关系这一观点上。这一转变意义重大且深远。从此以后，精神病理学不再专注于个体，父母不再是“恶棍”，而孩子也不再是受害者。关键则在于他们之间的互动关系。

约翰·鲍尔比(John Bowlby)在塔维斯托克(Tavistock)诊所的工作引导了治疗朝家庭方式的转移。当时，鲍尔比(1949)正在治疗一名儿童，进展缓慢。在他感到受挫时，他决定在一次会谈中同时见见这个孩子和他的父母。在这次会谈的前半部分，孩子和父母互相抱怨；在后半部分，鲍尔比向他们解释了他所认为的有关他们问题的动力学所在。最后通过共同努力，三名家庭成员对每一个人的看法达成了共识。

尽管联合访谈的可能性激发了鲍尔比的极大兴趣，但他仍然专注于传统的心理治疗模式。会见家庭也许对信息收集有利，但仅仅是作为真正的治疗——个体心理分析治疗——的补充而存在。

鲍尔比将家庭治疗视为一种尝试，内森·阿克曼则使其瓜熟蒂落——家庭治疗成为儿童指导诊所里的主要治疗形式。早在1938年，内森·阿克曼就总结了在处理家庭成员困扰时将家庭作为一个单位来观察的价值。随后，他推荐将研究家庭作为理解孩子的一种方式，从而取代其他的方式(Ackerman and Sobel，1950)。内森·阿克曼在认识到为了对问题进行诊断需要先理解家庭之后，便开始了下一步——家庭治疗。

一旦我们开始在家庭情境中审视孩子，一个新的可能的世界就被打开了。进入家庭就像在黑暗的房间里打开了一盏灯一样：有些事情很快就变得很清晰。你将不仅仅看到家庭成员是怎样使孩子的问题持续存在的，还可以看到他们是如何共同解决问题的。因此，在50年之后，到了21世纪，当大多数治疗儿童的努力仍然集中在儿童个体心理病理学上时，这简直是不可思议的。这使我们不得不对精神卫生临床工作者的“非凡能力”进行反思，即使在儿童植根于其家庭动力学不可辩驳的证据面前，他们仍然紧紧追随着他们自己的意识形态模式。

* * *

当家庭中的父母带他们的孩子来治疗时，他们常常引诱治疗师去抓住孩子问题的细节，好像解决这些问题是治疗师的工作。只要你将心理问题视为深陷其中的个人问题时，就有可能会将焦点集中在潜藏的动机、扭曲的人格以及功能紊乱的神经递质上。你要询问的各种各样的问题将会是：孩子在做些什么？是什么促使孩子那样做？在孩子的成长过程中发生了什么致使他采取那样的行为方式？

一个系统式治疗师要问的问题首先(或者也是最重要的)是：家庭成

员做了什么从而维持了被认定的病人的症状？这一问题将焦点转向了相互影响(transactional)的观点。不过，因为绝大多数麻烦的相互作用都是三角的，因而我们会问，父母怎样才能有效地合作以解决他们孩子的问题？[1]关键点不是由责备孩子转向责备父母，而是考虑家庭如何有效地组织起来去处理其问题。

使得父母之间的冲突几乎不可避免的原因之一是，人们会从不同的视角来看待父母的养育方式。一个可能脾气火暴(shorter fuse)，另一个可能担心更多；一个认为孩子需要保护，而另一个则认为孩子需要自食其力。[2]在一个幸福的家庭里，这些差异能使父母双方摸索出一个平衡的方式来养育孩子。但遗憾的是，父母之间常常出现两极分化，他们各自被推向更极端的位置上，以致相互削弱了彼此的效力。夫妻冲突常常是以他们在孩子问题上的分歧为导火索的。

有婚姻冲突的夫妻的常见模式是夫妻中的一方与孩子的关系过于密切，而较疏远的一方则处在一个或公开或隐蔽的关键性位置上。一个注重情感的妻子因丈夫的疏远感到沮丧，转而追随她的孩子；一个孩子对他母亲的心烦意乱很敏感，从而陷入三角关系并开始以某种方式付诸行动(acting out)。孩子的问题将父母拉到一起，或使他们为如何处理孩子的问题而争吵。

因此，最为常见的父母和孩子的三角结构模式是母亲和孩子缠结(enmeshed)，而父亲则是疏离的(disengaged)。一个系统式治疗师能通过加入疏离的父母一方将他或她拉回到家庭的圈子里来，然后让夫妻合作，并重新建立家庭中适当的代际界限(generational boundary)，以处理上述有问题的家庭结构。但是，在我们下面将要看到的两个个案中，重要的是要记住地图(map)而非领土(territory)。结构化的隐喻不应该使我们忘记家庭是由血肉相连的人所组成的，同时我们也不应该忘记，只有当治疗被看作一项合作性的事业时，它才有可能发挥功效。父母同时也是夫妻，假如你认为你能简单地把两个不快乐的人推到一起，那是错误的。为了触及事物的核心所在，治疗师必须揭示(uncover)并处理(address)夫妻之间的不愉快和冲突。

注释：

1. Not all parents come in pairs, of course. But single parents who have problems

with their children often turn out to be in conflict with boyfriends or girlfriends, with ex-spouses, or with the child's teachers.

2. Scratch the surface and you'll discover that many of these assumptions are projections of the parents' own experience, which is what the third step of our assessment model is designed to explore.

参考文献:

Ackerman, N. W. 1938. The unity of the family. *Archives of Pediatrics*. *55*: 51 - 62.

Ackerman, N. W., & Sobel R. 1950. Family diagnosis: An approach to the preschool child.

American Journal of Orthopsychiatry. *20*: 744 - 753.

Adler, A. 1927. *Understanding human nature*. New York: Fawcett.

Adler, A. 1929. *The science of living*. New York: Greenberg.

Bowlby, J. P. 1949. The study and reduction of group tensions in the family. *Human Relations*. *2*: 123 - 138.

Fromm-Reichmann, F. 1948. Notes on the development of treatment of schizophrenics by psycho-analytic psychotherapy. *Psychiatry*. *11*: 263 - 274.

Levy, D. 1943. *Maternal overprotection*. New York: Columbia University Press.

Mosak, H. H. 1995. Adlerian psychotherapy. In R. J. Corsini & D. Wedding (Eds.), *Current psychotherapies* (5th ed.). Itasca, IL: F. E. Peacock.

第二章

父母化了的孩子

下面描述的个案是一个西班牙家庭——马丁内斯(Martinez)一家，咨询是在其家乡进行的。病人是一个被诊断为患有抑郁症且有自杀倾向的年轻女子，治疗师在前后一个月的时间内对这个家庭进行了访谈，首先对病人单独访谈了两次，然后以小组的形式对其家庭成员访谈了四次。在要求家庭成员接受督导时，治疗师的目标是帮助22岁的病人萨拉放弃照顾两个弟弟(这两个弟弟，一个18岁，一个16岁)的责任，鼓励其他家庭成员欣赏和支持自我评价较低的萨拉。萨拉已经接受小剂量的抗抑郁剂治疗，并且药物治疗已产生了效果。

马丁内斯一家包括：51岁的父亲佩德罗(Pedro)和50岁的母亲约瑟法(Josefa)；已婚的28岁的女儿胡安娜(Juana)，她和父母住在同一个小镇上；22岁的萨拉；18岁的阿尔伯托(Alberto)和16岁的杰维尔(Javier)，他们俩都在一所职业技术学校学习。他们的延伸家庭包括他们的祖母和外祖母，她们也住在附近地区，其他家庭成员经常去探望她们。

第一次会谈

这是一个工薪阶层的家庭，除母亲以外的每一个家庭成员均在外工作。他们来咨询时，身穿便装，态度友好且轻松。我很快就感觉到自己与这个家庭有某种关系，好像我是他们的一位远亲。这个家庭的成员在咨询室里坐下时呈现了三个亚组的格局：父亲和母亲坐在半圆的末端，大女儿独自一人坐在另外一端，萨拉、阿尔伯托和杰维尔坐在中间，治疗师和我坐下后围成了一个圆圈。

我从询问这个家庭是什么问题促使他们来见治疗师开始第一次会谈。

父亲(回应道)：小孩子出了点儿问题，我们来这里是想看看她是否能获得一些帮助。

(我问萨拉如今她是否还是个小孩子，以及她父亲所说的话是什么意思。)

萨拉：我很伤心。

米纽庆医生：但是为什么每个家庭成员都来了呢？

母亲：我们都很担心她。

米纽庆医生(对萨拉)：你是你家里唯一的问题吗？

父亲：她不是问题。她，也许有问题。她太有责任感并且经常想哭，她不愿意与我们一起外出，而喜欢独自待在自己的房间里。

米纽庆医生(转向胡安娜)：你认为萨拉怎么了？

胡安娜：我认为她工作太努力了，除了学习——现在她在大学里主修管理学，她还教乒乓球，并且从事照顾孩子的工作。

米纽庆医生：我有些困惑。从你所描述的几点来看，没有一点可以导致她产生自杀的想法。有没有可能是你们家里有什么事和什么人令她伤心呢？

实际上我是在挑战访谈时的轻松气氛，同时也是在挑战他们无一例外地将焦点都集中在萨拉的困难上。这也是我对家庭成员之间所传递的那种亲密关系的感受的回应。我觉得他们有可能接受家庭成员之间会相互影响这个问题。

母亲：阿尔伯托和杰维尔都不负责任。我每天要干很多活儿，而她(萨拉)觉得自己有必要帮助我。萨拉很讲究条理和秩序，但他们(阿尔伯托和杰维尔)不关心任何事。如果他们不收拾自己的房间，我就得帮他们收拾，而一旦她(萨拉)看到我在收拾，她就会过来帮忙。

米纽庆医生(对父亲)：你的妻子是你的助理吗？她为每个人工作？

父亲：不是的。我在外工作，她留在家里帮我，但是男孩子们认为他们不需要做任何事，而且萨拉将他们未做的事情全包揽下来了。

这个家庭的组织与这个家庭所属的社会类别的文化结构一脉相承，那就是妇女们被期望留在家里做家务，而男人们则不是。但是萨拉所处的作为“父母的孩子”(parental child)这样一个位置，成了探索这个家庭内部应激冲突的着眼点。

父亲：我们并不是大男子主义的捍卫者(defenders of machismo)，她(萨拉)不过是自愿承担这些工作而已。

胡安娜：我原来在家的时候也帮母亲做事，但从来没有像萨拉那样做那么多。

其他家庭成员开始将焦点转向萨拉，并认为她的过度负责及抑郁是由她个人的原因造成（individual make-up）的。

米纽庆医生（对萨拉）：你为什么要承担这项工作？你是在保护你的父亲、母亲，还是你的弟弟们？

萨拉：我是在保护我的母亲。

第一步：拓展目前的主诉

面对每一个个案的第一步，就是要将被认定的病人从专横且单一的世界观来定义自己和他人的构架中解救出来。对于萨拉来说，也就是动摇精神科医生对萨拉“内源性抑郁伴自杀倾向”的精神病诊断以及其他家庭成员认为萨拉是“有责任感且乐于助人”的诊断。

我的干预目标是近乎荒谬地增加标签（labels）。我不会去探讨萨拉的那些自我定义，但会增加标签：萨拉将依次变成母亲的“助手”、弟弟们的“母亲”、治疗师的“拐杖”、母亲的“双胞胎姐妹”、行政司法长官（sheriff）的“代理人”等。这些标签将成为萨拉自我定义的混合体和对家庭成员各种事项的反应，并将挑战原有的僵化观念。

这个过程是在其他家庭成员面前发生的，但在开始阶段并不明显。之后，这个过程将变得诙谐幽默，然后是令人费解，直到最后，在众多的观点及定义中，原有诊断将失去它的确定性。

干预的第一步——拓展目前的主诉——虽然开始于会谈的最初阶段，但贯穿于整个治疗过程并以不同的形式重现。

萨拉：假如我不帮他们做这些事，母亲就会做。她的工作已经超负荷了。

我和萨拉交换了位置，让她靠近母亲坐下并与母亲交谈。从这一点来看，现在会谈探讨的焦点变成了母女二分体（dyad），这将为之后对母亲与父亲二分体的探究以及再之后对这个病态定义的父母子系统(subsystem)中三个成员的三角化的探究做好准备。通过交换位置，我鼓励家庭成员之间多进行交流，同时让我自己与他们保持一定的距离来观察他们。

米纽庆医生(对萨拉)：你是唯一能帮助母亲的人吗?

母亲：她(萨拉)总是很有责任感，她在8岁时就开始照顾弟弟们。

米纽庆医生(对萨拉)：你为什么不让你母亲做母亲呢?

萨拉：我是让她做母亲，但是……

米纽庆医生：没有，你已经变成了你弟弟们的“母亲”。当你准备开始帮助母亲时，你能征求一下她的意见吗?

母亲(对萨拉)：你总是帮他们做这做那，在他们很小的时候你就送他们上学。也许这是我的错，我现在认识到这已成了一个问题。(*母亲哭起来，胡安娜给她递了一张纸巾。*)

会谈探索的焦点以及紧张的焦点已从萨拉的抑郁转向萨拉与母亲的互补(complementarity)关系上，现在又转向(在家庭中“无所作为”的)弟弟杰维尔和父亲佩德罗与因过于负责而“被充分利用的”(exploited)萨拉之间的关系上。这些转变让家庭成员感到困惑，他们被咨询师引导着放弃了熟悉的解释，开始以新的方式重新看待这些问题。

第二步：着重探索维持问题的互动

第二步的目标在于将被认定为家庭问题焦点的病人去中心化(decentralizing)，并鼓励家庭成员以一种支持症状性的行为方式去观察他们自身与“病人”的交互作用。以前被视为“内源性抑郁伴自杀倾向”或“过度负责任”的那些症状或问题，现在则被看作在家庭背景中人与人之间的相互反应：被看作萨拉对母亲肩负重担的反应，被看作母亲授权给萨拉，被看作母亲和萨拉在保护父亲，等等。由此，这次治疗的焦点转向家庭其他成员，“烫人的座位”(the hot seat)被摊派。父亲是否有影响力？母亲抑郁吗？萨拉能放弃她悲剧式女主人公的角色吗？

米纽庆医生（对母亲）：家里经常为了什么事情争吵？

母亲：总是为了小孩子们。

米纽庆医生（看着弟弟们）：他们是小孩子吗？

母亲（哭泣）：是的。

米纽庆医生（对萨拉）：他们承认你的权威吗？

萨拉：不，他们嘲笑我。

阿尔伯托（与此同时杰维尔也在点头）：这是我父母的责任，不是她的。

父亲：对。但是当我叫你们去做某些事情时，你们都不做，因此她只好介入去做了。

杰维尔：但她不是我们的母亲！

在这一节会谈里，马丁内斯一家的家庭组织结构已显露出来：一位过度操劳的母亲；一位不起作用的父亲；一位父母化了的但没有权威的女儿，她被两个叛逆的青少年弟弟弄得束手无策。

米纽庆医生（对萨拉）：当他们打架时，你父亲在场吗？你母亲是不是唯一维持秩序的人？ [*我是在探索父亲在家庭等级（hierarchy）中的位置。*] 你的父母看上去都是挺有能力的人，你怎么就认为保护他们（萨拉的父母）是你的工作任务呢？

萨拉：我不是要保护我的父母，但我觉得我需要控制我的弟弟们。

米纽庆医生（对弟弟们）：一定是有人交给了她这份工作，我对她自愿承担这份工作持怀疑态度。

胡安娜：不是，是她自己承担了这份工作，没有任何人告诉她这是她的责任。当我在家的时候，我从未介入他们的战争。

姐姐胡安娜并未接受这个新版的家庭故事，她又将探索重新拉回到“是萨拉的问题”这一熟悉的故事上来。

米纽庆医生（对胡安娜）：但是你得到自由了。你结了婚并离开了家，而她只要感到被你们的父母所需要，就会继续留在家里。有人给了她行政司法长官的“代理人”这份工作。她的抑郁是家庭的产物。你能来一起思考一下这一切是怎么发生的吗?

阿尔伯托:我认为我的父亲给了她这个权力。

父亲:但她只是在你不听我的话的时候才干涉。

米纽庆医生(对胡安娜):这样看来，她好像是为了保护你们的父母才需要控制你的两个弟弟。在你离开家并离弃了你母亲之后，萨拉就承担起了母亲的“助手”这项工作。

胡安娜:我没有离弃她。为另一个人而离开父母令我感到十分悲伤。

米纽庆医生(大笑):但是这个“另一个人”是你的丈夫啊!你也离弃了你的妹妹吗?

胡安娜:现在我明白了。是的，我离弃了我的妹妹。

这是一个帮助者(helpers)的家庭。忠诚似乎是指导他们行为的主要价值观，而独立自主则像是背叛。大姐胡安娜将自己的婚姻定义成与某个不属于家庭成员的人一起搬走。家庭忠诚是否在拉丁美洲家庭里更为典型?也许是，但这是一个不健康家庭的极端例子。

米纽庆医生:所以萨拉正陷在一个旋涡里。谁可以帮她走出来呢?

杰维尔:我们能改变。

父亲:这需要她自己愿意走出来。

米纽庆医生:萨拉在“监狱”里。爱是一个金笼子，谁有钥匙?

母亲(对她的丈夫):那么我们需要改变。过去我们没有意识到我们的所作所为(是有问题的)。

父亲:我相信我的妻子不曾说过需要萨拉帮助她或者我。

米纽庆医生(对母亲):你有时候会感到抑郁吗?你在家里什么时候会哭?

母亲:当我紧张、焦虑不安的时候……接着萨拉就会来接管我的工作。

米纽庆医生:为什么萨拉会认为你需要保护呢?

母亲:有时她会看出我的忧虑。有时我试图克服我的忧虑，但并没有成功。

米纽庆医生:当你心烦意乱时，你是去寻求丈夫的帮助，还是去告诉萨拉，使她成为一个较好的倾听者?

母亲:我认为我会将烦恼留给自己，并且尽量不表现出来。我不想打扰他们（丈夫和孩子们）。

米纽庆医生：那萨拉怎么会知道你的感受呢？她看起来有一种你丈夫所没有的能力。

萨拉：她忧伤的时候我总会觉察到。

米纽庆医生（对萨拉）：什么时候你才能放任你的母亲单独哭泣呢？你的父亲可以去帮助她吗？

萨拉：我认为可以。

米纽庆医生（对母亲）：那你愿意让你丈夫来承担这项工作吗？

母亲：他在家里遇到麻烦事时常常心烦意乱，束手无策。

米纽庆医生：那么你需要保护他？

母亲：也许是的。

我一直在帮助这个家庭探讨与“萨拉是抑郁的”这一说法所不同的另一种叙述：母亲有时觉得不知所措，而且觉得她不能得到丈夫的支持；接着，她开始寻求对她的痛苦变得越来越敏感的萨拉的支持。正因为萨拉承担了一种被委托的责任，她在不知不觉中成了父亲与母亲之间亲密关系的障碍，也干扰了她父亲为指导与控制阿尔伯托和杰维尔所做的努力。

米纽庆医生：那么，你们将怎样帮助萨拉走出那个旋涡呢？

父亲（对弟弟们）：你们必须接受并尊重你们的父母。

母亲（对弟弟们）：是的。问题始于你们俩。

米纽庆医生（对弟弟们）：你们能“解雇”萨拉，不让她做你们的“监护人”这份工作吗？

阿尔伯托（对萨拉）：我“解雇”你！

杰维尔（对萨拉）：我也“解雇”你，你被“解雇”了！（两人都大笑）

米纽庆医生（对萨拉）：我有一个阿姨——我的阿姨埃斯特尔（Ester）——她就像你一样，是家庭的中心。做好人很难，你能够变得“坏”一点儿吗？

我和萨拉探讨了一些有关拥有秘密的自由，以及对家庭的需要不做反应的可能性等问题。在这次治疗接近尾声的时候，我邀请了他们家里的5名家庭成员第二天再来。我解释说，在下一次的会谈里，父母将探讨他们自己的童年故事，这样做是为了让他们更好地理解他们父母养育和照顾孩子的方式。我也给他们布置了任务，让他们回去思考他们是怎样让萨拉困在“监狱”里的。

这个家庭于我来说似曾相识。我曾经在衣着服饰稍有不同的许多文化中见过这样的家庭。一旦我确认萨拉是一个父母化了的孩子，我的脑海里就有一张“地图”去帮助我指导整个会谈，而且我知道问题发生的次序：萨拉的抑郁、母亲和萨拉的亲密、母亲潜在的抑郁、丈夫无法有效地帮助他的妻子、萨拉所承担的责任以及她的弟弟们拒绝接受她的权威。

接下来的问题是如何在这一领域（territory）里探索。家庭的价值观强调忠诚、善良、支持和照顾，任何直接的挑战都会让他们感觉到危险。因此，我用适合他们家庭的语言挑战他们之间的僵化关系：爱就像一个金笼子，成长需要秘密、尊重，母亲应该能够独自哭泣等。

第二次会谈

父母和（除胡安娜之外的）三个年轻的孩子参加了第二次会谈。他们走进房间并在第一次会谈所坐的位置上坐下，萨拉靠近母亲坐着。我让萨拉挪动椅子的位置，以便将父母与孩子们分开。我告诉他们，这一次，年轻人将成为听众，因为这一次会谈的焦点在父母身上。我一开始就要求父母谈一谈他们的童年时代，并且解释了我为什么要这样做。

第三步：结构化地集中探索过去

米纽庆医生（对佩德罗和约瑟法）：我想请你们两个人告诉我一些关于你们童年的故事，以便我们更好地理解你们是怎样形成这样一种特别的方式来养育你们的孩子的。

佩德罗和约瑟法告诉我，他们两个都成长在只有母亲的单亲家庭中，因为他们的父亲在他们很小的时候就去世了。接着，约瑟法更为详尽地讲述了她的故事。

第三步使陷入困境的现状有所缓解。在上一次会谈中，当萨拉的症状成功地成为家庭舞台“舞蹈”(choreography)的一部分时，在“双人芭蕾舞”(pas de deux)中，母亲的加入便显得尤其突出。约瑟法很可能会以为我在指控她是一位糟糕的母亲，并且因此会有内疚感(guilty)。审视她的童年经历是加入(joining)过程的一部分，就如我们通过她对儿时生活环境的记忆共同去探索究竟是什么原因限制她自由选择看待自己和他人的方式一样。

我引导她对过去有关关爱和责任的领域进行探索，因为这些领域与上一次会谈相关。

约瑟法：我是四个孩子中最大的，我 11 岁时父亲就去世了。

佩德罗(打断)：我父亲去世时，我只有 4 岁。

看起来佩德罗感觉自己被治疗师忽视了，他希望治疗师留给他一些空间。

约瑟法(继续)：我有三个弟弟妹妹，父亲去世时，他们一个 7 岁，一个 4 岁，还有一个才 3 个月大。我的母亲在一家纺织厂工作，她同时还有另外一份工作，于是我就成了她的帮手。我照顾我的弟弟妹妹们，每天放学以后还要做饭。我负责去市场买食材并为全家人做饭。

米纽庆医生(惊讶地)：那你有几只手啊？有一个名叫湿婆(Siva)的印度女神有八只手臂。

约瑟法：我只有两只手。我的小妹妹像我的大女儿一样。有时候，我的弟弟们出去玩，也会邀请我同他们一块儿去，但我从未离开过家，因为我有太多的事情要做了。

米纽庆医生：你的母亲会因为相信你能照顾好他们而轻松一点儿吗？

约瑟法：是的，但这不仅仅是我的家庭。我承受着来自每个人的伤痛，总是我在照顾别人。当我感到心烦时，我把痛苦埋在心里，并反复思考。有时候，我希望一觉醒来发现自己在另外一个世界，能从魂不守舍的状态中解脱出来。

在我看来，她仍然沉浸在她的童年记忆中，她担心在千头万绪的事情中自己会忘了要做哪一件，而所有这些，她都认为是自己的责任，她希望自己能像她的弟弟妹妹一样，每天只是玩耍(而不担心其他)。

米纽庆医生：你有没有叫佩德罗带你暂时离开那个环境？

约瑟法：是的，当我去度假时我感到很放松，因为我知道萨拉将负责照顾她的弟弟们。在我回来后，我会问她杰维尔和阿尔伯托表现得怎么样，她为他们准备了些什么……我总是问这问那。

约瑟法似乎已经将萨拉塑造成了一个完美的另一个她。我拿起我的拐杖并将它交给萨拉，说："你是你母亲的拐杖！"她接过拐杖，她们两个都笑了。我的拐杖成了一个道具，我会继续用多种标签来"诊断"萨拉。

佩德罗：她对每个人都这样，家里家外都如此。

约瑟法：佩德罗告诉我，我不需要对每个人的问题负责，我也不应该总是为了别人而随时待命(available)。但到了我这个年纪，我认为我改不了啦！

米纽庆医生(对佩德罗)：你帮助过你的妻子让她去考虑她自己需要什么吗？

佩德罗：是的，有许多次，但我改变不了她。她听了我的劝告，但仍继续做同样的事。她关心她的弟弟妹妹们和他们的家庭。

约瑟法：我的母亲已经78岁了，她需要我的关心。佩德罗的妈妈现在也病了，她和我们一起生活，我每天会送她去医院。假如我能照顾到别人，我会感觉好受些。

佩德罗：即使她自己几周前刚接受过膝关节手术，她仍然坚持照顾我的母亲。

米纽庆医生(对约瑟法)：那么谁来照顾你呢？

约瑟法：萨拉！她就像我一样。去年我母亲病了，她去照顾我母亲。她通过护理我母亲来缓解我的焦虑。

米纽庆医生：她是你的"孪生姐妹"。

不知不觉地，我们从她的过去跳跃到了现在，从她承担照顾弟弟妹妹责任的孩提时代，到后来步入一个随心所欲的世界但又饱含责任感的成年时光。现在，萨拉正跋涉在她母亲曾走过的狭窄的小径上。

约瑟法：我没有叫她这样做，她自己承担了这些工作。但现在我明白了，这是我的错，是我让她承担责任，我把我的问题放在了她的肩上。

米纽庆医生：这不应该受到责备。你们是一个很不错的家庭。当你还是个孩子的时候，你的母亲教你成为你的弟弟妹妹们的“母亲”。自然地，后来你告诉萨拉，她是她的弟弟们的“母亲”。

对童年时代的历史性回顾(incursion)的有利之处在于，父母所有技能(repertoire)的局限性被看作祖父母限制的结果，或者是过去环境影响的结果。这个家庭看来是按照田园乡村人的文化风俗习惯来组织安排的，他们依赖亲戚提供帮助。我的家庭也有相似的模式，我的母亲是她原生家庭支持系统的中心。我和这些人有“血缘关系”，我以熟悉和尊重的方式来挑战他们家庭的组织结构。

约瑟法：是我让她承担责任的。我们去度假时我告诉萨拉，“看看他们都做了些什么，照顾他们，帮他们准备食物，还有就是注意他们晚上什么时候回来……”

她接着列出了一长串“要做的事”(dos)。我笑她喋喋不休地念她的清单，其他人也都笑了。

米纽庆医生：现在我想了解一下佩德罗。(转向佩德罗)你有兄弟姐妹吗？

就像对其他家庭的访谈一样，我现在转向约瑟法的配偶，以便完成整幅图画，并理解这个家庭中父母风格的互补性(complementarity)。但是这种探讨通常不会像刚才对家庭中的母亲的探讨那么详细。大多数个案都存在这种不对称性。由于一次访谈的时间有限，因此治疗师要在有限的时间内做出哪一位家庭成员将是主要的探讨目标的临床决定。

佩德罗：我 4 岁时父亲就去世了。我有一个哥哥，他是母亲的帮手。我的母亲和约瑟法的母亲一样，也在一家纺织厂工作。她一大早就起床，然后帮我们准备好一天的食物。她做两份工，经常很晚才回家。我有点儿游手好闲(goof off)。我不是一个好学生，在学校的表现也不好。我的哥哥是一个有责任感的人。我直到 18 岁开始工作后才变得有责任感。

米纽庆医生：你的哥哥也像约瑟法一样是家庭的核心人物吗？

佩德罗：不完全这样，孩提时代的我是自己照顾自己的。

我觉得佩德罗所陈述的过去可以被当作一个跳跃点来挑战该家庭的组织结构。于是我转回到孩子们，让他们在余下的会谈时间里参与进来。

第四步：探索相关的改变方式

当我与家庭中的青少年或年轻的将要成年的孩子们一起“工作”时，我会在这一步来鼓励他们合作，并传递一种声音给孩子们，让他们积极参与塑造家庭的运作模式。在这个家庭中，萨拉被称作“小孩子”(baby)，两个青春期的男孩被称作“年少的孩子”(the young ones)，这成为探讨自主性的切入点。另外，阿尔伯托和杰维尔在整个会谈过程中表现为一个联合体(unit)，除了表现为麻烦制造者以外，我对他们的其他方面几乎没有什么印象。

米纽庆医生(对萨拉)：我喜欢像你这样的好人，但是随时为别人待命的人往往过着很艰难的生活。

此时，萨拉的父母告诉我萨拉也能离开家做她自己的事情了。去年夏天，她与两位朋友一起去欧洲旅行。母亲说其实自己很担心萨拉，并希望萨拉不要去，但是她控制住了自己。(约瑟法开始哭泣)最终，她很高兴，因为萨拉鼓起勇气去旅行了。萨拉和她的父母谈论了自己的旅程，约瑟法还说当萨拉离开时她是多么的焦虑。

米纽庆医生：我想聊一些有关佩德罗在家庭里的地位的事情。（*转向佩德罗*）与你相比，约瑟法让萨拉承担了更多的责任。

约瑟法：我丈夫的担心很多。当我担忧时我自己能处理，但他没有能力让自己解脱，所以我不想给他增加负担。他经历了很多磨难，我应该多承担一些责任。

米纽庆医生（对佩德罗）：你喜欢被她（妻子）保护吗？

通过第一次会谈，我开始对提高佩德罗的能力燃起兴趣，但是约瑟法非常明确且执着地对抗我的干预，继续保护他。我将在余下的会谈时间里继续加大对这个家庭中的父亲的支持。

佩德罗：是的，有时我不在家，家里发生了一些事情，但约瑟法和萨拉为了不让我担忧，不告诉我已发生的事。当我回到家时，我看到男孩子们正在争论或打架，而萨拉总是试图劝阻他们，但这一切都是因他们俩而起。

米纽庆医生：他们是孪生兄弟，还是彼此独立的个体？

无论什么时候，当我听到父母将孩子们描述为一个联合体时，我都会放慢治疗过程，并引导父母进行差异化描述（differentiated description）。

佩德罗：他们总是一起制造麻烦。

约瑟法：我们无法将他们俩分开。

佩德罗：但约瑟法总在事情发生以后才告诉我。

米纽庆医生（对佩德罗）：你怎么会不知道呢？是谁阻止了你去知道这些事？

约瑟法：他们有点儿无法无天。

就像在会谈中的其他时刻一样，约瑟法在我与佩德罗交谈时会插话进来。

萨拉：母亲保护他（佩德罗）。

米纽庆医生(对萨拉): 所以你的父亲脱离了轨道(out of the loop)。你的弟弟们有两个“母亲”而没有父亲。真有意思!(转向佩德罗)于是你不需要做父亲了，因为她们俩(指向约瑟法和萨拉)在做父母。

佩德罗: 这样我就失去了我所拥有的本就不多的尊重。

米纽庆医生(对佩德罗): 不，不是失去，是她们拿走了。你认为你不能管理你自己的孩子吗?(转向约瑟法)你是从什么时候开始保护佩德罗的?

治疗进入关键时期，且正在从被动转向主动，将事件的状态(“失去尊重”)转换成人的行为(“她们拿走了”)。这种转换引起了家庭成员对进退两难的局面中(dilemmas)交互作用的性质的注意，并指出了行为的路径。

约瑟法: 一直是这样。家里有很多问题，但我知道假如我着手处理，我就能解决这些问题。

米纽庆医生: 你和湿婆——有八只手臂的女神——一样。你解决了问题，同时也夺走了佩德罗作为父亲的职责。天啊，你做到了，太奇怪了!

佩德罗: 我在工作，她在解决了问题以后会告诉我。

米纽庆医生(对约瑟法): 那么你就既是母亲又是父亲。

我强化了对将父亲排除在外由母亲和萨拉形成的“父母子系统”的挑战。挑战的重点在于父亲经常被排除在外，这种情形在许多不同的方面都有所表现。

我也使用了(playing with)性别(gender)的定义，如了解到在西班牙文化中男性价值体现在能力和权力方面，与此同时，我的构架将会动摇父亲和母亲两者的价值观。

现在我转向与两个男孩子交流接触，探讨他们与父母的关系。

米纽庆医生(对杰维尔): 当你做错事时，后果是什么?你的母亲会对你进行什么样的惩罚?

杰维尔: 她唠唠叨叨的，最后我厌烦了。我什么都不做，她就会去做。

佩德罗: 她帮助你维持了一个年幼孩子的身份。

……………………………

这里佩德罗接受了我的判断。他看到了杰维尔的所作所为，杰维尔现在正被约瑟法保护着。这似乎是我努力和他保持联盟的结果。

……………………………

米纽庆医生(对杰维尔)：什么事会让萨拉感到心烦？

杰维尔：我从桌旁站起来，她就会跳起来对我说一些“你应该收拾一下你的盘子并把它们放到水槽里”等诸如此类的话，于是我就会感到生气，并把盘子留在桌子上。

佩德罗：萨拉很霸道。

萨拉：但他(杰维尔)并不服从我。

……………………………

杰维尔开始说一些事情，但是佩德罗把他的手放在杰维尔的膝上说：“放松点儿，我正在说话。”这是他与孩子的关系效能增加的另一个例子，表明他接受了我一直在重复的观点。

……………………………

米纽庆医生(对佩德罗)：你认为你可以“解雇”萨拉吗？

佩德罗：我认为要让她不做事、不去干扰别人并不容易，另外，这些年轻人很麻烦。

米纽庆医生：你谈起他们（阿尔伯托和杰维尔）时好像他们是孪生兄弟。但在我看来，他们是有很大差异的两个人。

……………………………

阿尔伯托和杰维尔在表现自我的时候非常不同。阿尔伯托穿着一条皱皱巴巴的牛仔裤和一件格子花呢衬衣，头发未经梳理。他留着青春期才开始长出的胡子，他给人的感觉很像一名年轻的成年工人。杰维尔留着长发，头发用一根橡皮筋绑着，他看上去比他的实际年龄要小。他比阿尔伯托穿得讲究。他的裤子和衬衣都被仔细地熨烫过。很明显，家庭中的两个儿子想表达他们的不同之处。

我让阿尔伯托讲述一件发生在家里的争吵纠纷，他讲起了前一天早晨他正要去上学时所发生的一件事情。在他的讲述中，我了解到他早晨6点离开家，坐公共汽车去学校，他在学校里学习机械专业，放学后，他就去一家超市工作。

……………………………

米纽庆医生(对阿尔伯托)：假如我有一个像你这样的儿子，我会感到很欣慰。你的父母有没有认识到你是多么优秀？

我在与阿尔伯托交流时，同时也在向萨拉和约瑟法发出信息：她们是家庭的实际控制者。我在做一个示范——对她们也对佩德罗——示范如何对两个男孩子予以差异性的回应。当父母总是把他们看成一样的人时，我就频繁地打破两兄弟子系统的平衡，探讨其中某个人的积极一面来挑战另一个人。

约瑟法：他们总是打架。

米纽庆医生(对约瑟法)：但阿尔伯托还是很不错的。他去学校学习，工作也很成功——但是，你拥有八只手臂，萨拉拥有四只手臂，却都没有看到他的优秀品质。(转向杰维尔)因为我觉得阿尔伯托很不错，所以你一定是个招惹是非的人，告诉我争吵是怎样开始的。

约瑟法(在杰维尔回答之前)：他们睡在同一个房间，只有一台电视机，但他们想看不同的节目，或者某个人找不到鞋子时就会去责怪另一个人。

我知道她突然插话的举动是在阻止孩子们与我接触，我相信她同时也是在拒绝我对阿尔伯托的欣赏。我不去理会她的话，并继续与佩德罗交流。

米纽庆医生(对佩德罗)：你非常幸运，你有这样一个优秀的儿子，但看起来你并没有意识到这一点。

阿尔伯托：我们的问题仅仅是争吵，这并不严重。只要他们不干涉，我们自己就能独立解决好我们的问题。

米纽庆医生：你们是怎样将萨拉招募(recruited)为“丑陋的继姐”(stepsister)(与亲姐姐相对应)的呢？你们是如何不将你们的房间门关上的？

米纽庆医生(对约瑟法)：你有一个非常好的家庭，但你应该多求助你的丈夫，少求助你的女儿。

我站起来，并帮助萨拉从家庭的圆圈中移出来。佩德罗和约瑟法就萨拉的学习、工作和她能处理许多事情的能力交谈了几分钟。很明显，我们都意识到会谈即将结束，佩德罗站在新的支持者的位置上，以家庭发言人的身份做了一个简短的总结。

佩德罗：我们已经决定我需要多担当一些，而且要制定规则。我要让萨拉停下来，并告诉她这是我的工作，我会处理这些事情的。萨拉要帮我的话，最好的方式是她不再承担属于我的工作。

我站起来与佩德罗握手，并告诉他在我的家乡阿根廷的一个小镇，我们是以握手来结束契约(close contracts)的。

佩德罗：假如我们需要去改变，我们会去做的。

约瑟法：我们知道我们能改变。

阿尔伯托：您应该知道，我是很棒的！

在这种轻松的氛围中，我们结束了第二次会谈。

* * *

我以家庭评估的四步模式为基础开展了对家庭全景(panoramic)的观察。这种架构能使治疗师看到家庭的情境、家庭成员之间关系的风格特征、父母的背景以及“家庭舞蹈”的某些方面。四步评估模式不会提供细节、暴露细微差别，也不会展示更多的相互作用。最终，你的心中应该形成一张图，以便你及时发现那些突出的区域，而且你需要对入口——可以支持和强化的关系，需要予以尊重的、有资源的区域以及应该挑战的功能不良的模式等——做出假设。总之，就是要建立一个有利于治疗策略发展的良好的平台；在这个平台上，随着治疗的进行，这些策略将会不断发展和变化。要做到恰如其分，既不能过分，又不能不及。

结束语(Coda)

生活中充满了惊奇，有时这些惊奇令人颇受鼓舞。这个个案是我按照四步评估模式进行治疗的早期个案中的一例，我回到家一段时间后，收到了治疗师对于这一家庭的随访记录。他写道，他让这个家庭在感到准备好的时候就打电话预约见面，但是6个月过去了，他还是没有收到他们的回复，他就主动打电话给这个家庭邀请他们来。只有佩德罗和约瑟法来了，他们告诉治疗师，每个家庭成员都各司其职，而且表现优秀。萨拉在家庭评估以后就立即停止了服药。她用了一个月的时间在伦敦学习英语，并在其他许多方面都有了改变，她感到很愉快。阿尔伯托和杰维尔两个人都在工作，当他们发生争吵时，佩德罗负责帮助他们解决冲突。佩德罗说他喜欢那样，他以开玩笑的口吻告诉治疗师，他还是喜欢约瑟法"有八只手臂"。来信中的报告是以叹号热情地结束的。

我并没有期望发生这一切，事实上，本书所描述的其他家庭也未曾有过这样的效果。（*在我们的工作中，我们并不经常去了解我们治疗后的效果，这也是这个行业的困难之一。*）家庭的评估犹如一次旅程的开始、一种有用的工具，它能为治疗性的谈话和治疗经历提供方向。尽管如此，翻开这本书，看到这些令人乐观的内容的呈现，我承认，我感受到的不只是幸福。

治疗构架

家庭组织

在人为的家庭组织结构中，女人成为家庭生活的中心很可能是极为普遍的现象：女人在家庭事务中一半是管理者，一半是没有薪酬的工人。如此一来，马丁内斯一家就陷入了一种熟悉的模式，即"纠缠(enmeshed)的母亲和疏离(disengaged)的父亲"。这种情况很常见，大家庭里的母亲选择一个孩子——通常是女儿——成为她的帮手。当这种结构变得太僵化，以致家庭的重担全部压在女儿身上时，就会出现问题。就像萨拉这一个案一样。

马丁内斯一家按性别(gender)可被分成不同的子系统(subsystems)：在男人的子系统里，他们不需要参与日常的家务杂事；而女人的子系统则负担过重，她们需要处理各种日常的家务杂事。约瑟法（母亲）的能力和责任感得到了充分的发挥并产生了很大的影响，因而取代了自认为权威受到怀疑的佩德罗（父亲）。

• • • 个体视角

萨拉：一个聪明、富有责任感和有能力的年轻人，在需要被接纳的渴望中茁壮成长，她的情形是父母化了的孩子极其常见的宿命——她虽然有责任感却没有权威性。她对两个年少的弟弟履行“代理母亲”的职责，她发现自己被挑战却又无能为力。她在那个位置上，作为她母亲的心腹、朋友，扮演着父亲的角色。她在家庭里的所有行为和她被压抑的自我感受都是为了成为一个好女儿。

约瑟法：当她还是一个孩子的时候就开始照顾她的母亲和弟弟妹妹们了，长大成人以后，她又变成了自己延伸家庭的照顾者。她的行为模式与她所处的文化环境相匹配，对她来说这很正常。她把自己的经验传授给萨拉，而萨拉是生活在个人需要完全服从于照顾别人的责任这样一个世界里的人。

佩德罗：虽然他是这个家庭的男主人，但他的家人却很少仰仗他。他的妻子保护他，使他免受焦虑之苦，但在这一过程中，作为家庭生活的一名“全职成员”，他却被剥夺了“公民”的权利(disenfranchised)。简单地说，他就像许多被疏离的父亲一样，虽然他或许从妻子和女儿那里得到了许多便利，但却丧失了作为一个父亲应该受到的尊重。

18岁的阿尔伯托和16岁的杰维尔仍然被视为“小孩子”。虽然两个男孩子努力工作，在学校表现出色，但家里却极少对他们有所期盼。他们在家里所扮演的角色非常类似于他们的父亲——没有魄力的(toothless)家长。

• • • 干预策略

我以暗示父亲丧失了尊重这种方式温和地推动着父亲思考：“你喜欢被她(妻子)保护吗？”接着，我又对萨拉说：“你的弟弟们有两个‘母亲’

但却没有父亲，真有意思！”渐渐地，佩德罗开始接受挑战，在会谈临近结束时，他开始表明要求萨拉归还他曾经任其萎缩的责任感。

对生活在西班牙乡村的马丁内斯一家来说，能被文化所认可的家庭模式是很传统的：父母应对孩子负有照顾和管教的责任。因为这个家庭似乎在许多方面都运作得不错，我觉得进行细微的调整就足够了。这两种转化——让萨拉从照顾的责任感中解脱出来，给她更多的空间使其能自我发展、创造，还有重新引入佩德罗作为父亲的功能——都需要减少约瑟法的照顾倾向。

• • • 技巧

因为我出生在阿根廷的一个富有乡村气息的小镇，所以对马丁内斯这样的家庭感到非常熟悉，这种感受融入了我的处理方法，我成了一名“大叔”。在这种情况下，在支持他们发展自己的能力的同时，我对家庭的挑战就被披上了幽默、隐喻和引导选择的外衣。以各种不同的观点描述萨拉的症状，可以带入转变的新奇和困惑，并且削弱限制萨拉的力量。

我通过指出其含义（*萨拉在做本应由她父亲所做的工作——教养她的弟弟们*）和可能的后果（*她将感到忧郁*）来挑战萨拉对母亲角色的过度卷入。我并没有说萨拉错了，也没有指明她应该如何改变，而是指出家庭成员现在的做法和这种做法的后果，以帮助他们更清晰地看到他们自身的问题，并促使他们思考如何去改变。如果一味地告诉他们去做什么，只能让他们又返回到原来的老路。

假如22岁的萨拉停止在家庭里扮演代理母亲的角色，那么她一定会开始更多地投入家庭以外的她自己的生活中去。在谈及这方面的前景时，我说：“做好人很难，你能够变得‘坏’一点儿吗？”当年轻人纠缠于家庭之中时，只要与他们讨论他们是什么人或者不是什么人，鼓励他们到家庭以外去发展，就可以促使他们朝着独立自主的方向发展。

过度卷入和过少卷入（under-involvement）之间的互补也适用于父母与孩子之间的关系。帮助父母并让他们意识到，让他们的孩子长大也许需要看看是什么让他们彼此之间变得疏远。在马丁内斯这个家庭的个案中，我没有发现任何有意义的冲突可以解释佩德罗和约瑟法之间的疏远。因此，我将我的探索和鼓励局限在佩德罗与约瑟法作为一对父母的关系上。当我对约瑟法说“那么你就既是母亲又是父亲”时，这对该家庭里的每一个成员来说都是一种信息输入。还应注意的是，我通过支持他们发展自己的能力而不是嘲讽他们无能来挑战佩德罗和两个男孩子，从而让他们变得更有责任感。

第三章

冲突的夫妻/三角化的孩子

上午8点55分，我和一组参加培训的治疗师坐在单向镜的后面，等待皮尔斯(Pierce)一家的到来。皮尔斯一家包括父亲阿尔弗雷德(Alfred)和母亲琼(Joan)，以及他们的两个孩子——11岁的斯潘塞(Spencer)和6岁的泰勒(Tyler)。两个男孩先走进房间，后面跟着他们的父母。皮尔斯太太是位外貌姣好的妇女，留着中分的浅褐色直发。她看起来大约35岁，一双眼睛带着倦意。她穿着一件男式长袖衬衣、一条斜纹棉布裤。两个男孩都留着浓密蓬乱的深金色头发，就像他们的父亲一样。皮尔斯先生穿着一件褪了色的红色高尔夫衬衣，蓄着下垂的胡子。不管阿尔弗雷德和琼对会谈的感觉如何，他们来治疗时休闲的衣着传达着一种非正式的气氛。

猜出是什么诊断导致他们来寻求治疗是件容易的事，但一开始我并不清楚哪个男孩是被指定的病人。他们两个很快占领了办公室，窥视着镜子，爬上椅子，冲着摄像机做鬼脸，而且相互模仿，好像屋子里有一群孩子。人们有可能无视泰勒作为一个不受控制、精力充沛的6岁男孩的行为，但怎么也不可能忽视斯潘塞的抽动(jerkiness)行为，或者随着他动来动去，他面部抽动(facial tic)和眨眼(blinking)次数的增加。斯潘塞被儿童精神病学家诊断为“注意缺陷与多动障碍”(ADHD)，正在服用盐酸哌甲酯片，但没有明显疗效。

第一次会谈

我走进房间，介绍自己是与他们的治疗师鲍勃(Bob)一起工作的顾问咨询师，我和皮尔斯一家的每个成员握手，并在与孩子们握手时询问了他们的年龄。我们坐下后，我说：“告诉我，你们为什么要来见鲍勃。也许你能告诉我，泰勒。”

治疗会谈从一名未被指定为病人的最年幼的孩子开始往往较有帮助。这将带来一种轻松的气氛，有利于治疗会谈的开始。

泰勒：是因为斯潘塞，他在学校的表现一团糟。

斯潘塞：行为表现……我和泰勒有时会互相推搡对方。

琼：他在学校出现了问题。他不尊敬老师，对老师搞恶作剧，然后又否认他自己的所作所为，即使全班同学都看到了是他所为。

阿尔弗雷德：他非常情绪化，当他心烦意乱时无法控制自己。

家庭成员确信他们知道出了什么问题(症状)和谁有问题(症状的承担者)，所有这一切立刻就一目了然，尽管另一点也很清楚，即阿尔弗雷德和琼在描述他们儿子的问题时持有不同的观点。

米纽庆医生(对泰勒)：你能确信他们不是因你而来的吗?

这仅仅是个玩笑式的提问，但也是第一步——还没有被家庭注意到的——挑战家庭对整个事件的说法，以及挑战他们对诊断的确定性。

泰勒：不是因我而来，他(斯潘塞)是个令人难以忍受的孩子。

第一步：拓展目前的主诉

我转向斯潘塞并问他在哪里上学，上几年级，学得最好的科目是什么，等等。他现在平静一些了。我们交谈了3～4分钟，他的注意力集中在我们会谈的内容上，清楚地回答着我的提问，听起来就像任何一个理性的11岁男孩一样。

我在建立一种接触，就像人们一贯与孩子打交道的方式一样，但又给了斯潘塞一些空间，让他自己成为一个更完整的个体(fuller individual)，而不仅仅是症状的承担者(symptom bearer)，这一点也很重要。阿尔弗雷德和琼将他作为问题的携带者(carrier)而把他带来治疗，他们期望在某些方面得到答案。但是家庭进退两难的局面总是比所表现的更为复杂，我想早一点儿做一些基本的工作。我想减轻斯潘塞因成为问题核心而产生的焦虑，我还想提醒斯潘塞的父母，斯潘塞所反映出的问题远远胜过他所有症状的总和。

他的父母期待着这一次对话，因为他们来这里就是为了寻求专家的意见。他们非常有礼貌地倾听着。接着，他的母亲把我们带回到来见治疗师的目的这个问题上。

琼：斯潘塞的问题是他在学校时对老师无礼。

米纽庆医生：实际上他刚才对我非常有礼貌。

这是对斯潘塞母亲说法的一种挑战。虽然她有可能将这种挑战视为一种批评，但是琼的回答显示出惊人的灵活性(flexibility)。

琼：他的确可以做到彬彬有礼，人们经常告诉我，他是一个表现不错的孩子。

当我们在谈话时，两个男孩子开始争吵起来。泰勒抓住斯潘塞的上衣，他们互相推来搡去，我中断了与他们父母的谈话，将注意力转向正在发生的事情。同胞兄弟之间的竞争、相互保护、争吵的方式永远是很重要的。一名机敏的治疗师会对年幼儿童的身体活动以及他们所说的话进行关注，而我会注意他们两兄弟之间所发生的事情是如何开始的以及进展的顺序。

我把我所看到的告诉了他们的父母：泰勒激怒了斯潘塞，斯潘塞做出回应，但这很容易让人感觉是斯潘塞挑起了事端。接着，我转向斯潘塞，给他介绍了一个隐喻，这个隐喻对如何调整他与弟弟的行为将会有很重要的帮助作用。

米纽庆医生：斯潘塞，当你告诉我你是一个 11 岁的男孩时，泰勒却把你拉回到了 6 岁。当他那样做时，你如何能保护自己不受他的影响？

我在运用一个具体的隐喻——年龄——来探索关系。在对年幼儿童进行治疗时，强调空间和年龄是展现差异、表明等级问题、提示正常化的具体方式。在我的评论里，我也探索了行为症状出现的场合——如当斯潘塞被激怒时——但在我的描述里，“侵犯者”被视为一个受害者。我邀请他将自己视为一个循环行为中的一部分。斯潘塞喜欢这个故事版本，他感受到我的关注和支持。

斯潘塞：我是否应该请求他让我一个人待会儿？因为当我想独处时，他总是来戏弄我，我气疯了，就很想教训他一顿。

阿尔弗雷德：米纽庆医生的意思是你应该保护你自己，不要让泰勒把你变成一个小孩子。

琼：你不能去打弟弟，而是应该告诉他让你独自待会儿，因为如果你打他，就会对他造成伤害，他会哭。

他们的父亲和母亲再一次采取了不同的行为方式。父亲比较关注如何让斯潘塞保护自己，而母亲则侧重于保护泰勒，并坚持认为斯潘塞是攻击者。这种差别有可能表明父母在利用孩子们作为他们冲突的"战场"。

斯潘塞：好，如果他来打我，我就还手。

当家庭在讨论和争辩两个男孩子之间的战斗时，我坐在后面。就这样，我和他们一起待了大约10分钟，我已经营造出一种鼓励家庭成员之间进行对话的环境氛围，他们的对话即使没有我的参与也能进行。这就给了我机会去使用我的"广角镜"(wide lens)和"变焦镜头"(zoom)来观察家庭成员的互动方式——成人与每一个男孩之间、父母之间、两个男孩子彼此之间以及与他们父母之间的关系——并让我有时间决定我将如何继续下去。

我决定继续与斯潘塞交谈，这一刻，我要强调这个男孩的责任感，并让他成为他弟弟的观察者。我不仅需要把焦点放在家庭内的互动上，还要帮助这个过度活跃的孩子安静下来，鼓励他去观察、去注意细节也是有用的。

米纽庆医生(对斯潘塞)：除了你以外，泰勒还有别的朋友吗？他知道怎样与他们玩吗？或者他会惹麻烦吗？

斯潘塞：他们似乎很生他的气。

米纽庆医生：你有朋友吗？告诉我你其中三个朋友的情况。

斯潘塞说了他三个朋友的名字，接着花了几分钟时间描述了居住在街对面并有一辆小摩托车的男孩的情况。他看起来很放松并充满自信。他的父亲带着自豪的微笑看着他，而泰勒则有点儿失态，走过去坐在他母亲的大腿上。我对斯潘塞解释，他没必要与他的小弟弟玩，因为他有自己的朋友。然后我转向阿尔弗雷德和琼并与他们交谈。

米纽庆医生(对父母)：我认为斯潘塞是一个聪明的好孩子，但你们告诉我的则是他做错了许多事，这令我很惊讶。另外那部分也是真的吗?

很少有儿童是真正难以管理的，大多数儿童的反抗行为都是对在他们自己的生活中不要被贴上“麻烦”的标签这一真正利益的反应。(父母均点头)

琼：他非常聪明，而且他在学校里表现得很好。

阿尔弗雷德和泰勒要去洗手间，我告诉每个家庭成员，我们将等泰勒和他的父亲回来。斯潘塞问了一个有关摄影机的问题，然后安静地坐下了。当阿尔弗雷德和泰勒返回时，我站起来与斯潘塞握手，称赞他的耐心。

握手表明我们之间已经有一个他能遵守的合约。这一举动是在告诉孩子，有时也是在告诉大人，他们的努力已经被认可并被证实。这是一个实实在在的举动。

在访谈开始的20分钟左右的时间里，我一直将注意力集中在孩子们身上，集中在挑战促使家庭来寻求治疗的个人诊断上。我已经使斯潘塞总是活动过度并且不能集中注意力的观点得以瓦解，并引入每个人都能意识到却不能关注的突出的负责任行为的问题。那并不是这个家庭所经历的问题，也不是其他人所描述的问题。在完成了大量的基础工作以后，我准备转向下一个阶段——探索父母是如何在不知不觉中卷入并维持他们儿子的麻烦行为的。我知道，任何两个人做父母的方式都会有某种程度上的不同，那是正常的，但重要的是，要去追踪这些父母的观点是如何一致或不同，以及他们是如何作为一个团队去发挥他们的功能的。

第二步：着重探索维持问题的互动

米纽庆医生(对父母)：我在想斯潘塞在这里和在家里的反应为什么会

有不同。你们在家里做了些什么？他能服从于某个他不认识的人，却不能服从于他的父母，这太奇怪了，你们能不能共同思考一下这个问题。

第二步的基本问题——你是如何维持症状的？——很明显是对家庭的一个挑战。治疗师在引入这一步时，需要让父母认识到这是有帮助的和尊重他们的一种干预方式。它必须传递这样一种信息："你们了解你们的孩子。你们才是你们家庭的专家。要解开你们孩子的行为问题之谜，我需要你们的帮助。"

琼：一名辅导员告诉我，斯潘塞需要一个井井有条的生活环境——有规律地进食，按时睡觉，但是在家里我们仍然没有做到。

（当母亲在说话时，泰勒开始用脚踢斯潘塞，我告诉斯潘塞可以将他的椅子挪到房间的另一边去坐着。）

米纽庆医生(对斯潘塞)：我想帮助你，因为泰勒一直在邀请你做6岁的孩子，他很有能力。

我在建立与斯潘塞的同盟关系——成为一个使他变得更加成熟的支持者。然后我转向他的父母，让他们继续讨论家中发生的事情。

琼：我们彼此常常意见不一致。我更严格一些，（转向阿尔弗雷德）而你总是不支持我。

阿尔弗雷德：是的，我有过失。在她想方设法强调纪律的时候，我有时会与她唱反调。但我工作到很晚，并且当我回到家时我希望和我的孩子们在一起，而她则想让他们去睡觉。

琼：你总是先去打高尔夫球，很晚才回家，又想与孩子们一起玩。

阿尔弗雷德：如果我想痛快地打高尔夫球，就不能有时间和我的孩子们在一起吗？

琼：但是我整天和他们在一起，因此我需要一些独处的时间。

焦点已经从斯潘塞身上逐渐转移了，父母的冲突成为矛盾的焦点。我对他们所玩的这种谁是更好的父母的游戏的激烈程度产生了很深的印象，这种令人困扰的游戏所产生的可能后果就是，孩子们实际上变成了游戏中的“球”，我对此印象也很深刻。

米纽庆医生（对琼）： 你认为你的丈夫是在利用你吗？

我故意选择了一种强烈的措辞，那样可以使伴侣们在探索冲突时拒绝接受这种夸大。

琼： 利用？不，他当然没有利用我。

米纽庆医生： 你看起来总是责任重大。我刚刚看到你丈夫回应了泰勒的一个要求，不过你也有回应，接着你看向了斯潘塞，以确定他没有被忽视的感觉。

即便他们在交谈时，我也密切注意着他们的非言语互动，并且也让家庭成员关注他们没有意识到的习惯性和自发性的模式。需要注意的是，我的评论既不是一种解释，也不是一种指示。我只是简单地描述发生了什么。这种描述可以使家庭成员看到他们如何行使职责的动力学特征。

米纽庆医生（对阿尔弗雷德）： 你怎么帮助你的妻子放松呢？

一个家庭成员帮助另一个家庭成员的理念是家庭治疗的核心：共同行使职责使得人们成为一个系统。“你怎么帮助”这种提问方式传递着相互关系的概念，因为一个人为了帮助另一个人，他必须改变自己对那个人的行为。

琼： 我不需要他的帮助。

阿尔弗雷德： 我帮不了她，因为她不允许我当父亲。

米纽庆医生： 她是怎样形成这样一种观点的，即当你和孩子们在一起的时候，她就要来监控你？

阿尔弗雷德： 也许是因为我不止一次地将事情弄糟。

米纽庆医生： 因此你就形成了这样一种既定印象，即只要你游手好闲，她就会承担较多的职责(over-function)。

…………………………………

后现代叙事学派对这种人们相互“创造”的方式有过清楚的描述，但这也是贝特森的思想和其结构化的方式中所固有的。互补(complementarity)永远是系统理论的核心概念。

…………………………………

阿尔弗雷德： 对我来说这是好的，但是对她或者孩子来说则不是。

琼： 我可以让他带孩子们去骑自行车，但不能让他带孩子们去公共场所。他是个健忘的人，并不会一直将注意力集中在孩子们身上……(对阿尔弗雷德)你需要证明你是个负责任的人。

米纽庆医生(对琼)： 所以你常常对他生气。(然后转向阿尔弗雷德)你是如何帮助你疲惫不堪的妻子的？

…………………………………

这里我强调了他们之间互动方式的积极成分。我将琼的愤怒重构(reframe)为疲劳，让阿尔弗雷德关注到她的需要，并提醒他扮演一种积极的角色：“帮助你的妻子。”

…………………………………

阿尔弗雷德： 我试着与她讨论一些事情，但经常会有一些很小的争辩，比如“你在面包上抹花生酱或果酱了吗？”

琼： 并不是那么简单，他总是走开，我们从未解决过任何事情。

…………………………………

我们已经从斯潘塞的行为和诊断中脱离并移开很远了，很明显，他的父母本身有他们自己的问题。当孩子们有行为问题的时候，他们的父母常常不能有效地合作。有趣的是，阿尔弗雷德和琼乐意讨论他们的冲突。尽管他们之间存在差异，但看起来他们并没有因为太生气而不去处理冲突。他们缺乏防御的原因之一，也许与我一直将焦点集中在帮助斯潘塞这一方式上有关。做了这些工作后，我建议他们休息一下，去吃个午餐，他们回来后，我们将会谈焦点放在父母身上。

…………………………………

第二次会谈

皮尔斯一家吃完午餐后返回，他们坐在现在已经熟悉的咨询室里显得舒服自在。阿尔弗雷德在与斯潘塞聊天的时候，泰勒走过去坐在父亲的大腿上。我告诉男孩子们，我想与他们的父母谈一会儿，稍晚一点儿会见他们的。

当孩子们去外面的办公室玩耍以后，我对琼说："你丈夫看起来是一位天生的照顾者。"

我突出强调了阿尔弗雷德作为一名照顾者的能力，因为我发现这对夫妻对他们之间的冲突毫无察觉。甚至当阿尔弗雷德在治疗中已经行使了照顾和抚养职责时，琼在前一次会谈里仍然一直抱怨阿尔弗雷德不帮忙照顾孩子。现在我突出强调了阿尔弗雷德的行为来挑战琼的认知。我的表述不是一种解释，而是描述一个人人都可见的事实，因而现在琼需要反省她自己。

琼：他仅仅是在对泰勒紧黏着他的方式做出反应。（*她停顿下来，看着阿尔弗雷德。*）我明白我没有对他所做的积极的事情给予足够的关注。

第三步：结构化地集中探索过去

米纽庆医生：你的担心是从哪里学来的？你看待问题的消极方式又是从哪里学来的？

这是第三步的开始：探索夫妻一方过去的经历对现在与配偶和孩子之间互动的影响。我在邀请琼去反思她构架事件的方式；反思她是如何借助对即将来临的"灾难"的必然性的强调来淡化(shades)自己的经历的。

琼：我不知道。我总是惧怕危险。

“你的担心是从哪里学来的？”这个同样的问题，我随后会询问家庭的其他成员。但我询问过去的经历并不是询问过去发生的一些琐事，而是询问那些被夫妻双方确认为触发他们之间问题的事情。此外，这种探讨并不是“捕鱼探险”，它将关注那些已经显现的问题，其目的在于探索以新的和更灵活的方式去处理这些问题的可能性。

琼：我在一个父亲酗酒、父母从不沟通的家庭里长大。他们没有离婚，但各睡各的卧室。

米纽庆医生：你的父亲是一个怎样的酒鬼？

琼：他有一份很好的工作，是一名主管。但晚上他要喝两捆六支装的酒或五瓶马提尼酒，接着他就凶相毕露。

米纽庆医生：你有兄弟姐妹吗？

琼：我有一个哥哥和一个弟弟。当我父亲醉酒后，我们就挤在一个房间里安静地待着，没有人会去质问他。当我长大成人以后，在他去世之前的3年，我终于有勇气面对他。本来我妈妈早就可以离开他的，我们鼓励妈妈离开他，但她不同意。我认为她觉得与他生活在一起经济上有保障。但每到周末，他们就各行其是。

米纽庆医生（向琼）：你们归母亲管吗？

琼：父亲会带我们出去，但他会喝醉，并且每次收场时都是一场灾难。

米纽庆医生：你妈妈会保护你们吗？

琼：没有。她虽然在场，但却视而不见。

米纽庆医生：谁来保护你们？

琼：没有谁。我哥哥也成了一个酒鬼。我有朋友，我还逃到邻居家。我弟弟现在和我妈妈一起住，他有工作，但我的两个兄弟都不能自立。我哥哥结婚了，他对他妻子也有暴力行为。

米纽庆医生：有时，要将这三个生活在你过去的男人和你的丈夫区分开来一定是一件困难的事。

琼：我经常在阿尔弗雷德喝完一瓶啤酒后就开始担心，但事实上他最多喝两瓶啤酒。

米纽庆医生：所以你变成了一个高度警觉的人。你需要监督所有的事情来防止灾难的发生。

当然，琼有关她童年的描述仅仅是整个故事的一部分。但这是她记得的部分。我并不需要一幅完整的画面，只要能理解她现在的世界观就足够了，这里所说的世界观尤其包括她和她的丈夫，也就是她与孩子父亲的关系中的那种期待与扭曲。

琼：我丈夫与众不同，但他非常爱挑剔。他说我很愚蠢，不可理喻；说我不愿意听他的。他说假如我离开他，我将会死在大街上。

阿尔弗雷德：她威胁说要离开我，然后我才说她无法养活她自己，以及她将死在大街上的话。（*他伸出手臂爱抚她的肩膀。*）她一直都很抑郁，她看不到积极的方面。

米纽庆医生：那不是抑郁症。她可能是在对你所做的一些事情做出回应。

我在译解精神科医学术语，这些术语掩盖了家庭成员为彼此之间的行为所担负的相互的责任感。对阿尔弗雷德来说，他更容易将妻子对他的不满看作妻子的抑郁。我对他们冲突的激烈程度印象深刻。孩子们在场时，他们显得很友好，但他们的愤怒和怨恨却一触即发（not far from the surface）。当孩子们不在场，无人打扰、分散他们的注意力的时候，这些愤怒和怨恨就会显露出来。我看到了阿尔弗雷德身上可以变得更具有支持性和保护性的潜质，并且我希望能利用这一点。但首先我需要了解更多的事情，以便对这两个备受挫折的人以什么样的方式逐渐走近并走到一起能有更全面的理解。在请琼回顾她过去的生活经历以此来阐明她与丈夫的关系后，我现在转向探讨阿尔弗雷德的生活背景。

米纽庆医生（对阿尔弗雷德）：你生气的时候会做些什么？

阿尔弗雷德：我会骂她愚蠢，因为她有时的确有点儿愚蠢，我们也曾发生过一些肢体上的小冲突。我曾推搡过她，有一次把她推倒在地。

琼：两次。

米纽庆医生：我了解那些无法控制愤怒的人们。有时他们会用拳头击墙，或者朝地板上扔玻璃杯，但你所做的已远远超过那些。你怎么会那么做呢？你是从哪里学到并认为那样做是可行的？

对夫妻之间发生暴力行为的任何建议都应包括给予停止的信号。治疗师需要探索事件的细节，并且需要以这样一种方式突出强调该信息，那就是，暴力不能在地毯下面蔓延。

阿尔弗雷德：我并不是一个凶暴的人，我有一个美好的童年。我父亲做了20年的送奶工，将一瓶瓶牛奶送到客户的家中。我有一个哥哥和一个妹妹，我母亲是个家庭主妇。我的父母从不争吵，我记不起在我的家庭中发生过什么负面的事情。是的，那时我常常和我的哥哥打架，仅此而已。

米纽庆医生：那是否说明你们争吵仅仅是因为你妻子扭曲的人格？

阿尔弗雷德：不是，是源于我的态度。我非常被动。假如出现了一个大问题，我常常漠不关心，随它去，就好像这没有什么大不了的。而且我要工作，很辛苦，我不愿意让自己卷进去。（他以同样友好的口吻谈论着这些，就像他一边说他妻子愚蠢，一边爱抚着她的肩膀一样。）

米纽庆医生：那你是怎么变成那样的呢？

我不赞成阿尔弗雷德自认性格固执、不可改变的想法。“那就是我的方式”，这常常是一个很顽固的、糟糕的借口。

琼：不关心体贴，甚至轻视、忽略。

我让配偶作为一面镜子来反射另一个人的扭曲的样子。

阿尔弗雷德：我的确常常忽略他们。孩子们需要更多的关注，而我宁愿花费大量的时间来玩高尔夫球。没有我，他们也能够将事情做好。

米纽庆医生：斯潘塞在理解控制和权力的问题上有困难。他应该从你身上学习这些。你的妻子从她过去的经历中形成了她对男人的印象。你的孩子们在你身上学到了什么？当斯潘塞对他老师不敬时，他是从你那儿学来的吗？

我现在从夫妻关系转向亲子关系，来来回回，编织一种联系。我在试图阐明这一点，即夫妻之间的问题以孩子的问题重现。这是一种将改变的动机与帮助孩子的愿望挂钩的方法。

但是，在帮助人们接受他们作为父母会对孩子产生影响并应为此承担责任与暗示他们应该为所有的问题负责之间，存在一条清晰的界限。假如某个治疗师的提问触及的是试图寻求问题的根本，即是谁的责任，那么他们很可能会有被责备的感觉。但是假如提问方式是唤醒他们去帮助他们的孩子的话，就可能具有治疗作用。

阿尔弗雷德：我想我们不能像电视剧中的理想家庭那样解决问题，我们没办法做到。当发生问题时，我们会大声喊叫和尖叫，当斯潘塞在学校时，他也会大声喊叫和尖叫。

琼(对阿尔弗雷德)：斯潘塞就像你。他永远都不会承认自己的错误。孩子们已经在他的房间里看到了他的所作所为，但他却一再地否认。

琼将对阿尔弗雷德的愤怒发泄在她对斯潘塞的描述里，斯潘塞被父母之间的冲突三角化了(triangulated)。

阿尔弗雷德：我是那样吗？

琼：啊，并非总是如此。我只是在说我们并没有解决问题。

阿尔弗雷德：其实问题总是很小，诸如有没有将柑橘酱或花生酱抹在烤好的面包上等。我们不应该总是讨论这些问题，当然最好永远都不要讨论。

米纽庆医生(对阿尔弗雷德)：因此当你变得安静沉默时，你就好像不存在一样，而她却很孤独。然后她变成一个爱唠叨的人，是你将她“训练”成了一个爱唠叨的人。然后你却躲得远远的，而她依然形单影只。

这是对阿尔弗雷德在家庭模式中不愿意参与沟通和缺乏责任感的重复挑战。这种挑战在之后还将被扩展。

阿尔弗雷德：您是在说当我称她为爱唠叨的人的时候，我却看不到我自己在做什么吗?

米纽庆医生: 你的妻子是孤零零一人，你是这么好的一个人，却不能成为她的伙伴，太遗憾了。你们是否会共同度过一段时光?

琼和阿尔弗雷德(快速、连续地): 我们很少单独一起外出。我记不起我们有过……在最近的5年里，我们不曾一起外出过。

米纽庆医生: 你们有过很浪漫的时候吗?

阿尔弗雷德: 浪漫?(表现出迷惑的样子，好像在他的记忆里不存在这个词。)从来没有。

米纽庆医生: 烛光、音乐、出去吃晚餐、看电影……

琼(仍在回答我的提问): 他经常很疲惫。

我将继续探讨他们过于强调身为父母的职责而忽视夫妻生活的观念。

米纽庆医生(对阿尔弗雷德，用一种开玩笑的口吻): 那你是否已经黔驴技穷(juices are dry)了?

米纽庆医生(然后转向琼): 他是一个有趣的家伙吗? 他有魅力吗?

琼: 我只是希望家里少一些冲突。我已不再试图去改变他，我已经放弃了。

米纽庆医生(转向阿尔弗雷德): 所以你现在可以单独出去打高尔夫球了。

阿尔弗雷德: 我们从来没有过二人世界。

我们现在对这个家庭有许多诊断：一个或两个男孩有“注意缺陷与多动障碍”；琼可能是一个“过度警觉”或患有“忧郁症”的人，而且肯定“总是很称职”和“焦虑而猜疑”；而现在，阿尔弗雷德是“虐待的”“被动攻击的”(passive-aggressive)和“哪怕罗马城起火了他仍打他的高尔夫球”的人。所有这些描述都是真实的，但所有这些描述仅仅是事实的一部分。关键是如何找到一种方法来对这个家庭产生影响。琼和阿尔弗雷德现在已经开始聚焦于他们关系的空间了，我在这个方向上推了他们一把。

米纽庆医生(对阿尔弗雷德): 你愿意娶她(琼)吗?

阿尔弗雷德(看起来很迷茫)：我愿意娶……我的妻子吗?

米纽庆医生：是的，假如你们现在还没有成婚。

阿尔弗雷德和琼互相看着对方，他们的目光变得柔和了。阿尔弗雷德向琼移近了一点，并把他的手轻柔地放在琼的颈后。

米纽庆医生(对琼)：你是什么时候做出决定，认为你的丈夫是无法被改变的?

琼：在泰勒出生的时候……大约6年前。这不是一个有意识的决定。我被孩子们缠住了。

阿尔弗雷德：我们是什么时候决定放弃的？我想是10年以前，那时我们已经发生了很严重的争吵，或许是七八年以前。

当会谈快要结束的时候，现场出现了一种辛酸的气氛。夫妻二人变得很安静，渴望找回他们之间曾经存在的爱。他们意识到他们迷失了方向。她，因为对孩子全神贯注而忽略了自己的丈夫；而他，因为被动和回避，已经放弃了生活。

随着时间的推移，我的立场逐渐由一名信息收集者转变成一名更积极的倡导改变者。我现在可以更容易地占据这个位置，因为我是一个长着白胡子的老人。我是一个智慧的长者形象，而那对夫妻——把他们自己描述为重量级的斗士，看起来却更像丢失了灵魂的斗士——能够接受我这个形象。

大多数有关治疗的著作都反对治疗师采取这一层面的情感卷入，刚入行的治疗师或许会牢记这种警示。然而，随着时间的流逝和经验的积累，你会明白，有时候一名治疗师是可以介入和表明立场的。

第四步：探索相关的改变方式

当孩子们重新进入房间，他们充满了不安分的能量。阿尔弗雷德努力试着与他们交谈，但他看起来并不知道要说什么，他没能引起他们的注意。阿尔弗雷德断断续续地说："米纽庆医生说我就像一个在浪尖上的软木塞……当我不应该满意的时候却感到心满意足……我应该更努力地和你们以及你们的母亲一起生活。"

琼也试着努力说出她的感受："米纽庆医生说我们彼此应该共同度过更多的时间，我花了很多时间在你们身上，而和你们的父亲在一起的时间却不够多——那样做不太好。"

孩子们对他们的父母所说的内容是否理解我并不清楚。但显而易见的是，阿尔弗雷德和琼在尽力地理解他们自己的处境以及他们对此能做些什么。

* * *

• • • 结束语

治疗结束了，他们来这里的最初动机是什么呢？是对于"注意缺陷与多动障碍"的诊断吗？

我们已经看到斯潘塞并不是一个简单的活动过度的孩子以及他父母的冲突是如何波及他的。他的母亲对他——作为父亲的替身——有点儿苛刻，而他父亲则通过贬低妻子的方式来保护他，因为妻子似乎不再关爱这个儿子了。这是不是意味着斯潘塞没有"注意缺陷与多动障碍"，他的行为问题主要是因他父母的过错造成的呢？不是。斯潘塞很可能有多动障碍，盐酸哌甲酯片可能会对他有所帮助，但盐酸哌甲酯片并不能完全消除他的神经性抽搐，也不能解决他在学校的所有问题。他的攻击行为，他对权威的挑战，他对责任感的否定，所有这些都源于家庭交互的缺失。

琼和阿尔弗雷德处理冲突的方式——对他们的孩子以及他们自己来说——都令人费解。他们竞争孩子们的所有权，并企图以各自觉得有效的方式来处理孩子们的问题。但斯潘塞和泰勒的问题需要父母合作才能解决，而不是父母轮流上阵。这次会谈完成的不是明确他们应该合作的任务，因为他们是知道这些的。琼和阿尔弗雷德通过这次治疗所获得的是，他们对彼此之间存在的伤害和失望有了更深的理解，并且这些伤害和失望是可以被克服的。

治疗构架

家庭组织

在家庭治疗的早期阶段，我们曾提出这样一种观点：一个持续出现行为问题的孩子一定是站在他的父亲或母亲的肩膀上的。我们的意思是，儿童的行为问题通常是在提示他们的父母未能像一个团队那样合作。在处理儿童问题的时候，重要的是不仅要考虑孩子或其父母对孩子的“养育”，还要考虑去探寻三角化所导致的复杂情形(triangular complications)。

尽管探寻父母间的冲突很重要，但是不假设父母关系失和是孩子问题的首要原因也同样很重要，因为这种假设是线性关系，通常是错误的，而且父母一定会防御。像斯潘塞这样精力过剩的孩子对任何人来讲都是很棘手的。在皮尔斯一家这个个案中，他们儿子的过度活动触发了两极分化的反应(polarized responses)，这些反应逐渐使他们出现了隔阂(drove a wedge)。阿尔弗雷德和琼像大多数父母一样，透过他们自己的投射棱镜(prism of their own projections)来看待他们孩子的行为。琼优先考虑的是纪律和尊重，她倾向于采取一种比较强硬的方式来应对孩子的不良行为。阿尔弗雷德则更被动(laid back)，他关注的不只是儿子的调皮捣乱，还关注触发这种行为的敏感的感觉。因此，他更忍耐一些，或者说，他有那么一点儿不负责任。

围绕他们的差异，父母双方之间两极分化得越严重，琼就变得越挑剔，而家庭结构就越多地采用一种单亲家庭的形式来处理问题，也就是母亲负责且负担过重，而且不愿意相信她的丈夫是一个平等的伙伴；父亲则越来越像是一个另类的男孩。

当我们回过头来以结构化的眼光来看时，就容易发现哪些方面需要改变了：父母两人必须在家庭的最高等级上发展合作关系。为此，他们必须改变不平等的身份地位，突破他们原来彼此疏离的状况。琼应更清楚地意识到阿尔弗雷德需要担负责任，同时他也是愿意承担责任的。但是从某种程度上来说，这仅仅取决于她愿意让他这么做。夫妻二人都能看到哪些方面需要改变，不过，两人都更希望对方先做出改变。

• • • 个体视角

一种结构式的评估——如我前面已经介绍过的——能促使一名治疗师变得富有指导性。琼不应该总是那么负责任。阿尔弗雷德应该给予妻子更多帮助，而她应该允许他这样做。但通过抵制告诉人们要做什么的冲动，我得以揭露这些令人厌烦的争论者已经被不健康的养育方式困住了的一些原因。

琼的父亲是一个酗酒者，她的父母之间缺乏沟通交流。她的弟弟从未离开过家，而她的哥哥会打他的妻子。毫无疑问，她难以相信男人。

阿尔弗雷德的所作所为强化了(reinforce)琼对男人的不信任。他被动、漫不经心，而且疏离。一方面，他会对自己未尽为人之父的责任而感到内疚；另一方面，他也感到生气和怨恨。他对琼的批评和要求感到怨恨，他至少有两次因发怒失控而打了妻子。

通过鼓励他们一起娱乐或者通过强调他们应承担的养育责任而使他们陷入内疚，以此试图让一对疏离的夫妇相互靠近，这样做是不可行的。这些策略不能奏效的原因在于，导致各自为政的夫妻分离的鸿沟与怨恨有关。应该将这些怨恨说出来(aired)并接纳这些怨恨，以便为正向情感腾出空间。在我们的第二次会谈里，阿尔弗雷德和琼开始相互表达怨恨。他们俩都有很多话要说，但罗马并不是一天建成的。

• • • 干预策略

围绕他们所关心的孩子们的问题，我加入了皮尔斯的家庭，但很快又去挑战“斯潘塞难以对付”这一观点，探索并且证明明显不成功的父母养育模式才是问题的根源所在。我在这么做的时候并没有责备的意味，这一点非常重要。有不良行为的孩子的父母早已有所防御，一名治疗师无论如何也不能让这种防御增强。我通过询问一些问题，对一些细节进行观察，并称赞、恭维孩子的父母，运用暗示引导琼和阿尔弗雷德认识斯潘塞身上的积极品质。我宁可将男孩的不良行为看作好奇心问题，而非对他指责："你们能一起思考这个问题吗？因为奇怪的是……"

一旦邀请琼和阿尔弗雷德谈论他们的养育方式，他们就毫无阻碍地承认了他们之间存在分歧。我花了一段时间去倾听他们的谈话，以此作为一种回应，假如允许他们互相来来回回地争吵，以后的类似争吵便有可能得以避免。接着，不让他们仅仅停留于彼此的分歧上，我问他们如何帮助彼此，并强调了他们对彼此支持的需要。我把焦点放在是什么能让他们走到一起上，而不是什么让他们彼此分离。

像这样一个个案，父母不能作为一个团队一起有效地工作，应该被视为来访者和治疗师需要共同探索的一个问题。因此，当转向谈论他们的家族历史时，我成为他们的同盟——"让我们试着去理解，在你的经历中，是什么让你成为一名焦虑或者这么容易相处的人"。这些家庭历史并非完全开放的(open-ended)，而是需要通过上述形式试图去理解父母是怎样产生他们目前的养育观点的。在这里，需要注意的是，探讨家庭的过去是对行为是固有性格的产物这一观点的挑战。类似这样的提问，如"你是怎样养成那样的方式的？"不仅暗示人们受他们过去生活经历的影响，也暗示着他们能够改变。

阿尔弗雷德和琼像许多年轻的父母一样，夫妻二人世界的生活受到了父母角色要求的排挤。他们对纪律的不一致观点并不能通过忽视它们而得到解决，但是夫妻的同舟共济的确有助于为父母之间的合作建立一种更积极的氛围。

• • • 技巧

在许多个案里，问题儿童的父母之间的冲突是秘而不宣的，而这个个案并非如此。要揭开冲突的面纱并不需要太多的诀窍——那很容易，你要做的就是询问——但要注意使冲突正常化(normalize)，并注意消除其毒害性(detoxify)。我通过让父母双方都能了解对方的想法，并让他们的分歧成为可以理解和可以解决的彼此相关的问题，来达到这一目的。

到现在为止，你应该能明白我的询问是受我们的四步评估模式所指导的。遵循这一模式，我可以将焦点从病人的症状转移到围绕这些症状的家庭动力上。虽然在这个个案里很容易看到这种顺序，但却难以看清所营造的治疗关系的性质，我借助这种治疗关系，将阿尔弗雷德和琼从投射(projection)转移到自我反省的觉醒(self-reflective awareness)，而没有激起他们的抵抗。

镇定自若(calmness)是大多数因焦虑而前来就诊的家庭最基本的解药(antidote)，焦虑会妨碍家庭成员以一种更开放的视角来认识他们所处的进退两难的境地。能帮助治疗师保持沉着冷静的两件事是：（1）不要承担解决家庭问题的责任；（2）要知道去哪里寻找阻止家庭承担责任的种种约束。治疗师应摒弃除来访者以外的任何人都能解决他们的问题的错误观念，集中精力做好迫在眉睫的工作，帮助家庭发现一些新的有用的东西；也要知道去哪里寻找新的有用的东西。我们前面描述过的四步评估模式可以作为一个概要，但是只有对每一个独特的家庭正在做什么以及他们是怎样形成这种指导他们行为的观点保持好奇，你才能避免陷入来访者所描述的问题是怎样发生和发展的预想观念的圈套中去。

人们的抵制和拒绝使人们感到并不理解他们的治疗师正在改变他们，所以假如你不能把你自己放在来访者的位置上，并获得对他们来说世界究竟是怎样的感觉的话，那么无论你走到哪里，治疗都会变得很困难。有些治疗师在自己并不理解的时候却很轻易地说出“我理解”。你不能假装共情(empathy)。我并没有告诉琼我理解她对孩子们的担心，而是问她：“你的担心是从哪里学来的？你看待问题的消极方式又是从哪里学来的？”之后，当阿尔弗雷德承认他曾在争吵中推搡琼时，我问他：“你是从哪里学到并认为那样做是可行的？”

尊重人们意味着相信他们能在他们的生活中做出改变。假如你尊重来访者，你就要相信他们有改变的能力。你可以通过以下方式来表达对有问题的孩子的尊重：将他视为一名通情达理、值得与之交谈，并值得对其发生兴趣的人而与之交谈。你可以通过与夫妻二人一起对他们不能有效地处理孩子的问题进行探索，来显示对他们的尊重。最后，你可以通过询问家庭成员是否希望改变来表达你对他们的尊重。我是这样直接向阿尔弗雷德发问的："你愿意娶她(琼)吗?"并这样暗示琼："你什么时候能放弃一些责任，并将之交给他(阿尔弗雷德)?"

第二部分

有继子女的家庭

一对夫妻的结合，其过程类似于炼金术，两个个体试图融合他们的生活但又不愿意放弃各自原本的个性。适应调整(accommodation)使他们成为一体，界限形成(boundary making)使他们仍能保持两个个体的独立。生活中没有什么比恢复正常(get right)更困难的事了。第二次婚姻也不见得会像大多数其他事情那样显得更容易一些。

尽管再婚可能并不容易，但却呈现越来越普遍的趋势。虽然评估方法各有不同，但所有婚姻中大约有一半至少其中一方属于再婚(U.S. Census Bureau, 2001)。近年来，含有继父母的家庭的数量有所增加，在18岁以下和双亲居住在一起的所有儿童中，约有三分之一的孩子生活在继父母家庭(stepfamily)中(Field, 2001; Glick, 1991)。不幸的是，有继子女的家庭仍然生活在消极、老套的"云层"之下。例如，如果我们仔细考虑一下，就会发现"继子女"(stepchild)这个词语仍然被用来指那些得不到欣赏的人。正因为"继子女"的说法不被接纳，"混合"(blended)家庭和"重建"(reconstituted)家庭这些委婉的新术语便应运而生。

近60%的再婚最后以离婚告终(Bramlett and Mosher, 2001)，前次婚姻所生的孩子的存在，很可能是导致又一次离婚的主要原因(Booth and Edwards, 1992)。而第一次婚姻的情况则恰好相反，孩子的存在使得夫妻二人不太可能离婚(Becker, 1997)。研究表明，继子女家庭所面临的复杂的结构性挑战(structural challenges)，使家庭成员进行有效互动(effective interactions)和形成满意关系(satisfactory relationships)变得极其困难(Demo and Cox, 2001)。

临床经验和研究证据均强调，成功维持继子女家庭是极为需要花时间的一个发展过程。熟悉这种转变的步骤能使治疗师发现一个家庭在发展的道路上哪里出现了问题。有学者描述了一个家庭在成为继子女家庭的过程中必须面临的六种主要的挑战(Visher, Visher and Pasley, 2003)。

1. 外人与自家人(outsiders versus insiders)

继子女家庭需要整合新成员进入家庭单元。这是一种平衡行为，要维持这种行为，继子女家庭要在长久的家庭单元里保持一定的稳定性和信心，也需要对包括新成员在内的所有家庭成员开放。正如你将在下文中看到的那样，在“撒谎的青少年”这个个案中，这些要素自始至终并未得到充分展现。

在本部分的两个个案中，两个母亲都存在过度保护行为，她们都认为她们的孩子很脆弱，而这正是她们产生过度保护的重要原因。这两个母亲的再婚婚姻都笼罩在受第一任丈夫虐待的阴影里。这两个母亲焦虑地将这些痛苦的关系搁置在过去，但是，来自前一段婚姻的未解决的悲伤，使她们令新任丈夫完全融入她们的家庭生活变得更困难。

2. 界限争论(boundary dispute)

家庭成员间的争吵在那些孩子们具有双重“公民”身份且在两个家庭之间来回穿梭的家庭中常常更严重。每个家庭都需要找到处理发生在他们自己领域的事情的方法，另外一个父亲或母亲需要尊重这个界限。但即便在一个家庭里也可能存在地盘问题：谁睡在哪里，什么情形属于个人和私人领域，等等。

3. 权力问题(power issues)

一个觉得能照顾好自己和孩子的独立的母亲，因恐惧回到以前令人不满的模式中，可能会不愿意和另一个成人分享权力(share power)。你将在本部分的两个个案中看到这种恐惧带来的一些后果。

4. 相冲突的忠诚(conflicting loyalties)

当父母中的一方再婚，孩子们可能会视再婚为对他们赖以成长的家庭的背叛(McGoldrick and Carter, 1999)。在孩子们对他们的继父母的复杂感觉当中，没有比怨恨更强烈的了。孩子们本来在家里是被排在第一位的，而现在，他们感觉自己的位置被替换了。难怪他们会说：“你不是我的父亲/母亲！”新配偶要适应这种情形，要说出类似“我知道他是你的儿子，但你确实不应该允许他那样和我说话”的一些话并不容易。最令人烦恼的问题包括首要依附(primacy of attachment)和影响等级(hierarchy of influence)。值得注意的是，在本部分的第二个个案里，我们可以看到继父和儿子是如何竞争与母亲的亲密关系以及如何就谁负责什么而相互竞争的。

5. 僵化的三角(rigid triangles)

几乎没有比继子女家庭的生活更麻烦的三角关系了。竞争突然出现，以至于需要对忠诚进行复杂的验证，而这种验证又几乎没有任何准则可言。假设两个已离婚的人外出约会，正当他们开车去看电影的时候，他女儿打电话给他。他是否会利用他女儿罕见的打电话的冲动，来探察她生活中正发生着什么？或者他是否会通过告诉女儿晚一些会给她回电话，来确保他和他的新伴侣有单独相处的时间？如果这对你来说不是一个困难的问题，那是因为你不是一个对你和你孩子之间的关系感到担忧的离婚父亲，或者你不是一个正因离婚而倍受煎熬的女性，你根本不怀疑你所爱的男人会在他的生活中为你腾出应有的空间。

6. 新夫妻关系的统一与分裂（unity versus fragmentation of the new couple relationship）

在第一次结婚的家庭中，父母在他们不得不处理孩子的问题之前有时间磨合成一个结合体，而继子女家庭则没有这样的时间。新夫妻在彼此相互适应的同时必须适应孩子。与此同时，必须建立界限以保护新的婚姻的整体性，同时仍然要维护父亲/母亲和他们自己的孩子的特殊关系。但这些界限究竟如何划分？分界究竟又有多稳固？

成功的继父母家庭的两个重要的结构性成就如下：（1）磨合成一个强大的夫妻结合体（Visher and Visher，1979）；（2）发展继父母和孩子之间相互满意的关系（Bray and Kelly，1998）。事实上，尽管再婚夫妻之间有着良好的关系，但仍常常离婚，这是因为他们未能形成良好的继关系（step relationships）（Visher，Visher and Pasley，2003）。有研究表明，再婚夫妻之间的关系和他们身为继父母与孩子之间的关系是相对独立的（Papernow，1993）。

当继父母做两件事情，即一件消极的事情和一件积极的事情时，再婚家庭往往是最成功的。他们未必会努力去接任父母亲的角色，但确实起到了支持的作用。在有继父的家庭中，比如在本部分我们所选的两个个案里，当继父并不刻意去扮演严父（disciplinarian）的角色时，他就有可能逐渐被继子女所接纳（Ganong，Coleman，Fine，and Martin，1999）。不过，研究也显示，继父母在和他们的继子女建立温暖与支持性关系方面进行积极的努力是十分重要的。当继子女不理睬他们的建议时，继父母很可能从这种互动中退出（Hetherington and Clingempeel，1992）。因此，这种互动的交互特点意味着继父母和继子女都需要移向对方。当然，这些关系的最终结局也取决于孩子们的亲生父母。一些父母错误地将他们的孩子太快地交给继父母。父亲们尤其可能将养育孩子的责任交给他们的新任妻子来承担（Norwood and Wingender，1999）。或者，正如以下两个个案中所呈现的，一个母亲过去的经历可能使她在为她的新伴侣与她的孩子建立关系而创造空间时存在问题。

在有继子女的家庭着手处理复杂的事务诸如发展新结构、制订新规则、确定新传统之前，他们必须先处理过去尚未完结的事务。有继子女的家庭的出现源于丧失：死亡或离婚。孩子们容易受到伤害且感到愤怒，他们需要时间以及强有力的支持来处理他们内心的哀伤。再次重申，有继子女的家庭并不总是有这一时间。

孩子们有许多可怕的想法。他们曾看到他们的父母不再相爱，对于一个孩子来说，这好比看到地球在自己的脚下裂开。但也许看着父母婚姻破裂并不是最糟糕的事，被抛弃的恐惧才是最糟糕的。

* * *

家庭有多种形式，有继子女的家庭只是其中的一种。家庭不会破裂、毁坏或被践踏(stepped on)，但确实会改变架构。不幸的是，从在一起到分开，然后到再度在一起的转变是一条没有地图的路，其间难免会有太多的痛苦和困惑。

我们前面已经指出有继子女的家庭承受着复杂的竞争的困扰，但这些仅仅是那些能成为一种非常令人满意的新关系的黑暗一面。家庭充满了各种可能性，没有比有继子女的家庭更符合这一点的了。若要将这笔财富转变为有利条件，首先要考虑的就是对众多新关系进行无一遗漏的整合。有继子女的家庭的整合虽然可能存在困难，但也可以非常精彩。

参考文献[①]：

Becker, G. 1997. An economic analysis of marital instability. *Journal of Political Economy*, *85*: 1141 - 1187.

Bcoth, A., & Edwards, J. N. 1992. Starting over: Why remarriages are more stable. *Journal of Family Issues*, *13*: 179 - 194.

Bramlett, M. D., & Mosher, W. D. 2001. *First marriage dissolution, divorce, and remarriage: United States: Advance data from vital and health statistics*, *No*. 323. Hyattsville, MD: National Center for Health Statistics.

Bray, J. H., and Kelly, J. 1998 *Stepfamilies: Love, marriage, and parenting in the first decade*. New York: Broadway Books.

Demo, D. H., and Cox, M. J. 2001. Families with young children: A review of research in the 1990s. *Journal of Marriage and the Family*, *62*: 867 - 895.

Field, J. 2001. Living arrangements of children: Fall 1996. *Current population reports*, *P 70 - 74*. Washington, DC: U. S. Census Bureau.

Ganong, L., Coleman, M., Fine, M.A., & Martin C. 1999. Stepparents' affinity-seeking and affinity-maintaining strategies with stepchildren. *Journal of Family Issues*, *20*: 299 - 327.

Glick, P. C. 1991. *A demographic perspective on stepfamilies*. Address to the annual

---

① 为方便读者查阅，本书按原版复制参考文献，其后各章同此处理。

conference of the Stepfamily Association of America, Lincoln, NE.
Hetherington, E. M., & Climgempeel, W. G. 1992. Coping with marital transitions: A family systems perspective. *Monographs of the Society for Research on Child Development*. 57 : 1-242.
McGoldrick, M., & Carter, B. 1999. Remarried families. In B. Carter & M. McGoldrick (Eds.), *The expanded family life cycle* (3rd ed). Boston: Allyn & Bacon.
Norwood, P. K., & Wingender T. 1999. *The enlightened stepmother: Revolutionizing the role*. New York: Avon.
Papernow, P. 1993. *Becoming a stepfamily: Patterns of development in remarried families*. New York: Gardner Press.
U.S. Census Bureau, 2001. *America's Families and Living Arrangements: Population Characteristics*. Washington, DC: U.S. Department of commerce.
Visher, E. B., & Visher, J.S. 1979. *Stepfam lies: A guide to working with stepparents and stepchildren*. New York: Brunner/Mazel.
Visher, E. B., Visher, J. S., & Pasley, K. 2003. Remarriage families and stepparenting. In F. Walsh (Ed.), *Normal family processes* (3rd ed.). New York: Guilford Press.

第四章

撒谎的青少年

青少年常常将令他们头痛的麻烦(brand of headaches)转嫁给家庭。在他们心目中，他们往往认为自己比父母所认为的年龄要大两三岁，而且在认识到自己要坚持独立自主地做些什么之前，他们常常要求规则尽可能宽松些。在这种情况下，父母常常被绕了进去。这种情况实际上“一直存在”，不过，是在完全不同的另外一个时期。虽然父母愿意和他们的孩子分享他们的智慧，以保护处于青少年时期的孩子，使其尽量避免产生对生活的不确定感，但他们却发现自己不认识自己的孩子了：孩子比他们原先所预期的更桀骜不驯，也更容易喜怒无常，而且更爱冒险。由于对如何保护孩子并没有明确的把握，于是他们只好加强对孩子的控制；而青少年则以自己的行为来检验父母的规则，并由此确认父母这样做是不公平的。进入这个雷区(minefield)的治疗师和任何有能力的专业人员一样，需要同时和这两个阵营共情(empathize)，以寻求更好的路径(pathways)，就像同时在一条街的两边工作一样。

如何处理青少年的需求，我们所知道的并不充分，而处理来自混合家庭(blended families)的青少年的需求则更是一个全新的挑战。混合家庭必须像建立一个新家庭一样经历适应(accommodation)和形成界限(boundary making)的过程，然而又有一个很大的不同。在初次建立家庭时，父母在必须处理孩子的问题之前有时间磨合成一个结合体(forge a bond)，而混合家庭则缺乏那段时间。

对有继子女的家庭的研究显示，加强继父母之间的关系，并且不让孩子的需要盖过婚姻的亲密，是十分重要的。同样至关重要的是，要在夫妻周围创造界限(boundary)，保护他们的隐私，并且给他们时间来处理他们之间的关系。每一对新夫妻都需要有单独分享爱的时间。要使再婚生活成功，你必须像所有其他活动一样付出时间。

下面这个个案并不少见。博伊德(Boyd)一家是一个三口之家：玛丽(Mary)、理查德(Richard)和惠特尼(Whitney)。惠特尼15岁，她是玛丽和前夫的孩子，玛丽离婚时惠特尼还是个婴儿。玛丽离婚一年后嫁给了理查德，现在他们前来治疗是因为15岁的惠特尼无法让人信任她。惠特尼强迫性地反复撒谎，并且她的谎言多数会被识破。

第一次会谈

当我们走进治疗室坐下来的时候，玛丽首先告诉我说："从我有记忆起，她就开始向我们撒谎。"

这显然是不可能的，但问题并不在于这句话的逻辑性，而在于这句话的语气强度——"从我有记忆起"。治疗开始时的一个故事便限制了家庭的互动（interaction）。

第一步：拓展目前的主诉

理查德（开始讲述故事）： 我们不知道为什么。我们本以为自己可以处理好的，但情况却变得更糟糕。

玛丽： 我们尝试过所有办法。我们试图理解她为何要这么做。她的谎言都是那些最简单不过的事情，而且现在她在学校里也撒谎，成绩也已经掉下来了。

这是对治疗师的首次挑战：家庭抛给治疗师一个问题，一个与个人性格密切相关并具有责任归咎的问题——除了撒谎者以外，还有谁应对她的行为负责任？

大多数家庭都会带给治疗师这种挑战。他们以特定的方式描述他们的问题，并且邀请治疗师加入他们，让治疗师掉进他们那种用固定眼光看待问题的陷阱里。治疗师如果由此询问更多的细节，如她撒谎有多久了？她撒谎的例子有哪些？都有可能强化（reinforce）家庭本已坚定的信念，即惠特尼是个病人，她撒谎正是问题所在。

如果我加入（join with）父母当中，那么我可能会失去惠特尼，我当然不能赞同他们对女儿和对他们自己的狭隘的定义。我需要引进不确定、好奇和希望，来帮助这对父母再次将他们自己视为不容置疑的有能力的和有办法的人。

不过我也必须和惠特尼接触。我征得她父母的同意后和她谈了一会儿，我说我对她的生活感到好奇，并由此开始了我们的谈话。

（我们谈论她的学校、她的朋友和她的兴趣。她告诉我，她保存着自己的日记本，她喜欢诗歌；她还告诉我，她爱写诗，但从未给任何人看过。我问她是否知道隐喻是什么；我们一致认为，隐喻能通过以一个不同的名字来称呼某一事物，而引起人们对该事物的关注。我说，实际上，隐喻是一种富有诗意的谎言。）

我对这幅景象(image)感到满意。它将一种症状转变为一种技术，我很确信它会让惠特尼感兴趣，惠特尼很聪明，很容易与我交流，而且像任何年轻人一样，希望我将她理解为并非只是一个撒谎者，同时，我知道玛丽和理查德很可能觉得我已经被惠特尼引诱，并且上了她的当。

米纽庆医生(转向玛丽和理查德)：你们能和惠特尼谈一谈吗？我是一个陌生人，并且你们已经因你们家庭里非常重要的事情来见我了。也许你们可以一起谈一谈，这将帮助我了解你们相互之间是如何互动的。

这对于个人取向(individual orientation)的家庭来说是第一次挑战。它看起来是一个中立的陈述，只是询问信息，不过，我询问的信息是一个不同领域的信息。它并不是有关惠特尼的，而是有关家庭相互作用方面的。

理查德：对此我无法解释。这就是我们为何要到你这里来的原因。

玛丽：开始的时候她只是对我们撒谎，现在她也惹其他人的麻烦。她从不告诉我们事情的整个经过，她现在实在是乱套了。

他们继续将问题聚焦在惠特尼身上，并直接向我诉说。家庭成员在治疗之初很少接受相互谈话的邀请。他们已经向我讲述了他们的故事，并且想让我倾听，希望我对他们的问题做出回应。当然，他们在家时也相互交谈，但他们已经黔驴技穷(at the end of their rope)了，现在来接受治疗就是来寻求解决的办法的。我是专家，我必须向他们提供这样的帮助。此时此刻，我唯有听之任之。我已经种下了一颗种子。之后，当泥土被弄松时，我将向他们提出他们曾向我提出的相同的要求，家庭似乎将会自然地做出反应。

米纽庆医生(对惠特尼)： 你能帮助我理解你的父母在说些什么吗?

惠特尼： 行。我想要做某件事情，他们问我以前是否做过，我否认了。

米纽庆医生： 你能给我举个例子吗?

理查德： 一周前，由于她成绩差，我们惩罚了她，不准她外出，还不允许她使用电话。但我知道，事实上，她暗地里偷偷使用了电话。

米纽庆医生： 你是怎么知道的，你是如何变成一个"侦探"的？顺便问一句，你和玛丽，谁是一个更出色的"侦探"？

• • • 第二步：着重探索维持问题的互动

我尽量避免指责，并且从惠特尼转向玛丽和理查德，探索他们在惠特尼问题中的参与程度。下面这些问题——父母亲谁更严格、谁更担心、谁是更出色的"侦探"——指向那些可能将存在的问题复杂化的差异。这种奇特的语言隐藏着对父母双方权威的质疑。

玛丽： 我们现在没有把控住局面，因此我们对惠特尼更加关注。她所选择的朋友并非都是好的，我们对她和谁在一起就变得更谨慎。有一天她说去看望一个朋友，但我后来却在购物商场发现她和一个男孩在一起。

对父母双方中谁是一个更出色的"侦探"这个问题，玛丽的回应是给出更多关于惠特尼神秘的"撒谎病"的证据。这只是很平常的回应。父母从自己内心观察孩子行为的同时，却很少察觉是他们的自我在进行观察。

米纽庆医生： 你担心她卷入一种性关系吗?

玛丽： 这我确实不知道。无论她做什么都会成为一个秘密。

米纽庆医生： 我很担心你，担心你想方设法跟踪一个处于青春期的孩子，那会变成你的全部工作。你和理查德担心的程度是一样的吗？或者你们中的某一个人比另外一个人更为担心吗?

理查德(瞥了玛丽一眼):她卷入这件事情的程度比我深。

玛丽:这要视情况而定。

我一直试图将故事本身和讲故事者分割开来。这一对父母对惠特尼行为的观点显得很一致，这种情况其实并不多见。父母双方看问题几乎总是有不同的角度，为了使故事有细微的差别(nuances)，我正试图厘清他们各自的版本。这里，父亲的评论似乎表明，他已准备好从表面上的统一战线出发了。

米纽庆医生(对理查德):为何你不认为会发生那种情况呢?玛丽想从惠特尼那里获得什么呢?

理查德:她希望惠特尼诚实。过去她们俩的关系非常亲密。

当家庭成员说“非常亲密”(very close)时，他们通常意指“和谐”(harmonious)，但对于一个治疗师来说，“非常亲密”意味着“缠结”(enmeshment)。当儿童成长为青少年，并想成为他们自己的主人时，这种亲密关系会难以维持。

米纽庆医生(对玛丽):如此看来，这种撒谎可能是一种防御。在这点上，你和你的女儿被钩在了一起。她在拉你，于是你会不断地观察她。你如何从她那里解救出你自己?

玛丽:如果我能够信任她，相信她会去做她所说的将要去做的事情就可以，比如她说要去购物商场，并且确实去了，那我以后就会放心地让她去。

米纽庆医生(对理查德):你妻子试图放松对惠特尼的盯梢，但随后惠特尼会做一些相当于说“看着我!”的事，使得玛丽再次上钩。

母亲与女儿都没有理解她们自己的行为是如何保持这个控制和反叛循环(control-and-rebel cycle)的。通过向另一个人说出对某个家庭成员行为的评论，来间接挑战该家庭成员，有时是非常有效的。这里我向理查德描述了玛丽的行为，这样可以使玛丽不设防地倾听。

米纽庆医生(继续)：她们两个都被困住了。惠特尼需要玛丽看着她，而玛丽被惠特尼钩住了，不得不观察惠特尼，并对惠特尼做出回应。这是一个循环，你能帮助她们吗？你能将这两个人从恶性循环中解救出来吗？

……………………………………

我挑战父亲并让他介入，要求他成为一个非正式的协同治疗师。邀请家庭成员成为彼此的治疗者，是我治疗过程的一个特点。我相信这是促使家庭产生积极变化的最可靠的途径。

……………………………………

理查德：我知道玛丽有可能在某些地方反应过度。几个月前，当我们试图建立惩罚规则时，玛丽会大喊大叫，但一个小时以后，她们又会一起去商场购物。玛丽会感到自责并妥协。

米纽庆医生：在这种情况下你做了什么？你对玛丽说了什么？

理查德：我认为她这么做是不对的。她们之间关系密切，然而有时又并非如此。我会对玛丽说，让惠特尼一个人待一会儿，让她自己想一想。

米纽庆医生：那你成功了吗？

理查德：没有。

……………………………………

父母中较少卷入的一方常常是个批评家，但又常常不是一个非常强有力的人。强有力意味着会卷入更深。在这个紧要关头，我选择推动父亲，并让他成为承担更多义务的协同治疗师，有时虽然这么做了，但我并没有理解为何理查德不愿意更多地介入。我决定以后再探索这个问题。

……………………………………

米纽庆医生(对惠特尼)：我不能理解你的母亲，她为何管你管得这么严格？

惠特尼：她不信任我。

米纽庆医生：你确定她不信任你？你做什么事会使她将你看管得如此严？你该如何帮助你母亲，把她从你身上解放出来？

……………………………………

惠特尼当然和她的父母一样，对控制和反叛循环负有同样的责任。我挑战她，让她思考她在这种模式中的角色，因此对帮助与治疗工作进行了扩展。来的时候，惠特尼被视为一个症状携带者，现在被邀请成为一个助人者。

……………………………………

惠特尼：好像并不是我坚持要她一直管着我。我不理解她为什么对一些小事也会感到如此不安。

米纽庆医生：当他们让你变成一个“囚犯”，而且你也让他们变成“囚犯”时，一定是哪里出了问题。对于“狱卒就是囚犯，而囚犯也是狱卒”的家庭来说，一定发生了一些奇怪的事情。

……………………………

我经常对陷入权力斗争的家庭运用这样的隐喻，它强调了他们想要逃离自己给自己制造的“牢笼”时的无助感。它传递了这样一个信息：不存在坏人，只存在受害人。随后，惠特尼对成为一个“狱卒”进行了评论：“靠他们自己永远也走不出来。”于是我对她的评论进行了简短的回应，不过，以后我还会返回来对这一家三口进行重点探索，也会对夫妻关系进行探讨。

……………………………

米纽庆医生（对夫妇）：你们有自己的空间吗？

玛丽：没有我想要的那么多。

米纽庆医生：是谁干扰了你们的空间？

理查德：有时是惠特尼的行为在干扰。

米纽庆医生：理查德，几乎任何一个处于被观察情况下的青少年都可能成为一个撒谎者。

惠特尼（对她母亲）：你过去就一直这样，总想着我会做出什么糟糕的事情。这并不稀奇。

玛丽（对她女儿）：我想让你离开并成为一个正常的青少年。我们曾让你试过多少次？你还记得有一个周末，我和理查德出去短期度假吗？结果还没到一天，我们就接到萨莉（Sally）打来的电话。

……………………………

讨论变得热烈起来。我靠后坐着，让讨论继续进行了数分钟。玛丽和惠特尼紧张而生气。她们提高了嗓门，开始攻击和防御。

……………………………

米纽庆医生：你们之间的谈话常常是如此进行的吗？你们仿佛成了你们自己的漫画中的人物——“渔夫”和“鱼”。

……………………………

“囚犯”和“狱卒”，“渔夫”和“鱼”，我运用这些形象的比喻来描述过分卷入家庭且具有互补性的家庭成员。由于这些描述是为大家所熟悉且非病理性的，因此相当有说服力。

玛丽：我正试图帮助你理解这一点。当惠特尼还是个婴儿的时候，她就需要我的持续关注。我离婚时她才 11 个月大，我和理查德结婚时她还不到 2 岁。

米纽庆医生(对理查德)：我想你应该帮助她们。玛丽担心自己在惠特尼身上所花的时间多于和你在一起的快乐时光。你应该和她一起讨论一下，如何才能让她自由自在地“变成”你的妻子。

我再一次建议他们自己交谈，不要将我包括在内。治疗访谈到目前为止，他们的交谈似乎显得更自然了一些，玛丽和理查德也开始转向彼此之间的交谈了。

玛丽(对理查德)：如果我能相信她就好了！

理查德：我其实是同意你的意见的，我也不相信她。我们需要建立更好的规则，不要陷入争吵之中。

米纽庆医生(对理查德)：我认为玛丽已经变成了一个“侦探”，我很担心她。她好像在尽力做不可能做得到的事。她的压力太大了，她可能会崩溃。

理查德(对玛丽)：我可以看到你的生命在消耗，我的生命也一样。我们总担心惠特尼的行为。对我们来说，那样很无聊。

一个新颖的视角正在被他们所运用。我正改变着家庭成员对他们如何发挥作用的理解，而且在挑战他们对问题的本质和特点的确定性认识。惠特尼是一个撒谎者，但那并不是有关她的全部的或公正的描述；她的问题也并非单单由她一个人引起。玛丽在这个问题上有责任；理查德也有责任，他从局外人的角度担当了批评家的角色，因而要承担部分责任。如果理查德更积极一点儿，玛丽也许可以不必将全部精力投入对惠特尼的控制中，而与他在一起的时间则可以更多一些。这是一种三角关系。但通常还有另外一种三角关系：已出现的症状、围绕症状的相互作用以及有助于塑造家庭成员目前行为的过去经历。这正是我的治疗所要进入的第三个方面。

米纽庆医生（对玛丽）：你是从什么时候变成如此忧心忡忡的一个人的？你为什么会认为严重的不幸很快就要来临？

玛丽：我有一个朋友，她就像我的第二个母亲一样，她也告诉我说，我在恐惧“龙卷风”即将来临。

米纽庆医生：你为了惠特尼的未来，似乎正以你过去的经历来预料整个世界。我想和你一起探讨你是怎样学会这样的方式的。你们可以先去吃午饭，然后再回来进行第二次会谈吗？

玛丽有些犹豫。她很可能觉得我已经和惠特尼串通好，并认为我将家庭的问题归咎于她。理查德才是有说服力的人。他对她说话的态度很温和，且对她呵护备至，他向玛丽建议说，来这里可能真的有用，于是最后玛丽同意吃完午饭后再回来。

第二次会谈

当博伊德一家回来时，我告诉惠特尼我想单独和她的父母谈谈，然后再让她加入。我和玛丽、理查德坐下来并开始交谈。他们满怀期待，又显得忐忑不安，不确定我们将谈些什么。两个人中，玛丽明显更不舒服，她在椅子上不时改变坐姿，将她的衬衣拉直，不怎么与我对视。她很可能觉得自己是个“靶子”，于是我希望改变这种气氛，不过并不排斥有可能引起他们情绪反应的信息。

第三步：结构化地集中探索过去

米纽庆医生：我想你们对我在做些什么或许感到有些困惑。你们吃午饭时有没有谈到今天的会谈？

理查德：你在从一个不同于我们原来所期望的角度来处理我们的问题。我知道这只不过是我们家很短一段时间的情形，也许我们对前几个月中自己的忧虑不安以及打算制订和实施一些规则太过关注。在那之前，惠特尼有更多的自由。

玛丽：你说得真有趣。你看到了我之前从未看到的东西。

玛丽的评论令人惊讶，同时也令人倍受鼓舞。

理查德：对，完全正确，但当我们和惠特尼说话的时候，她似乎认为她始终是正确的，而问题在于玛丽。我提醒过惠特尼，我们正在谈论一个循环，并且她可以通过停止撒谎来打破这个循环，但她只从会谈中选择她想要的。

理查德在保护他的妻子，并在挑战我以牺牲她为代价而支持惠特尼的做法。这是理查德的一个改变，他现在正扮演着一个支持者的角色。我觉得我需要做一些修复友好关系的工作。

米纽庆医生：我想告诉你们我对家庭的一点儿想法。我认为人与人之间是相互联系的。如果一个孩子出现问题，我会看父母，并且看家庭成员相互联系的方式。当然，惠特尼撒谎是真的，问题是她为什么会这样做。玛丽，你的悲观主义以及你对严重不幸的恐惧，使我印象非常深刻。有些人是通过玫瑰色眼镜来看待生活的，而你……

玛丽：我只会觉得越来越糟糕。

米纽庆医生：是的。我想花一些时间和你们探讨一下，在你们俩认识以前你们各自是怎样的人。玛丽，你之前提到你是在一个继子女家庭(stepfamily)中长大的。那是怎么一回事呢？

虽然治疗的部分任务是获得新视角，但也不过是一种全新的学习而已，因此不管治疗师持何种理论观点，他们同时也是教师。我一直在引导玛丽和理查德从一个系统的角度来看待惠特尼撒谎的问题。现在我试图从个人的角度来探索他们看待事情的方式是如何形成的。

玛丽：我5岁时父母离婚了。(*她说话的时候面无表情，就好像她过去*

常常讲这个故事，到现在已经宣泄完了一样。）18 岁那年的圣诞节前夜我离开了家，那是一个暴风雪之夜。那天，家人本以为我夜里 10 点前会回家，但我到了午夜才回家，我的母亲因此将我赶出了家门。

米纽庆医生：她将你赶出了家门？在一个暴风雪的午夜？

玛丽(语气平淡)：她那时刚刚结婚，不想让孩子在她身边。我母亲有许多优良品质，但她不是一位好母亲。我不能确定我该做些什么。8 月时，我失去了我的一个朋友——她自杀了——于是我打电话给她母亲，从那以后，我们便成为一个家庭。我从未真正理解过我自己的母亲。我想大多数时间她是沮丧的，她可能是残忍的……这种感觉难以言表。有时这就像是水流，你想筑坝挡住它，可是你挡不住。我的弟弟是个精神分裂症患者，他只能待在家里，而由我其他的兄弟姐妹来养家糊口。

玛丽讲述这个令人心碎的故事时镇定自若的神情让我印象深刻。她是否在努力掩饰她的感受，并借此阻止她将对未来的恐惧与她过去残酷且变化无常的经历联系起来呢？

米纽庆医生：你的母亲是一个变化无常的人吗？

玛丽：我从未真正理解过她。虽然和她在一起时也有一些快乐的时光，不过，她的确是一个变化无常的人。

米纽庆医生：你是如何学会相信别人的呢？

玛丽：这一直是个问题。它花了我很长的时间，而且一旦信任被打破，就会难以修复。我有几年没和我的母亲说过话了，当然我现在和她说话了。

米纽庆医生：理查德是一个变化无常的人吗？

玛丽：我花了很长时间，才可以向他吐露心声。我将自己封闭起来有好多年了。

米纽庆医生：你之前结过一次婚。那次婚姻你有什么样的体验？

玛丽：我认识我第一任丈夫的时间并不长。我们结了婚，并且远离我的家乡，搬到了蒙大拿州(Montana)。我怀孕后才发现，他不仅酗酒，还吸毒成瘾。

米纽庆医生：你是如何从那种情形下解脱出来的？

玛丽：我试图和他一起生活。他一次又一次地进吸毒者康复诊所，最后发生的一件事使得一切就此结束。那是一个星期日的下午，我并不知道那天他的毒瘾发作了(doing drugs)。他开车时闯了红灯，我们因此出了事故。我被困在汽车里很长时间，惠特尼也差点儿在事故中丧生，而我的前夫却离开了现场，从那以后，我再也没看到过他。后来，他因武装抢劫被捕。惠特尼比我早出院，我母亲将她带回了家。我一出院就去母亲家接我女儿了，并将她带回蒙大拿州。在那里我遇到了理查德。

这些事件以毫不相干的单元(disconnected units)出现。每一单元都是独立的，承载着各自的灾祸，并和其他单元隔离开来，就像一个单一的生命不能容纳这一连串的悲剧性事件一样，在生存机制的作用下，玛丽总算宣泄了她过去的情感。我对她描述的事情做了记录并进行了归档处理，以备后用。玛丽讲故事时的那种平淡的方式，可能标志着她应激的阈值水平(threshold for stress)较低，也可能意味着在对她进行挑战前需要先给予她支持性的理解。

米纽庆医生(对理查德)：于是你“进场”了，发生什么了?

听完玛丽的故事后，邀请理查德讲述他的故事便变得重要起来。他感觉自己在外围，需要被拉进来。

理查德：我喜欢她和惠特尼。我们的家庭是个速成的家庭。我是我们家唯一的儿子。我的父母离异了，并且各自又再婚了，于是我和我母亲、她的第二任丈夫以及我最小的继兄弟(stepbrother)住在一起。

米纽庆医生：那你是如何学习成长的呢?

这个问题和我问玛丽的那个问题相对应。我问的每一个问题都是想探索他们过去经历中的特别之处，以便理解他们解决目前情形的方式。

理查德：我不知道。我尽力在我的继父那里保护我的弟弟。我的继父是个疯子，他情绪摇摆不定，甚至威胁我，扬言要杀了我。有时他也会很好。其他时间他会坐着，并盯着墙壁看。我 17 岁的时候就离开家了。也许我和玛丽都不是来自你们那种正常家庭的人。

由于受到过来自家庭的残酷且变化无常(unpredictable)的伤害，这些人彼此发现了对方，并且他们在一起有可能相当合适。玛丽的恐惧和不信任很可能被理查德要保护他人的冲动所治愈。

米纽庆医生：我正在思考你们俩从过去的经历中带来的是什么，这些东西又是如何影响惠特尼的。理查德，当你遇到玛丽时你是多大年纪？

理查德：23 岁。

米纽庆医生：你与玛丽和惠特尼组成家庭的时候，还是个年轻的孩子。你是如何照顾她们俩的呢？

理查德：我觉得有点儿疲于奔命，唯有忍耐到底。我害怕结婚，但一切又都是如此势不可挡。过去我一个人住，而现在我不再有隐私。

米纽庆医生：你是如何赢得她的信任的？

理查德(犹豫)：有一次我们关系破裂，她想回到她过去的生活。

玛丽：我想是我下决心摆脱婚姻，并往前走的时候了。我们没有交谈，而且我想这可能对他来说负担太重了；我和惠特尼的出现仿佛是在惩罚他。我们回到我家当时居住的小镇，不过，后来我们又决定做最后一次尝试。总之，我和理查德有许许多多的紧张关系，我自己承受了很多。

米纽庆医生：你们是如何解决它们的呢？你们是如何成为一对夫妻的呢？

理查德：我做了一些努力，读了一些书。

米纽庆医生：惠特尼是何时变成你的女儿的？

理查德：我一直觉得她像我的女儿，我们的关系非常密切(very attached)。我知道如果我们分开，我和惠特尼不存在任何法律层面的关系。

玛丽：惠特尼是个麻烦的孩子。如果她没有得到满足，她就会不断地哭，直到出现呕吐(throwing up)才罢休。她认为，成长是她得到自己想要的东西的一个过程。

米纽庆医生：她和你非常亲密。你担心她会像她的亲生父亲一样变成一个毒品成瘾者吗？

玛丽：她撒谎这事儿就特别像她的生父。

米纽庆医生：你错了。她就像一个青少年那样撒谎。

玛丽对惠特尼行为的描述，包含着和她第一任丈夫在一起时的创伤性经历，并且是将她自己的过去强加给了惠特尼的现在。玛丽替她女儿担忧。虽然我能看出她恐惧的来源，但仍有必要挑战那些误解。

玛丽： 有时我会审视她的眼睛，但我想，她应该没有任何感觉。

在和玛丽分享了她过去的痛楚后，我觉得如果要动员理查德和玛丽与惠特尼更密切，就要挑战玛丽的过度保护，这样才会更有把握。

米纽庆医生（对理查德）： 你对玛丽所说的是怎么想的，即她透过惠特尼的眼睛看到了惠特尼生父的眼睛，而惠特尼已有 13 年没见过她生父了。自从你成为惠特尼的父亲后，对她来说，她的生父就是个她并不认识的男人。玛丽的恐惧和不信任来自她过去的经历，但那份恐惧使她看到一些并不存在的东西。我认为她需要帮助，并且你能帮助她。她愿意给你足够的信任，让你帮助她吗？

我将理查德置于一个协同治疗师的位置，让他挑战他的妻子，以便保护他们的女儿。对家庭成员有治疗作用的任务，便是帮助家庭改变，这也是一种干预方法。

玛丽： 有时候，我感觉我是孤零零一个人在处理与惠特尼有关的事情。

米纽庆医生： 理查德是个温文尔雅的男人，我认为你需要他的温和，但你把他推到了后面，而他又克制住了自己。于是你觉得自己孤零零的。你如何邀请他进入呢？

玛丽： 我常常觉得压力很大，但我不会邀请。我以前考虑过这个问题。

米纽庆医生： 你需要如何改变他，他才会变得可以帮你呢？

玛丽： 他必须愿意进来帮我。

这是一次马拉松式的治疗，触及一些深层且困难的问题。他们现在信任我了，我也感觉自己和他们息息相关（feel bonded to them）。我希望我的治疗方法能对他们有所帮助。我们都知道这次见面快结束了，我们正在寻找一个通向积极改变的途径。

理查德：我想进来帮你。我猜我的反应对你来说不够积极。

米纽庆医生：你认为她太有能力了，所以不需要帮助？（转向玛丽）你掌握着你身边一些人的王牌。你们将如何变成一个团队？你会如何告诉理查德你是不可能单独处理它的呢？

玛丽：我在猜想，如果我不是如此竭尽全力地一个人处理有关惠特尼的事情，而是请他帮忙，那会是什么结果。

米纽庆医生：他会帮你还是会逃走？

理查德：我会帮她的。如果说我想逃走的话，那也是很久以前的事了。

米纽庆医生：玛丽觉得她需要独自去处理。

理查德：我认为她不是这个意思，但她的压力比我大。我在压力值达到了某个点时，便会认为足够了，而且我认为惠特尼需要经历失败和成功。

米纽庆医生：我在谈论玛丽。她在说，有时她有一种孤零零的感觉。

玛丽：他非常忙，想要做生意，他脑子里想着许多其他的事。

玛丽不想提一些可能会惹恼理查德并可能在他们俩之间制造冲突的要求。我听到了她的话，但我也知道这两个人需要拉近彼此之间的距离，并且需要在他们和女儿之间创造一些空间——为惠特尼着想，也为他们俩着想。

米纽庆医生（对理查德）：有时玛丽发现她与惠特尼相处，比她与你相处要容易一些，不过我认为，某一件事情总是和另外一件事情相关联。惠特尼填补了玛丽心中的一个空隙。为了帮助玛丽和惠特尼分离，又不使玛丽感觉到孤独，你需要让她靠近你。

这次治疗即将结束。玛丽和理查德现在能看到他们彼此向对方靠近有多重要，并意识到若要缩小他们之间的距离每个人必须做些什么。他们将如何按照他们的理解去行动，相信过一段时间便会逐渐明了。在道别之前，我认为邀请惠特尼再回来很重要，这样她的父母可以让她知道他们在想什么。

第四步：探索相关的改变方式

米纽庆医生（对理查德和玛丽）：我希望你们向惠特尼解释，她撒谎是你们俩如何相处的故事的一部分。我希望她不要再相信她将是个少年犯的预言。你们是否可以去做这些，并且不让她产生她不需要承担责任的感觉？

（理查德走到惠特尼那里并拥抱了她。）

玛丽（对惠特尼）：我希望自己能信任你，而且我打算努力去做。

理查德：你的妈妈确实很害怕。我们对你保护得太多，我们做得并不好。

米纽庆医生（对惠特尼）：你母亲做了一项工作，就是让你看到爱是如何变成具有破坏性的东西的。

玛丽：我打算停止担忧，并将注意力集中在日常事务上，而且我确实想尽力获得更多的信心。

此后的几分钟里，他们讨论了在他们和惠特尼的关系中有些东西需要改变，尽管他们并不十分清楚这些改变是什么，而且惠特尼很可能会感到迷惑。但有一点是清楚的：他们所谈论的问题不再只是有关惠特尼撒谎的问题。而且，有些涉及关系方面的事情也需要去处理，包括夫妻之间的关系，以及父母和惠特尼之间的关系。

治疗构架

家庭组织

新夫妻在孩子加入进来之前，几乎没有机会巩固他们之间的关系，这是再婚家庭所要面临的一个问题。当新成立的再婚家庭结构中包括处于青少年时期的孩子时，这个问题尤其突出。

理查德愿意与一个现成的家庭结合，且早已开始爱他妻子的女儿，所有这些使得他们形成一个三口之家变得容易了一些。但母亲—女儿的亚系统早已是一个紧密相连的单元，即便他们三方都愿意，理查德也是不容易进入的。玛丽对她女儿的担心看起来似乎与实际情况不太相符，那是因为我们忽略了她的回忆。像她原生家庭的母亲一样，玛丽在过去的生活中也曾有过受虐待的经历，所有这些导致了她对与自己关系亲近者的不信任。即便她嫁给理查德已有 14 年，而且理查德也已经接受她的女儿并将其视为己出，可是她仍然不能学会依靠他。玛丽之所以会产生一系列不信任他人的表现，是因为其中隐藏着悲剧，即她总认为灾难会发生。她知道惠特尼对她撒谎并惧怕糟糕的结局，那是因为她将自己的恐惧投射到了女儿身上，并预料女儿会变成像她生父一样的违法者。

这个家庭跟前一个案例中的家庭一样，都有一个处于“外围”的丈夫，他们虽然愿意帮助妻子，但却基本上是被自己的配偶“解雇”的。理查德曾尽力去扮演玛丽和惠特尼的保护者的角色，去温暖一个速成的家庭(instant family)。然而，由于逆境的磨炼，玛丽和惠特尼之间的关系太密切了，以致成为理查德这个新来者的一道障碍。结果，导致玛丽和理查德之间的关系相对疏远，而且当惠特尼以撒谎的形式表露出她作为青少年所需要的隐私和独立时，理查德却不能在家庭中扮演一个有影响力的角色。

• • • 个体视角

惠特尼只是想要青少年都想要的东西：一点儿自由。然而，她不想和她的母亲“战斗”，只好背地里偷偷行动，当被抓住的时候，便对自己所做的事撒谎。一旦陷入这种控制和反抗循环(control-and-rebel cycle)中，很自然地，比起她自己被激化的愤怒，惠特尼更在意她母亲对她的限制。对于她自己的所作所为，她往往是以她母亲的观点来看的：她是个坏女孩，她是个撒谎者。她没有意识到的是她和她母亲之间紧密的关系，或者没有意识到她为了自己想要的自由应选择更公开的战斗，她或许也没有意识到，为了避免她母亲发现她的违规行为(transgression)，她应离母亲稍微远一些。

玛丽在控制和反抗循环中也将自己视为一个受害者。“如果惠特尼停止撒谎就好了！”玛丽没有看到的是，她的恐惧中有一部分是投射(projection)的结果；或许她也没有看到，如果将注意的焦点移向她女儿的独立性方面，她其实是可以信任女儿的。

理查德希望能和玛丽一起，为控制惠特尼而并肩作战。尽管他认为他的妻子有点儿过度保护惠特尼且前后不一致，但他作为继父的角色使他在挑战妻子时有些犹豫。他已经学会不和玛丽公开争吵了，尤其是在有关她女儿的安全等一些非常重要的事情上。不幸的是，理查德并没有意识到，作为丈夫和父亲，他的过于被动也是将玛丽和惠特尼锁在她们的“拔河游戏”中的部分原因。

• • • 干预策略

在大多数情况下，当一个小孩子有问题的时候，治疗目标应该从有症状的孩子的内在精神体系(intrapsychic machinery)转移到父母和孩子间相互影响的人际关系上。惠特尼的撒谎行为是她对父母过度保护的一种反应。

另外一个干预策略是让玛丽意识到，她的创伤性经历如何扭曲了她对她与女儿关系的看法。当然，和所有的继子女家庭一样，治疗师也可以采取一些干预措施，直接指向一家三口的重新组合，制造界限来保护配偶亚系统和子女亚系统各自的自主性(autonomy)。

• • • 技巧

我与惠特尼交谈，并对她的谎言下了一个新的定义。这是我运用隐喻和幽默的一个例子。我喜欢儿童和青少年工作。但在父母担心孩子行为的情况下，我对孩子的接近会将我置于失去他们父母信任的危险境地中。就玛丽的情况来看，在我能挑战她的地位之前，我也必须对她作为母亲的行为予以大力支持。除非在她起初表现不自在的时候我能让她感觉舒服一些，否则，我不可能将她带入探索新办法的过程中。

重构(reframing)是我在这个案例中所运用的技术之一；我告诉惠特尼，隐喻是一种带有诗意的谎言，稍后又告诉她，撒谎是对母亲控制的一种反应。当我描述玛丽和惠特尼之间的关系就像是渔夫和鱼之间的关系时，我就是在重构。将焦点从惠特尼撒谎转移到作为“侦探”的父母以及父母双方中谁是更出色的“侦探”，也是重构过程的一部分。

当我接近理查德并将其视为一个帮助者和治疗者，让他参与对陷入与女儿以及与她自己过去斗争的玛丽的治疗时，我是在运用去平衡(unbalancing)的技术。当我在放大理查德的声音时，我同时也是在促进他发展与继女(stepdaughter)的关系。

第五章

三个二人组合并非一个完整的家庭

琼(Jone)一家是从一个精神病诊所转介来做家庭治疗的，这个家庭中的母亲因抑郁症和自杀意念(suicidal ideation)而在该精神病诊所中接受个案治疗。她有一个儿子叫马修(Matthew)，18 岁，是个癫痫病患者，智力较为低下。在马修 5 岁时，她就和她的第一任丈夫离婚了，5 年之后再婚。由于她的第二任丈夫和儿子之间存在冲突，琼太太感到压力极大，几近崩溃，不时以餐刀在肚皮上割出浅表的伤口来平息他俩的冲突。这个家庭在转介前共接受过 6 次治疗，且家庭治疗师也曾单独见过马修的母亲。我是在伦敦举办工作坊，也就是向家庭治疗师们展示一个经过剪辑的治疗录像前的一周见到这个家庭的。

第一次会谈

当琼一家走进办公室时，似乎是为了展示(telegraph)他们的问题，他们自己安排马修坐在他母亲和继父中间。这是个引人注目的家庭：吉尔(Jill)是个爱尔兰人，女性，40 来岁，身材苗条，皮肤苍白，脸上有雀斑，金红色头发，身穿带有几何图案的绿色女装。卡尔(Carl)大概有 1.83 米(6 英尺)高，黑发，穿着随便，身穿休闲牛仔裤和短袖衬衫，面容友善而坦率。他是第一个走进房间的，握手有力，透露出自信。马修是个高个子的年轻人，和卡尔一样，穿着随便，看上去轻松自在而友善。他的行为举止丝毫不会让人想到他有神经方面的问题。

这个家庭希望我们帮助处理的问题是马修和他继父之间的冲突。

第一步：拓展目前的主诉

卡尔：我认为马修觉得是我夺走了他的妈妈。

米纽庆医生：夺走了他的妈妈？

卡尔：是的，过去她所有的爱都给了马修，而如今我在分享原本属于他(马修)的爱。开始的时候，我认为这样也可以。但是随着我和马修关系的不断进展，过了一段时间，我们双方都开始愤怒起来。有时我因马修的行为不端而对他不满，有时马修对我愤愤不平，因为我认为应该遵守规则，于是我们便开始争吵——而且现在我们仍然拼命在这样做——所以最后来到了你这里。

米纽庆医生(对吉尔)：在你和你的第一任丈夫分开时，马修几岁？

吉尔：马修，嗯，五六岁，是的，五六岁。

米纽庆医生：后来你和你现在的丈夫在一起了，那时马修几岁？

吉尔：10 岁……但那时马修不在家。他在一所专门为患有神经科疾病的儿童开设的医院式的寄宿学校里上学。

米纽庆医生：那意味着你们作为夫妻开始生活在一起时是没有他(马修)在身边的，那样的日子持续了多久？

吉尔：我想大概有……不到一年……6 个月吧，我不确定。

卡尔：我想很可能有 8 个月，那时马修在那所叫圣皮埃尔(St. Pierre)的学校里上学，周末放学后回家。他周末回来和他妈妈一起待一段时间，这无所谓——并没有什么妨碍，因为每到周末我就离开家(lived around the corner)，住到我自己的房子里，和我的孩子们待在一起。

我开始探索马修进入这个家庭前他们夫妻两人的磨合期(couple formation)有多长，并且我们就这一时期的细节谈论了几分钟。然后我聚焦到了症状：卡尔和马修之间的冲突。

米纽庆医生：你们争吵吗？

马修：争吵的，事实上，我们争吵的次数相当多……

米纽庆医生：拿今天举个例子。

马修：今天我们只吵了一次，只有一次，是在车里面。

米纽庆医生：来这里的车上？

马修：是的。

米纽庆医生：你能跟我具体讲讲吗？

马修：因为我妈妈坐在车的后排，前排只有两个座位，我和我爸爸坐在车的前排，于是他对我说，我应该让我妈妈坐前排，而我应该坐后排。但我的手臂摔伤了，而且他驾车的方式像发疯一样，那就是为何我说我要坐前排的原因——甚至连我妈妈一上车也坐在后排。他对此有点儿恼火，直到车开到了半路上的时候，他才说出来。

米纽庆医生： 为什么说那是一次争吵呢？

马修： 啊，是他挑起的。

吉尔： 那不是争吵。

卡尔： 那不是争吵。我只是建议……我问马修为什么他的妈妈坐在车子的后排，他说他手臂摔伤了，于是我告诉他，他是用屁股坐车的，不是用手臂。

马修： 是的，但是卡尔，你开车的方式……

卡尔： 你以前的确说过"请你开慢点儿"，或者你会让你妈妈来说……

马修： 说过，但你还是这么开，你开车就是这副样子。

卡尔（对米纽庆医生）： 他预料到会发生一场争吵，所以早就做好防卫的准备了。我认为马修对他母亲非常自私。

我常常阻止家庭成员仅仅谈论问题；不过，我邀请他们将问题带到治疗中来，在我的面前一起"跳舞"。接下来，我鼓励家庭成员相互交谈，同时观察他们处理问题的方式和特点。

米纽庆医生： 马修，当他们成为一对夫妻时，你多大年纪？

马修： 我记不起来了，我9岁吗？（他看向他的母亲）

吉尔： 我想大概是10岁。

马修： 10岁。

米纽庆医生： 她记得更清楚些。

马修： 是的，她能记住每一件事，而我记不住。我所知道的是他们在一起已经有8年了——这是我所知道的全部。

我仍然不知道马修受到伤害的程度，但我注意到他对他母亲的依赖，他一遇到问题就去问母亲。我知道罹患癫痫病的儿童存在记忆问题；我也知道残疾儿童的父母往往很保护他们，然而有时是过度保护。我需要更多的信息来评估这种关系。

米纽庆医生（对卡尔）： 所以你是个年轻人，并且是引发争吵的人？

卡尔： 不……啊！我不知道我和马修是从什么时候开始争吵的。

马修： 我想是在我年纪大一点儿后才开始争吵的……

米纽庆医生：大概是什么时候？

马修：嗯，好像是从 14 岁一直到现在吧。

米纽庆医生：争吵会如何发展？你会赢吗？

马修：啊……赢？这是个好问题。啊，有时候他会赢——就像一场竞赛(大笑)。他想赢，但是——并不是因为赢这种方式本身，是否……有更多的原因？

卡尔：好(平静地笑)。

马修：什么？卡尔在笑——有时我们争吵后都是他下的定论，这样他就赢了。就是这样，妈妈，是这样吗？

吉尔：我不知道。

……………………………

当我听马修说话时，我会评估他的智商。我对他的印象很深刻，他带着友善的微笑，说话时语气平和。我从他的语言中可以判断出，他的 IQ(智商)似乎略低于正常水平。我认为他刚才对妈妈的要求——就是这样，妈妈，是这样吗？——是请求母亲和他合作来反对卡尔，但吉尔拒绝偏袒任何一方。

……………………………

米纽庆医生：我在听马修说话，在听他所讲的理由。他的理由很充分，他请母亲帮他回忆。有时是因为他确实需要母亲的帮助，而有时只是因为他习惯于运用你(吉尔)的记忆来帮他。

卡尔：那正是发生争吵的原因所在，因为马修 14 岁时，甚至到现在，有许多事我觉得他作为一个年轻人应该自己做，但他从起床到服药的所有事情仍然依赖他母亲。只是到最近，事实上也就是在几周前，马修才开始早上自己将药拿出来，而后服药。在此之前，他母亲不得不将药取出来，不得不——我觉得他 14 岁时就应该懂得做这些事了……

马修：对，但我一直和母亲关系密切，并且表现得不太像我这个年龄的人。

卡尔：是的，米纽庆医生刚才说过，你已经习惯于运用你母亲的记忆，这意味着你在一些事情上反应得有点儿慢，在其他事情上你是非常聪明的，不过你对有些事情的理解稍稍滞后于其他同龄人。

马修：是的，但我已经进步了。

卡尔：对的，鼓励你力所能及地为自己多做些事，这一直是我的想法。马修，有很多事你本来可以自己做，只是因为你太容易说：“妈妈，你可以帮我做这件事吗？”你站在楼下向楼上大声喊：“妈妈，可以帮我拿录音带吗？”她可能正在卫生间（忙着），其实……难道你不能上楼并将你自己的录音带放进去吗？你太懒了……

马修：我不是懒，卡尔！

卡尔：我还没说完。马修，你太依赖你母亲了。我认为这就是我们发生许多争吵的原因。我认为你是在利用你母亲。

马修(打断)：我分析过我们所有的争吵，卡尔。我并不是争吵的原因。那完全是另外一回事儿。

卡尔：哦，我认为许多争吵源自……

马修：我们之所以争吵，是因为你，你一直对我不好——每次争吵都完全不同，不只是那样——让妈妈说，她了解我们曾有过的所有争吵。

卡尔：你不断让你母亲支持你。你要求你母亲为你做每一件事，甚至为你说话，马修。你母亲不会一直都在的。你必须学会自己做事，那就是我想说的全部。你想成为一个成年人，并且几年之后有你自己的住房。你必须学会打扫，学会洗餐具……

马修：你自己都不会做饭，卡尔。

卡尔：好，马修。我可以自己照顾自己，马修，我会自己做饭。

马修：你只做早饭，你让妈妈做晚饭。

卡尔：好，马修。

马修：你不会做饭。

卡尔：好，马修。

米纽庆医生：好，谢谢你，马修。这是一个很好的例子。（转向吉尔）现在是否能够告诉我，当争吵发生的时候，你干了些什么？

症状是被活现(enacted)出来的。很明显，这两个男人在竞争同一个女人的爱，同样显而易见的是，他们两个人都有权获得她的关注。但他们的竞争使她不得不尽量平等地满足他们两个人，而且她通过伤害自己而做出回应的情形可能也与此类似。卡尔和马修之间是因为待遇不公平而争吵。我猜测吉尔保护马修，并且不支持卡尔的权威性。

吉尔：我正听着他们俩都说得不正确的地方。

吉尔“公平”的说法印证了我的印象：两个男人平起平坐。

第二步：着重探索维持问题的互动

米纽庆医生(对吉尔)：你是否觉得你需要参与进来？

吉尔：不，这会儿不需要。

米纽庆医生：你会在什么时候参与进去？是在矛盾升级的时候吗？

吉尔：在他们矛盾升级得非常厉害的时候，我就会介入进去。

米纽庆医生：马修好斗吗？

吉尔：他过去不好斗，但现在随着年龄的增长，他开始变得有点儿好斗了……口头上的。

米纽庆医生：再婚会发生一些情况。让配偶作为一个父亲加入家庭中通常是需要费一番功夫的，不过在你们家中并不存在这种情况。这里存在两个小组，即丈夫和妻子、母亲和儿子，都是成对的。当继父和儿子在一起时，你，吉尔，总是警觉地发挥保护者的作用，那是一个功能非常失调的组织。三个人在一起时需要有三种不同的分组组合，即吉尔和马修、吉尔和卡尔以及卡尔和马修，现在这样很棘手(awkward)。他(卡尔)与马修说话时总是心存戒心(alertness)，卡尔内心会问“吉尔会说什么呢？”我是一个男人，当我看着这两个男人谈话的时候，发现其中有一些友好的成分。我看到他们俩虽在争吵，但也在谈话，我还注意到卡尔对担当父亲的角色有一些乐在其中，而且我看到马修对卡尔说，他现在和卡尔一样高了。

马修(大笑)：是的，我比他高了。

卡尔(笑着说)：他现在比我高不少。

我向该家庭提出了有继子女的家庭的正常化模式。我常常会向家庭成员简单地描述家庭的组织，令我感到诧异的是，对我而言似乎很明显的东西，对他们来说却像是很新奇的事物。稍后我会将这个相同的家庭组织描述为缠结三角(enmeshed triangles)，并聚焦于未出现三角化的那一对(untriangulated twosomes)的功能不足问题。不过，在这一点上，我对卡尔的父亲角色给予了支持。治疗是连续的，不同的目标需要不同的干预方式。

……………………………

米纽庆医生： 这是个有关权威的问题，卡尔并没有多大的权威性，因为当他对马修的行为做出反应的时候，他知道吉尔在注视着自己。（对吉尔）所以这两个人逐步发展和演变的自由因你的担忧、警觉、关心而受到削弱。你24小时处于对危险的警觉状态，并担心会发生一些事。你是在何时何地"学会"产生最近会有危险这种感觉的？

……………………………

这种干预似乎是多余的。在先前的陈述中我对相同的问题已说过好多遍，经过若干年的实践，我对任何单次干预的作用已经失去了信心。人们在他们旧有的思维方式的基础上吸收新的事物，但这种现象在治疗之后便会消失殆尽，甚至在治疗过程中也常常会化为乌有。因此，我会重复我自己。我会用其他的词汇和不同的想象（images）将相同的信息进行包装来加强解释，并以此促使某一个家庭成员用某种方式或其他方式重复我的意思。

在干预结束时，我引进了一个观点，这个观点将在下一次治疗中得到详细讨论，这个观点就是——人们叙述的方式在童年时期已经形成。

……………………………

吉尔： 什么状态？

米纽庆医生： 接近危险的状态。我对卡尔和马修的对话印象深刻。我已经看到一个人对另一个人非常巧妙的迁就（tremendous accommodation），即马修对卡尔，还有卡尔对马修。但是因为你害怕会发生一些事，你便对此视而不见。

卡尔： 我相信你说得对。

吉尔： 事实上，我同意你的话，但正是由于我们受过很多煎熬，而且这又是一种全新的生活，我想让我们能像——其实很不像——一个普通的家庭一样携手向前，这正是我们所追求的目标；但在过去的8年里，我们的生活却变成了一场"战争"。

卡尔： 我认为我们的问题是这么多年来我不理解马修的问题和他的需要；而如今我已经变老并和马修生活在一起，我意识到有许多问题是我的过错。我感觉，如果我们继续到诊所来见家庭治疗师，如果我们能使马修摆脱这种消极的态度，我们可以一起来，正如吉尔所说，像一个普通家庭一样。因为即便是普通家庭，往往也会有争吵；不过，争吵并非毫无道理。吉尔希望能行得通，我也在尽力帮助她。

米纽庆医生： 它正在起作用。

卡尔： 如果我们再努力一点儿的话就更好了。这是我的错，马修，你为一些事埋怨我（触摸马修的手臂），这是我的错，因为在很长的一段时间里你已经将我理解成总是挑剔你的人，就像你母亲说的，这并不是因为我不讲理，而是我让你做事的方式（不太妥当）……

马修： 并不只是那样……

吉尔： 我们正在试图改变我们之间的行为和说话方式……

……………………………………

卡尔似乎更支持马修了，但我发现，卡尔和吉尔都在偏离对家庭三角的理解，并且回归到他们只需要相互之间更友好的观点上。

马修和吉尔在谈论马修的工作。马修现在在一家百货商店工作，每周8小时，并打算去一所技术学校学习贸易。我觉得我需要将他们的注意力拉回他们发挥作用的方式上来，回到进一步探索卡尔和马修的交往方式上来。

……………………………………

米纽庆医生： 马修，你知道卡尔多大年纪吗？

马修： 卡尔多大年纪？44岁？

卡尔： 42岁（触摸马修的胳膊）。

米纽庆医生（对马修）： 我觉得你是挑战者。你知道挑战者是什么意思吗？

马修： 我挑战？

米纽庆医生： 卡尔，将我的意思解释给马修听，因为他挑战你。

马修： 哦，是的。

米纽庆医生： 让我继续说。（对卡尔）向他解释什么是挑战者。

……………………………………

我强调卡尔知道的较多，并提示他应该帮助马修去理解。我在支持一种等级组织（hierarchal organization），并对吉尔平等地对待卡尔和马修两个人的做法进行挑战。

……………………………………

卡尔（对马修）： 我认为，挑战的意思是，当我说一些事的时候你不听，并且无论我说什么你必定视其为错的。（转向米纽庆医生）这是你要说的意思吗？

米纽庆医生：是的。（看着马修）你可以站起来一下吗？（米纽庆医生和马修一起站起来。马修比米纽庆医生高出一个头。米纽庆医生笑了。）哇，你很高！但是，你要知道，父母有时候觉得孩子们需要知道父母更年长，或许也知道得更多。

当和孩子一起工作时，我常常运用非语言性的暗喻来解释权威问题。

米纽庆医生：我 83 岁了。

马修（笑）：哇！

米纽庆医生：你 18 岁，我比你年长。所以，有时我想说："你知道，有我在这里，你得听我的。"如果卡尔对你说这些话，你知道你会怎么回答吗？你会说："我知道的比你多。"

马修：不，我不会那么做。

米纽庆医生（对吉尔说）：但他们那么做——是一个"舞蹈"。他们会发展他们自己的"舞蹈"。我想卡尔教了马修许多什么是可以接受的。马修在这种关系中明显已经成长了。（米纽庆医生请马修坐到另一张椅子上。）马修，你可以坐到那里，给卡尔留一个靠近你母亲的合适的位置，你需要给你自己寻找另一个女人。你有女朋友吗？

马修：没有。

米纽庆医生：你在找女朋友吗？

马修：是的，（我正在寻找）一段感情。

米纽庆医生：这样你就会让他们有他们自己的感情？

马修：你是什么意思？你认为我在将他们两个人分开？

米纽庆医生：是的。

马修：我没有，我没有那么做。

米纽庆医生：我喜欢你的回答。我喜欢你纠正我的话。

马修：好，但那是你所认为的，我并没有那么做。

米纽庆医生：好，我接受你的纠正。

马修已经理解了我的话，并对我给家庭三角描述的含义表示不满。我接受了他的挑战，同时示范了一种并未变成争吵的对话形式。

马修：不，问题存在于我和卡尔之间，因为我们相处得不好。

……………………………

马修坚持将问题再次归结为他自己和卡尔之间的冲突。我和吉尔就她的恐惧进行了交谈，我请她稍后解释给马修听；马修似乎认为母亲的恐惧与他以及他的问题有关。

……………………………

吉尔(对米纽庆医生)：你想让我解释给他听吗？(犹豫)我只是感觉不舒服，我不想……

……………………………

我想让吉尔告诉她的儿子，她有一些与他无关的事情，她是一个有她自己问题的独立的人。

……………………………

马修：尽管说。说呀，妈妈，请说。

吉尔：不，我只是觉得有点儿不舒服。(对米纽庆医生)你说你认为我对许多只是让我有点儿慌乱的东西感到恐惧。

马修：你认为有些东西会使我心烦意乱？

……………………………

马修没有察觉我和吉尔的谈话内容与他无关。他们在令人窒息的紧密关系中没有自主的空间。

……………………………

米纽庆医生：我觉得你妈妈是一个容易受到惊吓的人。

马修：是的。

米纽庆医生：我想知道她是怎么变成那样的——在她还是个孩子的时候她遭遇了什么，以致她看待世界的方式就像世界充满了危险一样。

马修：我知道是怎么一回事，是的。

米纽庆医生：在我们还是个孩子的时候，我们都被训练成以某种方式看待世界。成年以后，我们还是保持这种方式，所以，我觉得你(吉尔)对危险很警觉。

我觉得你(卡尔)是一个很容易陷入竞争的人，所以你陷入了和年轻人(马修)的竞争中，好像你和他是平等的。因此，这是我试图探索的东西，即你是如何变成那种类型的人的？我和马修将认真倾听你们夫妻两个对这一问题的回答，然后我们将讨论你们是否有所不同以及在哪些方面不同。你们看上去是非常和蔼、乐于助人的人，但是你们陷入了一个毁灭性的怪圈里动弹不了。

我今天给予了马修许多关注，我认为你们经常削弱他的能力。你们在他有能力做好的一些事情上保护了他。

（米纽庆医生站起来和马修握手。）我喜欢你，我认为你比别人所认为的更聪明。

在治疗结束时，我知道我已经加入(joined with)了卡尔和马修，他们感受到了支持和认可，但我会继续思考吉尔会如何接受我的挑战。下一次治疗，我或许需要给予她更多的支持。

第二次会谈

参与本次治疗的有吉尔、卡尔和马修以及他们的家庭治疗师（女性，前一次治疗她没能来）。

第三步：结构化地集中探索过去

吉尔： 我确实感觉很不舒服（紧张地笑）。嗯，我猜我的许多方式都来自我的童年——我父亲非常暴力。嗯，他以各种方式虐待人，而且是个酒鬼——我本以为他是个极好的人，但他却是个酒鬼。当他喝醉时，他就像一只动物。他打我母亲和我打得很严重——特别是当我年龄大一些以后，非常恐怖。

米纽庆医生： 你父亲是做什么工作的？

吉尔： 他做过许多不同的工作，最初是做警察；我母亲是个酒吧老板，拥有一家酒吧。他们慢慢走到了一起，结婚三四年后，我父亲开始酗酒；在我母亲的酒吧里酗酒，并使她失去了她的酒吧。

米纽庆医生：她失去了酒吧？

吉尔：是的，由于他酗酒，我母亲失去了她所拥有的一切。我们搬了家，当时她肚子里正怀着我最小的弟弟。我们搬到了高尔韦(Galway)。

米纽庆医生：你父亲每天都酗酒？

吉尔：不，只有周末酗酒。

米纽庆医生：他整个周末都酗酒吗？

吉尔：有时候——并不总是，因为我想我们支付不起那么多的酒钱。如果他能支付得起的话，他会整个周末都酗酒，但我们没有很多的钱，因此，他可能只在周六晚上喝。

米纽庆医生：他回到家后会做什么呢？

吉尔：哦，他晚上很晚才回家，我的哥哥们和弟弟已经睡了，而我会陪我妈一起等，等他回来——我们会看到他喝得有多醉。

米纽庆医生：你和你母亲。

吉尔：是的，我们以前常常轮流等他回来，你知道我的意思，是等待他回家的时刻。当他回来时，我常常会跑到楼上去；每当他一开始打我母亲的时候，我又会下楼来。而且，我总是能记得他常常停下；但随着我年龄的增长，嗯，我第一次认为那非常糟糕——他在浴缸里用一只黄色的大靴子打我母亲，然后，到处都是血。于是我跑下楼，结果他抓起我将我从前门推了出去，所有的玻璃都撞碎了。不，不是我撞到了玻璃——是他将我母亲推到了玻璃上——他只是将我推到客厅里。我记得我母亲的脖子和那只黄色的大靴子以及到处都是血的场景。（颤抖）

她好像是在重温过去的经历，她的叙述变得语无伦次。那只黄色的大靴子(明显的分离性记忆)此刻似乎就在房间里，和我们在一起，我觉得我要保护这个现在已经40岁但却像个8岁孩子的人，她仍然能“看到”血。吉尔不是在描述一个历史性事件，她是在经历，并且她的恐惧是显而易见的。

米纽庆医生：那时你多大年纪？

吉尔：我不知道。也许八九岁，或者10岁。我记不清了。

米纽庆医生：你母亲为什么留下（为什么没有离开）？

吉尔：噢，她留下了。他有一次离开了家，但大约6个月后他又回来了，那时我大约13岁，是的。可是他回来了，而且她允许他回来。

米纽庆医生：在爱尔兰(Ireland)，人们对施虐的男人会更仁慈吗?

……………………………

我想表达我对她的支持。我想对她父亲过去错误地对待她和她母亲的方式表示遗憾。我后来得知，治疗的观察者们有和我类似的情感反应。她所描述的一些东西已经跨越时空，但我们仍和她一样觉得震撼。

……………………………

吉尔：人们实际上并不知道——没人真正知道——也没人来干涉，你明白我的意思。

米纽庆医生：谁来保护你?

吉尔：没人，真的。

米纽庆医生：你哥哥呢?

吉尔：当我们年龄大一些以后，我想，在我哥16岁的时候，他开始勇敢地面对我父亲——他开始和父亲打架，试图给我们一点儿保护。

米纽庆医生：你现在仍然与他们（哥哥们和弟弟）保持联系吗?

吉尔：是的，他们其中两个住在伦敦，还有一个住在都柏林(Dublin)。

米纽庆医生：你母亲呢，她在哪里?

吉尔：她在伦敦。

米纽庆医生：你平时会去拜访她吗?

吉尔：会的。

米纽庆医生：那你何时遇到了马修的父亲？那时你多大年纪?

吉尔：20岁。

米纽庆医生：20岁。你19岁就来伦敦了?

吉尔：是的。

米纽庆医生：那你和他在一起的时间有多长?

吉尔：我想，大约有10年。

米纽庆医生：10年……你结婚了吗？或者……

吉尔：是的，我们结婚了。

米纽庆医生：之后怎么样？你丈夫怎么样？他也是个酒鬼吗?

吉尔：他不是一个酒鬼，不是；但他虐待人很厉害。身体虐待(physically abusive)、言语虐待以及……我感觉坐在这里说这个很愚蠢。

……………………………

我到现在才意识到，我一直对吉尔的话有“共鸣”。我意识到她不愿意回忆并探索她的过去，但我没有意识到，我重复她的话实际上是在清楚地表明我对她的叙述有兴趣。

米纽庆医生：你能否描述一下你所说的“身体虐待”，他会动手打你、推你吗？

吉尔：他用拳头打我，用手臂勒我，还……他常常弄得我不能呼吸或者虚脱，还有像被噎住的感觉。

米纽庆医生：于是你在10年之后从那个“地狱”中逃脱了？

吉尔：嗯。

米纽庆医生：马修记得你过去的一些事吗？

吉尔：不！我真的不想在他面前谈论过去。

米纽庆医生：你高中毕业了吗？

吉尔：我学习不太好。我发现专心学习挺难的……我那时总是心事重重的，作为一个小孩——我总是恐惧不安并想着母亲——我还非常担忧，我不知道……

米纽庆医生：你知道的。你并不是不知道，你是知道的。你已经和你的童年在一起“生活”很多年了，并且你的童年现在仍然影响着你。

吉尔：是的，那正是最近八九年里我一直在尽力改变的。

米纽庆医生：你是如何尽力的？

吉尔：哎呀，我必须讲出故事的全过程吗？嗯，行，我开始……大概是当马修离开——他上医院式寄宿学校有好几年，并且当他去那里时，我突然发现我总是一个人。我想当我回头看的时候……没有人需要我照顾了，没有人需要我了，我觉得我好像没有了目标，于是我开始喝很多酒，我对我的一个哥哥说了，他建议我去酗酒者匿名协会（Alcoholics Anonymou）。于是，9年前我开始去酗酒者匿名协会，并且有好几年的时间相当节制（sobriety），直到最近。

吉尔现在开始用完整的句子说话了，和我说话时，她似乎很自在；我感觉有必要转向卡尔，他已经表现出厌烦的迹象。

米纽庆医生：我想现在轮到卡尔了——我可以和卡尔说话了吗？

吉尔：可以。

米纽庆医生(转向卡尔)：我看到你和马修说话，很显然，你有点儿像是一个保护者，而且你喜欢教导，但也有竞争的成分，你将马修说的很多事视为一种挑战——你是在哪里学会这种生活方式的？

卡尔：我想是我在意大利的时候。［当卡尔很小的时候，他母亲去世了，他去了西西里(Sicily)和他的亲戚一起生活。］从小就有人教导我们不能相信任何人——对每一个人都要提防，而且如果你认为自己是对的，你就应该坚守道义，你应该尊敬长辈，这是最基本的。我认为，我一定是在意大利学到的。

米纽庆医生：但你知道，马修经常挑战你，你反对他的挑战，于是你和他都只有十五六岁——你和他变成了同龄人。你是在哪里获得那种竞争精神的？

卡尔：我不知道这是不是一种竞争精神——我挑战马修，也只是偶尔为之，一般在他好像不那么听话的时候。然后我往往变得有些恼火，我的反应是提高嗓门并开始吼叫——有时说粗话。

米纽庆医生：权威性的问题确实重要吗？

卡尔：不，我相信那并不是真的。我确信大多数争吵来源于我常常尽力保护吉尔——如果我认为某件事情使他妈妈心烦意乱，我往往会站在保护吉尔的立场上。我们要求马修去做某些事，如果他不愿意做，吉尔就会替他做。她的生活非常忙碌。吉尔的妈妈已经年迈，还得了阿尔茨海默病，非常健忘，于是吉尔四处奔波，想尽量帮她分担一点儿家务活儿，她在努力做一个好妻子、一个好母亲、一个好女儿——而且所有这些事对她来说未免都是一种干扰，因此有时我请马修做一些事，而他则叫我不要烦他。他根本不听我的话。

米纽庆医生：我想实际情况比你说的更加复杂。你周二说马修认为你将他的母亲从他身边夺走。你是否有时也感觉马修正在将你的妻子从你身边夺走？

第四步：探索相关的改变方式

我武断地(arbitrarily)决定在此刻打断谈话并将之作为第四步的开始。我从探索过去转到了试图引发改变的阶段。以前，在许多病例的治疗中，我会在此刻“激活”孩子，但面对琼一家的时候，我觉得在卡尔和吉尔交谈时让马修继续做一个听众是重要的。这样的方式对于这对夫妻来说本身就是一种全新的方式，对马修来说也是如此。

卡尔：我相信我一定好几次都有那样的感觉——当我们之间发生一些事情的时候，是的。

米纽庆医生：你觉得吉尔应该采取一些手段来表达对你的支持。（转向吉尔）吉尔，你认识卡尔已经有8年了吧？

卡尔：是的。

米纽庆医生：那是一段挺长的时间。那么，是哪些因素在干扰一个完整家庭的发展过程呢？吉尔为何不帮助你，以削弱你的竞争想法？你又为何不帮助吉尔，以减轻她的焦虑，却如此关注对马修的支持呢？当你们是一个家庭的时候，有些事情只能发生在配偶之间。你和马修争斗，并以此支持吉尔——那是她所想要的吗？

卡尔：不，我不会这么想。

米纽庆医生：那并不是她所想要的。一年前，她又开始喝酒——她不想做的事。你在这个问题上负有什么责任呢？

卡尔：对她喝酒负有责任？

米纽庆医生：你是如何为她“端酒杯”的？

处理酗酒问题时我常使用这个隐喻，暗示酗酒是一种“双人芭蕾舞”(pas de deux)。

卡尔：也许和马修的争吵会导致她重新喝酒。

米纽庆医生（转向吉尔）：卡尔以什么方式压抑你？

吉尔：卡尔的确是个可爱的、极好的人，但他有两面性。有时我说他是精神分裂的——因为我认为他没有意识到有“两个人”在那里。我知道那不是精神分裂，但是，他甚至并没有意识到他的方式，当他……嗯，我甚至不能说虐待。我在说虐待时觉得难以启齿，那不是身体虐待，因此可能……我不知道，我真的一直很混乱，我说不好。

吉尔开始批判卡尔，却又表现出犹豫和退缩。很显然，她感到痛苦并且自责。我猜想她之所以出现自我伤害的行为，也是基于相同的情况。我觉得她有必要超越这个界限。我希望她能在我的支持下挑战卡尔，并认识到和配偶出现开放性的冲突并没有任何危险。

……………………………

米纽庆医生（对卡尔）：重要的是吉尔应该能够向你表达这些想法。而且我认为问题的关键是她在表达这些想法时觉得自己攻击性太强，她担心越界（cross the line）后会伤害到你，于是她停止了表达。因此，她需要确信：即便她吹毛求疵，你也会爱她。你能准许她批评你吗？

卡尔（对吉尔）：可以，你得到我的准许了。

米纽庆医生（对卡尔）：握着她的手，因为她会挑剔你的。（卡尔将吉尔的手握在自己手中。）

吉尔：呀，噢，是的，我可以承认你所说的，我明白你的意思。

米纽庆医生（对吉尔）：他是如何压抑你的？

吉尔：他抑郁并且常常非常痛苦。当我们一起出去的时候，他是令人愉快的：在我们所去的每一处地方，他都是一个令人非常非常愉快的人，但在家里他不是，尤其是当他和与他关系密切的人在一起时——他的妈妈、我、马修、他儿子——另一个卡尔就会出现，很可怕。挺悲惨的，挺可怕的。

米纽庆医生：将另一个卡尔描述给他听。

吉尔：嗯。他可能像真正的抑郁一样，也可能心里面感觉到一些强烈的痛苦，于是拿每个人出气，甚至言语虐待别人。有时我认为我们仍然在一起是因为我绝对地爱他、敬慕他，而且他是我所认识的最和善的人之一，但他有一部分是令人畏惧的。

米纽庆医生：帮助他改变这种状况，因为这对你和他来说都很重要。

……………………………

在第一次治疗中，当我通过强调卡尔和马修关系的积极方面来支持卡尔时，我就意识到吉尔表达批评和愤怒存在困难。她“宁愿”代之以用刀子伤害自己。她保留着童年遭受暴力的记忆，这些记忆限制着她目前的反应。但在这次治疗中，我已感觉到我和她的关系非常近，她可以在我在场的情况下挑战卡尔。

……………………………

米纽庆医生（转向卡尔）：她在说什么？

卡尔（对吉尔）：两三周前，当我们去见弗朗基（Frankie，一位家庭治疗师)时，你告诉我你心情非常不好，并且已经打电话给你的弟弟。我就问你，你为什么打电话给他，而不打电话给我。我不记得具体是什么事……过后你说你认为打给我的话我会更加反对马修，而不会支持你。只有最近，我记不清具体日期了，大概在两周前，你说，“我希望我能对你说得更多，但我对你的反应感到恐惧”，于是我告诉你无论什么话都可以对我说。

吉尔：我不必总是在每件事情上都对马修加以批评，我需要他像一个朋友一样。我需要情感支持以及——你知道——需要我们是一对夫妻，我们是一个团队。

米纽庆医生：非常妙。

吉尔：有一次，马修摔断了胳膊给我们打电话，我们曾在那个早晨的5点钟谈论过这些，并且我立刻知道卡尔会是什么反应——说脏话、脸色很难看，这很可怕。当他脸色很难看的时候肯定行不通，我也无法和他交谈。

米纽庆医生：但你是在叙述有关这个男人的事，你爱他，他也爱你，那是有用的。你在将他描述为喜欢批评的一个人，我已经看到了这一点，我在你描述他和马修的争吵中看到了这一点。他可以变成我所称谓的改进者(improver)。无论你怎么说、怎么做，总会存在一种更好的方式，而且那样做是会让人发疯(go bananas)的。因此，你会如何帮助他，又会如何改变他呢?

吉尔：给他吃药。(大笑)

米纽庆医生：我认为你就是药。

要求“受害者”变成治疗者，这是我治疗锦囊中常见的一种干预方法。

吉尔(对卡尔)：在与你和马修一起生活的许多年里，实际上我本来应该为此做一些事的。但是，我不能，你知道，因为我非常爱你。也许我搞不清什么是虐待，什么不是虐待。我总是想搞清楚，但现在我已经迷失了，失去了我原本的清醒是最糟糕的事——哎呀，现在我又感到不安。(哭)你知道，我觉得终有一天我们是会分开的，卡尔，如果我是一个比较强势的人，我们现在就不会在一起了，因为这非常糟糕。过去的8年是地狱，绝对的地狱。我知道你现在真的在尽力，并且也真的有帮助。我知道此时此刻你觉得不舒服，我也是。我明白，所有这些将帮助我们去发现一

些方法，那些方法将使我们两个情绪健康，又不必像现在一样靠服用各种不同的药物生活。我从未有过正常的生活。然而我对正常生活的一种理解是——一种有我、你和马修的家庭生活——我们能在一起的生活。

我觉得吉尔对卡尔的直接挑战是新现象，不过，此刻提到马修是返回所存在关系的一种间接方式：作为一个三人组合(threesome)而非作为一对夫妻组合。因此，我在对吉尔的挑战中尽力保护夫妻俩和马修。

米纽庆医生(对卡尔)：吉尔说你总是在告诉人们还存在着比他们现在更好的生活方式，你这是在将她“推倒”。

(*转向治疗中一直沉默地坐着的家庭治疗师*)他们俩在没有马修参与时的相互交谈将是十分重要的。其实他们可以单独在一起谈论马修。马修成为“战场”，那样很不幸，因为他们是相互关心的非常和善的人，如果他们能开始像其他夫妻一样互相处理一些事情，那将会很有用。我认为马修今天的表现要比昨天好。我对上一次治疗中他的熟练程度、理解能力以及他实际比卡尔和吉尔所认为的自主程度要高出许多这一点印象深刻。你是否总是将他们视为一个三人组合？

在本次治疗的最后，我和治疗师进行了对话，提出对治疗方法的建议，并将这个家庭转回给她。我对她的工作印象深刻，并对她将继续工作及很好地利用这次咨询感到欣慰。

家庭治疗师：我将他们视为一对夫妻，同时也是一个三人组合，并且有着不同的组合。

米纽庆医生：我认为，他们更需要被强调是一对夫妻。马修看上去是一个非常好的年轻人，但他常常变成一个小男孩。他对界限知道得不多，因此你可以提醒吉尔保持一定的界限是很重要的。她害怕界限是因为她太慈爱。

(*转向琼一家*)我认为她能成为你们的治疗师，你们应该感到很幸运，因为她喜欢你们。吉尔，如果你能够开始——就像我看到你已经做了的那样——挑战卡尔(那将会很有用)，而现在你很难挑战，因为你觉得害怕。所以当你挑战时，你开始忘却或伤害你自己。因此，重要的是，你应该和弗朗基讨论。我非常高兴遇见你们，不过我之后就见不到你们了，因为我周一就要回去了，回美国。你们可以从弗朗基那里拿到今天的治疗录像带，如果你们想看的话，你们可以看一下。

吉尔：我想把录像带带回家。我想要带一盘回家，可以吗？

*　　　*　　　*

结束语

吉尔告诉过我，治疗结束的第二天是她的生日，于是我打电话给她，在她的电话留言信箱里留言祝她生日快乐。第二天我收到了她的电子邮件：

虽然我们的见面只有几个小时，但遇见您对我已经产生了非常强有力的积极作用。我认为您是一个非常聪明而且令人惊讶的人，我不会忘记您。再次感谢您所做的一切。

吉尔

我将吉尔的信在这里与大家一起分享，是因为我为给吉尔树立了一个男人的正面形象（positive image）而感到高兴，而吉尔心里曾经有的是毁灭性的男人形象。

治疗构架

家庭组织

就像许多混合（blended）家庭一样，琼一家存在着忠诚冲突（loyalty conflicts）。即使是原配家庭（first-time family），在分配忠诚（divided loyalties）时也会存在问题。在非常仓促的时间里，着重探讨孩子对父母的崇拜而牺牲对已婚夫妇的夫妻关系的探索，这些都是极其普遍的现象。丈夫嫉妒他们的妻子花时间带孩子去跳芭蕾舞、练足球以及参加小型运动俱乐部（Little League）—— 但他们讲定的“浮士德式交易”（Faustian bargain）[①]的条件是把他们的妻子让给孩子，以此换取他们不必对孩子照顾很多这一结果。分配忠诚对有继子女的家庭更具威胁性，父母担心他们的孩子，因为孩子们经历了太长时间的失落(loss)。尽管新伴侣几乎肯定意识到了这种担忧，但是他们仍有自己的担心：某个成员试图在一个已存在的家庭单元内找到他自己位置的自然的焦虑。在这种情况下，出现深深的嫉妒也就不足为怪了。

在琼一家的案例中，8 年之后，母亲和儿子之间缠结的亚系统仍然比夫妻亚系统更强大。新丈夫和儿子仍然要通过母亲才能联系起来，但母亲解决冲突的方式却是自伤。

个体视角

吉尔是出现明显症状的家庭成员。她在童年时期经历的暴力的严重程度，以及她回忆(revisit)的关于她第一任丈夫的经历，使她形成了一种通过伤害自己来避免被伤害的奇怪的自我保护方式。虽然她是一个聪明且有能力的女人，但她常常觉得自己是一个受害者，并以此回应攻击的信号，就好像它们都是暴力的前身。

马修在神经科方面的病症似乎通过药物得到了控制，尽管他智力明显有些障碍而且非常依赖他的母亲，但同时他也表现出了相当有能力的一面——他去上技术学校并在一家百货商店做兼职的店员。

我们对卡尔了解较少。很可能吉尔的需要和戏剧性的天赋将治疗带向了她的方向，并让卡尔保持边缘状态。我认为这也是他在家庭中的位置。如果卡尔认为吉尔宠坏了马修，他不会选择说出来。即使他希望自己的妻子多关注自己，他也不会说出来。他所做的是批评马修依赖他母亲并且占用了她太多时间——同时他认为吉尔对此至少也负有部分责任。

---

① 该典故来源于 16 世纪一位名叫浮士德的炼金术士和魔术师的传奇故事。浮士德为了获得青春、知识和权力而将灵魂与魔鬼交换，德国诗人歌德曾为他写过著名的同名剧本《浮士德》。现在指某人不计代价地为权力或知识做出极大的牺牲。——译者注

干预策略

针对这个家庭的结构性目标，应当让卡尔和吉尔像一对夫妻一样彼此靠得更近一些，让卡尔在马修的生活中更全面地扮演一个父亲的角色。干预策略的重心在于帮助吉尔消除她记忆中关于男人的毁灭性形象，因为她与她父亲和第一任丈夫相处的经历使她形成了将亲密关系等同于灾难性事件的定式。我鼓励她去挑战她的丈夫，以便她能安全地体验自我主张（self-assertion）。

马修和他母亲缠结的迹象在治疗中出现较早，我通过指出马修让他母亲"成为他的记忆"及通过询问"他是否真的需要那些"来温柔地挑战他们之间的缠结问题。这些探查方法是由这样一个概念所引导的，即家庭成员应该能够互相直面相对，而不需要他人的干预。我支持卡尔作为一个父亲应受到尊敬的权利，并挑战马修不愿意给予卡尔那份尊敬的状况。

然后我转向吉尔，并向她指出，她"监视"家里发生的每一件事的这种方式起到了过度保护马修的作用，而且也阻碍了卡尔和马修发展他们自己的关系。在吉尔认识到她是一个受了惊吓的人之后，我转向简要地探索她是如何成长并养成这种生活方式的。

我试图将吉尔和卡尔"卧室的门"关起来，并通过温柔地挑战存在于他们中间的马修的位置，让他们发展成一对夫妻。"你有女朋友吗？"我问道。"没有。"马修说，"但我正在寻找。"我通过追问"你什么时候会找到，你会让卡尔和吉尔有他们自己的感情吗？"来切中要点。马修需要退出卡尔和吉尔的生活，他们也需要退出他的生活。只有当卡尔和吉尔都为马修确立现实的且他们俩都参与的目标时，卡尔才能真正成为吉尔的伴侣。他们过去在帮助马修以他的能力高水平地发挥作用方面做得很出色，但他们似乎并不相信这个事实，却将注意力集中在困难上。

技巧

技术的使用总是连续的。起初，我将焦点集中在丈夫和儿子身上，帮助母亲明白她不必在她丈夫那里保护她的儿子。在第三步，我聚焦于吉尔的童年和她的原生家庭以及她的第一任丈夫带给她的创伤性体验，这些可以在她目前对男性形象的反应中显现出来。我要特别强调运用加入(joining)技术的重要性，加入技术可以建立一个治疗联盟，使吉尔将我“体验为”一个慈祥的父亲形象；这使得她能探索痛苦的过去并扩展她的自我意识。

我在这两次治疗中所运用的特殊技术是追踪技术(tracking)(通过按部就班地询问问题引出家庭故事)，并探查冲突的范围(probing for areas of conflict)(例如，询问继父和继子之间是否争吵，如果争吵的话谁赢，以及母亲在这些争吵中暗地里充当什么样的角色)。我运用隐喻(metaphors)的技术使他们毫无防御地指出家庭成员正在做的有问题的一些事情。举例而言，我说马修时常借助他母亲的“记忆”来回答问题，并指出马修认为他和卡尔“一样高”，以及询问卡尔当吉尔喝酒的时候他是如何替她“端酒杯”的。随着治疗的进行，我已为自己树立起值得信任和善解人意的形象，接下来，我挑战家庭成员就变得更自由、更直接——指出马修不尊重卡尔、吉尔的干涉存在问题——更重要的是，我谈论了这些行为的后果。

我为有继子女的家庭如何运作以及他们面对什么样的挑战引入了一些说教性的解释。这样的干预对家庭发展变迁的正常化以及增加结构和意义是有用的——如果他们考虑到家庭的特殊情形，而且他们不是照本宣科的话。

第三部分

互补的夫妻

互补(complementarity)是将彼此的关系维持在一起的黏合剂。彼此分享共同的兴趣和价值使共处成为可能，但正是我们的差异令生活更加意趣盎然，并使我们能够相互扶持且拥有多姿多彩的人生。

《家庭愈合》(*Family Healing*)一书中写道：

> 要理解家庭是怎样构成的，首先要了解某种程度的互补性是定义每一种关系的原则。在任何一对夫妻中，一方的行为是受另一方约束的。这一简单的陈述蕴藏着深奥的含义，它意味着夫妻双方的行为不是独立的，而是由他们共同决定的，受制于相互支持或对立的力量——这个陈述也挑战了我们自己所珍视的关于自我的信念，即我们希望把自己看作令人满意的、有自由意志的和独立自主的个体。
>
> 但是有一个很重要的差别必须在这里明确。我们大多数人都知道(或发现)婚姻并不能使我们完善，也就是说，婚姻并不能补偿我们的缺失——希望丈夫的自信能够补偿妻子的不安全感，或者希望妻子友善的个性可以解决丈夫的沉默寡言……以上种种皆被证明只是一种幻想。婚姻中的一半和另一半不会通过说“我愿意”就魔法般地变成一个整体。
>
> 但是，两个结合在一起的人确实会产生一种联系。从这个意义上来说，婚姻中的一半和另一半确实形成了一个整体，但是否变成一个你所希望的整体则是另外一回事儿。
>
> (Minuchin and Nichols，1993：63)

临床工作者在做家庭治疗时需要注意，互补的原则有两个很重要的含义。第一，人类的大多数行为仅仅是彼此互动过程的一半(half)。虽然来访者常常将他们的麻烦归咎于其他某个人的行为，但是家庭治疗师要学习寻找那些隐藏在抱怨(complaints)背后的互补的另一半。因此，抱怨妻子过于唠叨的丈夫，也许实际上是他对她的要求没有给予足够的反馈。同样地，一个抱怨女儿优柔寡断的母亲常常是给了女儿太多的忠告来帮助她。每当一位来访者抱怨其他家庭成员的行为时，互补的原则提示不仅仅是两者都有份，而且治疗师也应该去寻找另外一个人的影响，也就是与最初抱怨相对立的镜像。

有经验的临床工作者要学会的第二件事是，虽然适度的互补能帮助夫妻分工合作并互相支持，但是僵化的互补却会抹杀他们全部的潜能，使得夫妻关系僵化且难以被改变。一位令人艳羡的妙龄女郎和一位位高权重的年长男人所组成的洋娃娃之家式的婚姻，便是令人熟悉的僵化的互补关系的例子。另外一个例子就是妻子为孩子们负起全部责任，而丈夫则将所有精力都投入他的事业中。

这种僵化了的互补的夫妻关系(polarized pairings)也许能维持一段时间，但是当夫妻中的任何一方发生改变时，另一方也许会对在伴侣关系之间进行必要的调整有所抵制。当作为战利品的妻子开始希望一点点独立时，她的丈夫也许会表达悲伤："我不知道发生了什么，她过去是多么顺从啊。"当负担过重的母亲因为孩子需要更多的帮助而让她的丈夫从事业中抽出时间来时，她的丈夫也许会觉得很困难，而这个母亲也可能会难以接受丈夫在处理孩子的问题时有不同观点。

* * *

我们在本部分所介绍的两个个案都是以有症状的妻子为被认定的病人来呈现的。拉莫斯(Ramous)太太，无论何时接触了任何脏的东西都会陷入焦虑状态，有可能被诊断为恐惧症或者强迫症。埃琳娜・德尔加多(Elena Delgado)，一位过于紧张的妻子，显现出激越性抑郁的所有症状。两个人看起来都存在紧张不安方面的问题，就好像她们的行为是一种疾病。结果，她们两个都在各自的家庭里获得了一种消极认同：她们是有着合法主诉的不快乐的人，她们是病人。接下来，就像你将看到的一样，我们用评估模式指导的探究揭示了这些妇女的症状是怎样与她们家庭富足而烦恼的生活相关的。

在僵化的、互补的夫妻个案中，婚姻所深深陷入困境的踪迹往往会波及孩子们。数年以前，莱德勒和杰克逊(Lederer and Jackson, 1968)就提出，亲密的伴侣关系可以用两个连续统一体(continuum)进行有效的归类：满意/不满意(satisfactory/unsatisfactory)和稳定/不稳定(stable/unstable)。彼此不满意但是关系稳定的夫妻通常能找到忍受他们的关系的某些方法，就像这两个个案中的两对夫妻一样，他们经常将注意力从他们之间的冲突转向处理孩子们的问题上。在你阅读我们的四步评估方法是如何揭示这些关系中隐含的互补性之前，值得记住的是，任何个案都有很多方法来处理，每种方法都有它的有利和不利之处。

用医学的模式去处理这两个有症状的妇女虽然有可能无法说明她们的家

庭结构的问题，但事实上并不一定如此。用药物或者行为疗法来治疗一位妻子以确认她处于疾病状态，能对她家庭的防御结构起到支撑作用。个体治疗往往使距离更稳固，虽然不是让她直面导致她和丈夫分开的冲突，但是也可能会给她带来希望，使她学会在稳定但不满意的夫妻关系之外的世界寻求自我满足。这种解决婚姻问题的方式听起来也许不是很浪漫，但并不是每种生活都有一个童话故事般的结尾。

假如一名治疗师超越了一位妻子的症状表达而看到其背后的关系冲突，那当然会有更多方式去处理这些冲突（Gurman and Jacobson，2002；Nichols and Schwartz，2006；Donovan，1999；Dattilio，1998）。虽然我们可以从完全客观的角度来讨论解决婚姻问题的各种方式的优劣，但我们更想多介绍一些结构派的方法。

结构式夫妻治疗可以描述为以下几个可以区分的步骤（Nichols and Minuchin，1999）。

（1）评估时要考虑整个家庭系统（Consider the whole family system in the evaluation）。当一对夫妻因他们的关系问题而前来寻求帮助时，治疗师完全忽略孩子的存在的做法貌似合理，但是想象一下，假如会见这对夫妻中的任何一个时没有他们的孩子参与其中，我们将会丢失多少信息。因为夫妻的问题几乎总会涉及第三方的复杂影响，一个有用的指导原则是，至少要有一次或两次会谈是全家人都参与的，即使治疗的主要焦点是这对夫妻关系的结束（end up，即离婚）。

（2）与每一个家庭成员建立理解的联盟（Build an alliance of understanding with each member of the family）。加入（joining）应该永远都不是一种策略上的伪装，不是一种“技术”。就如同你将会发现，一名治疗师太快地去挑战一个执拗的或专横的家庭成员而没有花充足的时间试着去理解那个人，是不可能和他或她进行对话的。

（3）促进互动（Promote interaction）。开启有效的活现，并将活现集中于夫妻双方都有强烈感受的具体主题上。治疗师需要向他们解释为什么夫妻之间彼此理解是很重要的，然后给予他们明确无误的建议，让他们去讨论迫在眉睫的问题。了解夫妻双方实际上是怎样进行互动的唯一办法就是回到问题上，在他们讨论时观察他们的所作所为。

（4）结构化评估界限和子系统，探讨它们是如何组织起来维持现在的问题的（Make a structural assessment of how boundaries and subsystems are organized in a way that supports the presenting problem)。这当然是我们评估模式的主要方面，在本部分，你将看到它是怎样应用于夫妻的动力学关系的。你也将看到大多数的个案是如何涉及许多复杂和重叠的结构性问题的。这也是以下几点很重要的原因。

（5）为治疗发展出一个结构化的关注焦点（Develop a structural focus for therapy）。治疗师在处理僵化的互补关系时不能只是帮助夫妻交流彼此的感受，而应该在其他方面也有所作为。假如夫妻的结构组织不再为他们而运作，治疗师必须认识到这一点，还要帮助他们学会以一种不同的但灵活的方式来共同适应。

（6）着重和集中探讨存在问题的互动方式（Highlight and focus on problematic interactions）。成为一名成功的治疗师的秘诀之一就是知道什么时候该说，什么时候该听。心理分析师必须学会等待病人提供潜意识冲突的至少一种衍生物（derivative）——梦、过失、症状的突发——然后才做出解释。同样地，我们相信，最好是让家庭成员以自己的方式说出自己的故事，但是要发掘并关注他们也许自认为理所当然但实际上存在问题的相处方式。当你阅读本部分的两个个案时（或任何其他地方，就这一点而言），思考一下治疗师是何时干预与何时倾听的。

（7）推进互动，使之超越他们通常稳定的中止点（Push interactions beyond their usual homeostatic cutoffs）。家庭成员倾向于在某一点上中止并折回到将他们带回原地的老模式，而成功的变化需要推进互动超越这一点。请注意，在德尔加多（Delgado）一家中，一旦出现人际冲突，家庭是如何回到对内心世界的症状进行描述的。当德尔加多太太抱怨时，她的丈夫立刻就说："她一回家就烦恼不安。谁都没有做任何事，却惹得她烦恼。"挑战丈夫——或者事实上是挑战夫妻之间的互动模式——在治疗师已经加入其中一方的情况下会更容易一些。要成为一名成功的治疗师，你必须乐于做一些有力度的工作，但要想有效地做到这一点，你必须有一个强大的工作联盟。

（8）促进共情，帮助被束缚的夫妻摆脱防御式的争吵（Promote empathy to help stuck dyads get past defensive wrangling）。我们的第三步是探讨夫妻相处模式的历史根源，帮助他们获得一种转变，使他们因理解而相互靠近。这些探讨会增加他们的领悟力，但更多的是带来彼此的共情和理解。你将看到，即使米纽庆医生非常短暂地问及拉莫斯太太的童年经历，也能够揭示出"过去的幽灵"是怎样制造了让夫妻俩和他们的孩子都感到痛苦的一种关系。

(9) 挑战并让家庭成员为他们的行为负责(Challenge family members to accept responsibility for their behavior)。这当然是我们的四步模式一直在谈论的内容。夫妻治疗的有益之处在于能够看清夫妻是怎样卷入让他们烦恼的问题之中的，除此之外，还有可能关注另一方应该做出什么样的改变。倾向于把责任归咎于一个问题而不是夫妻的互补关系是毫无用处的。当你在阅读本部分的个案时，不仅要思考米纽庆医生最终怎样成功地影响了不同的家庭成员，还要思考你将怎样使用不同的方法来做到这一点。

参考文献：

Dattilio, F. (Ed.). 1998. *Case studies in couple and family therapy: Systemic and cognitive approaches*. New York: Guilford Press.

Donovan, J. M. (Ed.). 1999. *Short-term couple therapy*. New York: Guilford Press.

Gurman, A. S., & Jacobson, N. S. (Eds.). 2002. *Clinical handbook of couple therapy* (3rd ed.). New York: Guilford Press.

Lederer, W., & Jackson, D. 1968. *The mirages of marriage*. New York: Norton.

Minuchin, S., & Nichols, M. P. 1993. *Family healing: Tales of hope and renewal from family therapy*. New York: The Free Press.

Nichols, M. P., & Minuchin, S. 1999. Short-term structural family therapy with couples. In J. M. Donovan (Ed.), *Short-term couple therapy*. New York: Guilford Press.

Nichols, M. P., & Schwartz, R. C. 2006. *Family therapy: Concepts and methods* (7th ed.). Boston: Allyn & Bacon.

第六章

一位激越性抑郁的成年女性

我在南美洲与一组有经验的治疗师团队一起进行教学和咨询工作。在这期间，我见到了45岁的埃琳娜和她的家庭。埃琳娜的丈夫路易斯(Luis)为她约见了治疗师。他说她坐立不安，情绪容易激越(agitated)，并且经常同他和孩子们对抗。治疗师在这次咨询之前已经见了他们夫妻三次，这三次咨询，路易斯和埃琳娜都是一起来接受治疗的。

我见这个家庭的一部分原因是为了教学工作坊，但治疗师告诉我，他遇到了困难，特别是在路易斯那里，路易斯倾向于控制会谈并坚持认为他妻子是病人。我邀请他们的孩子也一起来。16岁的玛丽亚(Maria)愿意来，而他们10岁的儿子卡洛斯(Carlos)并不愿意来，但经过一番思想斗争以后，他还是同意来了。

从治疗的角度来看，这次咨询的有趣性主要体现在：这不是一名治疗师和一个合作的家庭之间很顺畅的交谈，而更像是一场斗争。这个家庭中的成员坚持认为埃琳娜是个焦虑不安的女人，并且认为她应为家庭的冲突负责。我坚持认为，他们的观点太狭隘了，我的观点能帮助他们更好地相处。在这场激烈的争辩中，我不止一次迷失了方向，但我认为这种"迷失后的舞蹈"(ensuing dance)是有益的。

第一次会谈

当他们走进办公室时，埃琳娜——一位外貌讨喜的女性——带着迷人的微笑首先坐了下来。卡洛斯在她旁边坐下，然后是玛丽亚和路易斯。他们都穿上了他们最好的衣服。

第一步：拓展目前的主诉

路易斯：孩子们之所以同意来，是为了帮助妈妈。我们都很关心她。她非常紧张，每一件事都使她烦恼不堪。哪怕是为了很小的一件事情，她都可能同我或孩子争吵不休。

路易斯将他自己定义为家庭的发言人。

埃琳娜：我很紧张。我看过医生，医生给我开了一些药丸，那些药丸对我有一点点帮助，但我在工作时仍然感到压力很大。我每天在办公室工作 7 个小时，每一件事都需要马上就做，连喘气的时间都没有。我回到家有更多的事情。孩子们有很多需要，我必须一一给予回应，否则，整个家就一片混乱。

埃琳娜一开始发言就将自己定义为病人，争着要确切地描述她的病带给家庭的问题。她的语速很快，几乎没有停顿，我不知道这是地区性的特征还是因为焦虑。于是，我开始从这一特征进行干预。

米纽庆医生：对不起。我的西班牙语还可以，我生长在阿根廷，但是我们那儿说话的速度在某种程度上要慢一些。你能不能帮个忙，和我说话时慢一点儿？

在治疗刚开始的时候，我经常挑战被认定的病人的行为，并以此作为我评估的一部分。这是她唯一的方式吗？她的可塑性如何？我是主动做这些的，我的评论并不意味着对峙。像大多数临床医生一样，我在评论时会显示出好奇和感兴趣。所以，在这一个案中，我请埃琳娜改变她说话的方式，这个要求是以我的需要而不是对她的挑战来提出的。她并没有停止说话，但微笑着，而且语速有所放缓。

埃琳娜：我处于连续运动的状态，就好像在高速旅行。

尽管谈话内容还是继续了她先前的描述，但她说话的方式显示出弹性和愿意合作的意愿。此时，我请求她允许我和她的孩子们谈谈，她当然同意了。我说话时慢慢的，营造出更加放松的气氛。玛丽亚首先做出回应。

玛丽亚：她总是心烦意乱，我做的任何一件小事都会让她烦恼。我们之间的关系总是很紧张。

卡洛斯：她并不一定会烦我。

埃琳娜回应玛丽亚的评论。她说，的确如此，她确实会因为玛丽亚所做的小事烦恼。

埃琳娜：玛丽亚不把她的衣服挂起来，而是扔在地板或椅子上。这已经成了她的一种生活方式。她知道这样做会使我烦恼，但她还是这样做。

母女之间的交流使叙述从埃琳娜内在的病理症状（pathology）中移开，并转向一位母亲和一个处于青春期的女儿之间的正常冲突。我的干预方向是继续聚焦于人际关系的过程上。

米纽庆医生（对玛丽亚）：你认为你妈妈这样对你不公平吗？

玛丽亚：她总是心烦意乱。我即使不做任何事情，她也会烦恼不堪。

我现在所看到的是一种不断重复的家庭模式，我会将其当作我评估的一部分追踪下去。我将我们的视线从对症状（“我很焦虑”）的内心描述转向对人际交流的关注（“当我的女儿把她的衣服扔在椅子上时我会烦恼，即使她知道我不喜欢，她还是这样做”）。但我还没开始评论，路易斯就说话了，他附和着玛丽亚的话。

路易斯：她一到家就开始心烦，她会无缘无故地心烦。

我伸出手做出“停止”的手势，我经常用非语言的手势打断叙述。即使在会谈的早期，我也经常使用“停止”的手势，我知道这个特别的“停止”信号具备更多的能量。我已经被路易斯弄得不耐烦了，尽管我可以接纳这种情绪，但它的确会影响我回应他的方式。

米纽庆医生（对路易斯）：路易斯，假如你允许的话，我想探讨一下孩子们所体验到的与他们的妈妈相处的方式。（对玛丽亚）你能告诉我一件最近发生的事吗？

将家庭成员之间的联结(coalitions)视为维持症状的过程的一部分，这是结构式治疗的特点。每当我观察这个过程时，我都会思考用什么方法来挑战或调整我所认为的紊乱的模式。

玛丽亚：好的。比如，我在听收音机里的音乐时，我妈妈就会认为音乐声太大了，但实际上声音并不大。

埃琳娜：声音非常大，只是你感觉不到声音有多大而已。

米纽庆医生(对玛丽亚)：那你又是怎么做的?

玛丽亚：我把声音调低，但她还是不满意。

埃琳娜：她听的音乐大多数是噪声。

为了让埃琳娜能够与其家庭成员达成共识，我放慢了会谈的步伐，并利用我的加入来支持她。

米纽庆医生(转向卡洛斯)：你与你妈妈相处得怎么样?

卡洛斯：当我要出去和朋友们玩时，她就会心烦。(泪水涌出，卡洛斯开始哭起来。路易斯站起来，担忧地朝玛丽亚做手势示意她过来。他坐在卡洛斯旁边并轻轻地拍着卡洛斯的腿，卡洛斯依然继续哭。)

米纽庆医生(对路易斯)：路易斯，请你回到你的座位上。(路易斯照做了。)

米纽庆医生(对埃琳娜)：路易斯看起来要保护卡洛斯免受你的伤害。

米纽庆医生(对路易斯)：假如卡洛斯与他的妈妈之间有问题，那么让他们共同解决比较好。

也许这时我没有必要与路易斯发生观点对峙；与其嘲讽他，可能还不如探讨他保护儿子的感受。但我感到路易斯坚持认为埃琳娜病了是对我的治疗目标的一个挑战。不幸的是，我情绪化地卷入了对所认定的病人的营救，而这样可能会影响我治疗的效果。

米纽庆医生(对埃琳娜)：在这一点上，你需要路易斯的帮助吗?

埃琳娜：因为我的病，因为我如此紧张，他参与得太快了。我有时需要他干预，但并不总是这样。

我加入埃琳娜，但这只是反对路易斯的联盟的一部分。我叫她去安慰卡洛斯，她照做了，而且很温柔。她帮他脱掉上衣，并且温和地与他说话。靠近卡洛斯坐着的玛丽亚也不时帮妈妈安慰卡洛斯。卡洛斯慢慢安静下来。

米纽庆医生： 假如卡洛斯感到需要爸爸的保护才能免受妈妈的伤害，那就太遗憾了。

到这时，埃琳娜已经相当放松了。她言语里的焦虑不安消失了，而且语速也慢多了。不过，路易斯则因我挑战他的权威而显得很生气。我们的联结（juncture）存在困难。我对路易斯坚持认为事情无法改变而感到生气，并且我一直在保护埃琳娜。我像在扮演一名交通警察一样，阻止路易斯对孩子们的保护，因为这种保护使埃琳娜觉得自己毫无用处，但在这个过程中我疏远了他。

治疗师需要注意黄灯信号，小心地看看我们在做些什么。我知道，必须挑战路易斯对他妻子的看法和他对症状的支持，但我意识到，我已经惹恼了路易斯。他一直在干扰我的“工作”，我的回应把我们卷入了一场权力的斗争中。

米纽庆医生（继续对玛丽亚）： 当你和妈妈争吵时，爸爸会站在你这一边予以干涉吗？

玛丽亚： 是的。

米纽庆医生： 那就是说，没有一件事是只在你们两个之间发生的；也就是说，你们之间所有的事情都有第三者的参与？

玛丽亚： 是啊，假如是妈妈的不对，爸爸需要为我辩护，因为我说服不了她。

米纽庆医生： 那是个问题，因为这样的话，你永远也不可能学会如何与你妈妈协商。

（这时候，路易斯碰了碰玛丽亚的肩膀，并提醒她她和她妈妈之间发生的一些事情。)

米纽庆医生(对路易斯): 我正试着努力去理解玛丽亚，看起来她是个非常聪明的姑娘。假如你允许的话，我想继续和她谈一谈。(对玛丽亚)假如你和你妈妈单独在一起，你会怎样解决问题?

此时，治疗系统在重复着对家庭动力学的使用。路易斯试图从我的挑战中搭救玛丽亚，而我则回击了他。我已经站在了埃琳娜或者孩子们的位置上和路易斯面对面，这当然是没用的。因为这使我成为这幕家庭剧的一名参与者，剥夺了我成为客观评论者的机会。

玛丽亚: 我不能做任何事，她永远不觉得我所做的事是对的。她生气时就走进自己的房间并把门关上，我想她是在哭。

米纽庆医生: 你什么时候需要你爸爸来干预?

玛丽亚: 当妈妈打我的时候，爸爸就会走进来抓住她的手，不让她打我。

在这段控诉之后的沉默里，他们中的每一个人似乎都在以自己的方式思考这一暴力时刻。

米纽庆医生(对埃琳娜): 当路易斯抓住你的手时，你有什么感觉?

埃琳娜: 我非常紧张，我不能控制我自己。我不想打她，但是我控制不了自己。

米纽庆医生: 所以你需要路易斯来控制你?

埃琳娜: 是的，我需要他来控制我。

我叫埃琳娜把椅子搬离其他家庭成员。我经常使用空间，以作为距离的隐喻。搬椅子的动作是形象的，并且他们理解我在强调亲密度、距离或家庭内特定的组合。

米纽庆医生(对其他人): 因此你们有一个“只有”父亲而“没有”母亲的家庭。

路易斯：并不是孩子们没有母亲，而是当她离开办公室回到家时，她就已经心烦意乱了。

……………………………………

路易斯又再次坚持：这是她的问题。我们又重新回到了起点(square one)。每个人都同意问题出在埃琳娜身上。

……………………………………

路易斯：孩子们对她的情绪都很敏感。他们知道她有病并且都试图帮助她。

米纽庆医生(对埃琳娜)：他们是怎样帮助你的？

埃琳娜：卡洛斯非常敏感，也很富有感情。当他看到我极度激动时，就会走过来和我交谈，想方设法安慰我。

……………………………………

卡洛斯又哭起来。我当然注意到卡洛斯正陷入困境并且需要关注，但在任何特定的时刻，治疗都是有选择性的，我现在聚焦的是另一个不同的问题。我试着引导他们产生一种不确定性，每次当我呈现一种人际的视角时，个案家庭就将我拉回到他们现在所坚持的观点上。这并不少见，当治疗师和家庭成员因为他们的分歧而争辩时，整个治疗过程通常会像拉锯战(a see-saw)一样。

……………………………………

米纽庆医生(对埃琳娜)：为了帮助孩子们正常地成长，你将会做些什么？卡洛斯认为，他需要成为你的“护士”，他现在无法再像一个孩子那样生活了，你的悲伤太有感染力了。为了帮助他，你能做些什么？

……………………………………

我在推进，这是拉锯战中我需要做的部分。我在试着用埃琳娜对孩子负责的母性的感受作为变化的动力。

……………………………………

路易斯：她变得歇斯底里，不能自我控制。我需要保护孩子们。

……………………………………

路易斯又在往回推：这是拉锯战中他所做的那一部分。

……………………………………

米纽庆医生(对埃琳娜)：是你在控制你的神经，还是你的神经在控制你？你能否出于对孩子的爱而对自己加以控制？

……………………………

这时我在试着使用一种不同的方法。

……………………………

埃琳娜：我的神经在控制我。

……………………………

这是埃琳娜在拉锯战中所做的那一部分。

……………………………

米纽庆医生（对路易斯）：你能不能想象出这样一种情况，你既能控制事情的发展，又能帮助埃琳娜保持冷静？

路易斯：同样的斗争已经持续了7年。我觉得你无法理解我们有多么痛苦。她烦恼不堪，大声叫喊，并且辱骂我和孩子们，我必须保护我的孩子们。

……………………………

我与埃琳娜结成了联盟，并且无法加入路易斯，结果造成了僵局。路易斯继续挑战我，而卡洛斯则继续默默地哭泣。

……………………………

米纽庆医生：在过去的7年里，你一定在某些情况下成功过。埃琳娜记不起这些情况了，我想看看你是否有办法。如果埃琳娜感到只有你才能帮助她控制她自己，那么最终将不会出现任何变化。

路易斯：她不能控制她自己。当她心烦时，她就走进房间关上门哭。

……………………………

我们仍在拉锯。但这一次我终于能够撇开我自己并用不同的方法接近路易斯了。

……………………………

米纽庆医生（对路易斯）：路易斯，我认为你需要我的帮助。

路易斯：是的，我需要。

米纽庆医生：我在试图找到另外的方法。你和埃琳娜都看不到希望。我仍然在尝试，可你们四个人是一致的，也许最终你们能说服我。

埃琳娜：当我紧张时，我需要被控制。我不能使自己平静下来。

……………………………

我感觉我在埃琳娜这里陷入了困境，她反复声称自己是病人。我站起来，并要求埃琳娜也这样做，她和我一起走过去靠近卡洛斯站着。我不知道我为什么站起来。也许移动位置反映了我的无能为力，想做某些事的需要转化成了动能(kinetic energy)。我转向埃琳娜。

米纽庆医生：当你和卡洛斯发生争论并想避免这些争论时，你做了些什么？

埃琳娜：离开那儿。我会走开，我会不停地哭，但我不能使自己平静下来，我会生气。

米纽庆医生：和谁生气？

埃琳娜：先和卡洛斯，再和路易斯。

米纽庆医生：假如是与玛丽亚争辩呢？

埃琳娜：一样。我会先和玛丽亚生气，再和路易斯生气。但是假如我开始是和路易斯生气，那么接着我就会转向玛丽亚或卡洛斯。

米纽庆医生：没有界限吗？

埃琳娜：没有。

我们已经站着谈了两三分钟。我们已经成为情感上亲近的子系统，家庭的其他成员则成了观众。我们重新坐到椅子上。在我们的谈话中，埃琳娜相当投入，并没有离题，她说话的节奏放慢了，而且能够自控。

这是这次会谈里的一个好时机，甚至可以说是取得了一个小小的胜利。第一步，即对症状的挑战已经成功。埃琳娜看起来平静了。她加速的行为减慢了，由此显露出促成她激越不安的人际交往因素。这种改变一部分是她和治疗师合作的结果，另一部分是因为我在会谈中将焦点引到成年人对他们的孩子所怀有的爱和负有的责任上，这样做可以帮助夫妻双方削弱他们为日常琐事而时常争执的苦恼，以及路易斯责备埃琳娜患病的自动化趋势。现在该转到评估的下一步了。

第二步：着重探索维持问题的互动

米纽庆医生(对埃琳娜)：试着和卡洛斯谈一谈，看看你是否有办法帮到他，或者让他帮到你。

埃琳娜：他还太小，无法理解。

玛丽亚(进来给予帮助)：当你停止工作时你会更放松些。

埃琳娜：是的，确实如此。我在家里待了一周，请了病假。

米纽庆医生：那你有时间出去吗？你会去看电影吗？你会偶尔和路易斯一块出去吗？

埃琳娜：周末我们会去森林远足。

米纽庆医生：去多久？

埃琳娜：三四个小时，有时一整天。

米纽庆医生：你们远足时会做什么？

埃琳娜：我们边走边谈。

路易斯：她非常健谈，而且兴趣盎然。她喜欢散步，我也喜欢和她一起散步。那时她很放松，我们俩都很放松。

经过 40 分钟的“黑暗时刻”，终于出现了光明！突然间我们获得了与先前的故事完全不一致的信息。

米纽庆医生（迷惑不解地）：我感到困惑。有些情况下，你会觉得轻松，是你与路易斯单独在一起的时候吗？

埃琳娜：是的，我喜欢和他一起散步，很放松。有时天气不错，我们会在外面待一整天。

米纽庆医生：你没感觉厌烦吗？

我继续着被我称作“治疗的困惑”的谈话，并邀请家庭成员来指导我。

路易斯：不会厌烦！有时会待在外面，去我们喜欢的餐厅吃饭。

我继续延伸谈话，询问他们远足的一些细节，然后转向埃琳娜。

米纽庆医生：你告诉过我，这些时光是不存在的。

埃琳娜：我忘记了。

看起来她重新找回了记忆，她告诉我，有时她和丈夫同朋友一起外出，有时也带孩子们一起去，他们玩得很开心。

路易斯：她喜欢远足，我也喜欢，而且远足有很特别的优点，你可以一边欣赏大自然一边行走，时间在不知不觉中就过去了。

……………………………

他的声音很友好，这还是第一次，而且他成了我们乐观谈话的一部分。

……………………………

米纽庆医生：我现在感觉有希望多了。你们所有人开始时都说埃琳娜是疯狂的，或其他类似的什么，但现在你们说，你们确实有过宁静愉快的时光，而且所有这些都与路易斯和孩子们有关。

埃琳娜：有时我们会去海边玩，而且都非常开心。

……………………………

埃琳娜在放大正常状态(normalcy)的时刻，卡洛斯和玛丽亚开始开玩笑，说他们没办法教会妈妈游泳。气氛发生了改变，每一个人包括我自己都感到愉快。虽然没有重大的事情发生，但是愉快就像先前的紧张一样，借助叙述而得以扩展。

现在，埃琳娜谈起了她在办公室的工作。她们办公室里还有另外7名雇员，工作任务非常多，因此她们之间不可能有任何形式的交谈。当埃琳娜说起这些时，她又转回到快速说话的模式。我拍拍她的肩膀，提醒她我听她讲话存在困难，然后她的语速才慢了下来。我问了一些问题，并关注某些细节。路易斯加入进来，谈起他在工厂做领班的工作。埃琳娜谈到自从过去一周她待在家里以来，事情有了改善，并且她感觉和玛丽亚亲密多了。这个时候，原来安静地坐在椅子上的孤零零的卡洛斯开始哭起来。埃琳娜转过去轻声地和卡洛斯说话，同时路易斯也加入进来帮助妻子。

……………………………

米纽庆医生：请帮助我了解卡洛斯现在为什么在哭。

埃琳娜：他对我的痛苦非常敏感。他非常爱我，他感受到了我的苦楚。

……………………………

我很想将焦点集中到卡洛斯身上，但我认为这样做会把我们带回对病状的探讨中，而不能继续观察埃琳娜有成效的行为。

……………………………

米纽庆医生：你有没有注意到你说话的语速变慢了？

埃琳娜：是的，我注意到了。

米纽庆医生：那是因为在这一刻，你没有把注意力放在自己身上，而是放在卡洛斯身上。我在寻找你有不同表现的时刻。

我就像一名照顾者那样把注意力集中在埃琳娜身上，关注着她积极的方面。这个家庭对埃琳娜这些有能力的时刻视而不见，却特别强调埃琳娜的激越不安。

路易斯：我现在看见了，但是你没看到在家中从能够自控到彻底“刹不住车”的埃琳娜。

强调积极因素对路易斯来说简直太困难了，他又回到了最初的起点。

米纽庆医生(对埃琳娜)：路易斯不想忘记你的病。

埃琳娜：我已经学会把自己看成病人，因为他们每个人都告诉我，说我是病人。我将自己视为神经质的人。

这是一个新的描述。实际上，埃琳娜指出，是她的家庭给她贴上了病人的标签：“他们每个人都告诉我，说我是病人。”这一说法似乎可以作为第二步的总结，我们在第二步中发现了是家庭在维持埃琳娜的症状。

路易斯：孩子们也受到了影响。他们看到了埃琳娜对待我的方式。她经常满口脏话，朝我大声喊叫。前几天，她因为一条项链同玛丽亚争吵，我不得不干涉，因为她已经失控了。

埃琳娜开始回应我坚持认为她不是个病人的观点，但路易斯仍坚持他的看法，贬低埃琳娜并支持玛丽亚反抗她妈妈。

路易斯：她同我和孩子们之间充满了火药味。

米纽庆医生：你曾经激怒过她吗？

路易斯：没有，事情总是由她开始，她攻击我。（他的姿态表明埃琳娜令人难以忍受。）

现在又返回到了埃琳娜的病状这个焦点上，不过，我现在知道了对埃琳娜的直接支持将挑战路易斯。我通过与孩子们交谈来避免这一点。通过让他们描述父母的冲突，我指定他们充当观察者的角色。这种方式有可能淡化配偶之间的敌意，并让他们看到他们两个一起给孩子们造成的痛苦。

米纽庆医生(对孩子们)：你们经常看到爸爸妈妈吵架吗?

玛丽亚：是的，当然。他们声音很大，互相喊叫。有一次我妈妈抓住我爸爸的衬衣并撕破了他的衬衣，但他们没有打到对方。

米纽庆医生(对孩子们)：那你们怎么办?

玛丽亚：我们什么也不能做，我们只能看着他们争吵。

卡洛斯：我想把他们分开，但我什么也做不了。他们对我说这不关我的事。

卡洛斯又开始哭，埃琳娜挪动位置靠近他。我觉得她这样做很重要，也很有用。我们的焦点正在从埃琳娜的症状上移开，而去处理互动中的问题。很明显，配偶之间存在的一种模式同样也影响到了孩子。

路易斯：埃琳娜开始侮辱我，我试着安慰她。

当人们陷入冲突的时候，常常会出现一些异乎寻常的重复言行。路易斯很可能以为他正在说一件新的事情，或者也许他认为他需要再重复一遍，以便使我支持“埃琳娜是错误的”这一观点。他碰了碰埃琳娜的肩膀，并叫她谈谈上周发生的一件事，但被我用手势打断了。

米纽庆医生：路易斯，你需要我帮助你吗?

路易斯：当然需要。

米纽庆医生：但你现在这样的做法并不能起到任何帮助作用。

路易斯：她对玛丽亚大声吼叫。

米纽庆医生：我正在谈论你是怎样让玛丽亚站在你这一边，从而使她反抗她妈妈的。你为她制造了一个问题——一种无法处理的情况。

米纽庆医生(对埃琳娜)：这种情况也发生在卡洛斯身上。他必须决定应该对谁更忠诚，他会感到痛苦。假如孩子们陷入这样的境地，将会是对他们的毁灭。他们会感觉你们是在打仗，你们在争夺他们的忠诚。

路易斯： 不是我们在打仗，是埃琳娜在和每个人打仗。她对孩子们发怒，我需要保护他们。

………………………………

焦点发生了变化。我们在处理孩子们的问题，他们和“战争”中的父母构成了三角关系。埃琳娜平静下来，她成了“辅助治疗师”。她对我们正在探讨的问题饶有兴趣，而且也非常担心孩子们。但路易斯则认为我站在他妻子那一边帮她，他很生气。

我经常运用不平衡(unbalancing)的方法，通常会有治疗效果，但是在这对夫妻身上使用不平衡的方法却导致路易斯感觉受到了责备。假如我能重新做这次访谈，我应该在挑战路易斯之前先试着和他合作。他确信埃琳娜是问题所在，正是他的这种确信使我误入歧途，而且我的回应在他看来并不公平。我并没有成为他的同盟者，也没有和他一起去寻找新的考虑问题的方式，而是成为他的一名对手告诉他他是错的。但在这次会谈接近尾声时，我在和路易斯建立关系方面取得了一些进步。

………………………………

米纽庆医生(对埃琳娜)： 每一个人，包括你在内，来到这里的时候都认为你存在某种程度的疯狂，但在这几个小时里你们发生了改变。(对路易斯)你告诉过我，你们确实有过愉快的时光。

路易斯： 但她时不时地让人难以忍受。我要告诉你，我也时常会失去耐心，我也会发脾气。

米纽庆医生(对路易斯)： 我所看到的是你为了保持家庭正常运转，在做全职的“工作”。也许你不需要工作得这么辛苦。

………………………………

为了取得和路易斯的合作，我将他的干涉描述成父母对孩子的关心，而不是打扰。

………………………………

路易斯： 因为埃琳娜不管家庭事务，所以我不得不做。她依靠我，要求我必须接管。有时候，我认为她的紧张是逃避做事的一种方式，也是叫我接管家庭事务的一种方式。

米纽庆医生： 所以你认为她不是发疯了，而是懒惰?

路易斯(微笑)：是的，我想有那种可能。

米纽庆医生：路易斯，你在工厂是领班，但在家里你也做着全职“工作”。你有两份“工作”。你确信你能同时做好两份“工作”，而不感到劳累和生气吗?

路易斯：我不知道，有时我会怀疑这一点。

我继续把焦点放在路易斯身上，通过探讨家庭在他肩上的压力来“加入”他。

会谈已经接近尾声，我们预约三天内再见面，我建议埃琳娜做家庭作业。我拿出两张纸，指出明天她必须在通常会引起和孩子们争吵的情况下控制自己，并写下这些事件，而在后天，她可以随心所欲地发火，但也必须将这些事件记录下来。

我认为这种布置家庭作业的技术源于杰伊·黑利(Jay Haley)[1]，至少我是从他那里学来的。布置家庭作业的目的在于让病人为症状负责，帮助他成为一名使自己陷入麻烦的触发扳机的观察者。但比较普遍的情况是，病人在第二天并不会遵从建议，而只是放弃症状而已，当然并非所有的病人都会如此。

关于本次会谈的笔记

第一次会谈结束，家庭成员在一种新的构架内来看待自己的时候，通常会出现一些令人感觉不可思议的事情。我知道自己能感觉到那些不可思议的事情，并且也采取行动对埃琳娜予以保护，我曾经被路易斯激怒过，也关心过卡洛斯，还十分享受和玛丽亚联结的感觉。其中一些感受是引导(induction)的结果，这是被拽进来才能在家庭中起到某种影响作用的方式；还有一些可能是我以及我回应这些人的方式的缘故。同样，我认为他们每一个人用自己特殊的方式接纳了我和我的一些观点并使会谈出现了转机。我无法确切评估他们是怎样改变的，或者这样的改变将会持续多久，但下一次会谈或许能给我们一些启示。

第二次会谈

第二次会谈可以包含第三步和第四步，尽管那要取决于具体的情况，包括孩子的年龄等。假如孩子是青少年，我通常会邀请他们加入会谈，并在第四步中使他们成为积极的参与者。在见这个家庭的成员时，我还没有形成第四步的想法，所以这个个案没有按照顺序来叙述。

从他们进入第二次会谈的那一刻开始，他们看起来已经是一个不同于以前的家庭了。他们微笑着走进来，像我的老熟人那样和我打招呼。

玛丽亚先说话，说她很想来，因为她觉得上次的会谈很有趣。这个家庭的成员告诉我，他们回家后并没有讨论会谈的事情。路易斯不想和孩子们谈论，因为他认为上次会谈太辛苦了，特别是对卡洛斯来说，所以他不想令他们紧张。不过，埃琳娜带来了一个笔记本，里面有她关于家庭作业的一些记录。

第三步：结构化地集中探索过去

路易斯：事实上，埃琳娜已经有了改变。她变得更放松，而且她比我的情绪更稳定。我认为自己更容易激动了，而她……我不知道。

埃琳娜：我变得更放松，也许是药物产生了疗效。（*她翻开笔记本，继续和我谈论她的家庭作业。*）星期四那天，孩子们因为看电视的事发生了争吵。他们各自对不同的节目感兴趣，于是我说如果他们不能达成一致，我就关掉电视。然后我走开了，他们最终同意看同一个频道。

米纽庆医生：也就是说，孩子们改变了。

路易斯：不，是埃琳娜改变了。以前，争吵会逐步升级，但这次她控制住了自己。

埃琳娜：第二天，我没有发现值得争吵的情形，所以我空出了这一页。（她给我看她的笔记本里空白的一页。）

米纽庆医生（对路易斯）：我说过让你少做一点儿，她就可以多做一点儿。关于这一点，你们做得怎么样？

路易斯：我不记得你叫我那样做了，但我总是很担心孩子们，我不想让他们受伤害。

米纽庆医生（对埃琳娜）：路易斯一直是一个很负责任的人吗？我看他常常很警觉。

埃琳娜：是的，他总是很担心孩子们的安全。

米纽庆医生（对路易斯）：我看你有两份或者三份“工作”。

路易斯：我不认为如此。

米纽庆医生：这是我对你的看法。你关注细节，你像是一名消防员，总是在警觉着下次火灾的可能性。

路易斯：是的，这倒是真的。

我们现在无疑处在一个新的领域。我正以一种积极的语言来描述路易斯的行为。他是负责任的、高度警觉的，他的干预是对孩子们保护的一部分。他接受这些对他的描述。在前一次会谈里，我把他的行为表述为侵入和控制，但当我思考了“加入”路易斯的困难之后，我决定对他采取不同的方法。

路易斯：结婚以前我不是这样的，我喜欢简单处事。我有很多朋友，而且喜欢玩，但结婚以后，埃琳娜正患哮喘病，我必须照顾她，慢慢地，我变得适应她的需要了。后来她妈妈也病了，我也照顾她妈妈。

米纽庆医生：这样看来，你以前就在做这项“工作”了。你是一名天生的照顾者，我无法想象你是在结婚以后才开始如此的。

在我说话的时候，路易斯打着手势表示同意，但他在等待，迫不及待地要继续他的陈述。我打算给他机会，但首先我强调了我的理解：并不是一种挑战，而是邀请大家一起继续讨论。

米纽庆医生(继续)：我看你像一整支足球队。你担任守门员、边卫和中锋。你是从哪里学来这种方式的？

现在我们进行的是第三步。我已经注意到了配偶之间的互动，然后问他们是怎样学来这种方式的。路易斯担任了讲述者的角色，其他家庭成员则是他的听众。

路易斯：我来自一个大家庭。我们家很穷，家里有五个孩子。我们住在农场里，我的母亲为我们奉献了自己的一切，她总是在工作。我的父亲年纪大一些，他是体力劳动者，后来不能工作了。当我哥哥需要去一个大的城镇读中学时，为了帮助家庭，我不得不终止学业去工作。我一直没有上完语法学校。我是家里的第二个儿子，下面还有三个弟弟，我需要帮助他们。

米纽庆医生：所以你很小就学会了做一名照顾者。

路易斯：是生活教给我的。我需要去帮助家人。

米纽庆医生：为什么是你呢？为什么不是你大哥？

路易斯：我不知道。这是我生活中错过的事情之一。我的许多朋友都去学习了，现在他们都是专业人员。我的母亲希望我们都去学习，但是我们太穷了，需要有人付出，这个人就是我。

米纽庆医生(对埃琳娜和孩子们)：他在他的家庭里被选定为要承担责任的人。

房间里，大家都在静静地聆听，就好像这个家庭的成员围坐在篝火旁听故事。即使很可能大家都知道了故事的内容，但路易斯的叙述中仍充满骄傲的色彩，家庭成员们都享受着这种状态。

• • • 第四步：探索相关的改变方式

米纽庆医生：所以结婚以后你又承担了另外一种责任。

路易斯：埃琳娜回避冲突，当她妈妈生病的时候，我不得不接过这副担子。

米纽庆医生：我现在能明白让你少做一点儿或者让你放手会有多困难了。你是被捆绑成这样的。

路易斯：基本上是你所说的那样。(他转向埃琳娜)一有问题，你就让我去处理。你逃避压力，不管它，于是我来接管。甚至是你妈妈的事……我们每周都去看望她，因为她病了，但你却不愿意去看望我的妈妈。

米纽庆医生(对夫妻二人)：这与我三天前所见到的你们一家不同。请帮我了解其中的变化。

路易斯：埃琳娜改变了，变得更平静了。

埃琳娜(显得轻松,且面带微笑)：这是真的。我能控制自己了。

米纽庆医生：这太不一样了。这是怎么发生的？你曾说过疾病控制了你。

路易斯：就是交谈，把事情讲出来而不是闷在心里。

米纽庆医生：我看到路易斯转变了。

埃琳娜：我不这样认为。我不觉得他做了什么帮助我平静下来的事情。

米纽庆医生(对路易斯)：我对你很感兴趣，路易斯，因为我看到了埃琳娜的转变。她已经从上一次会谈到这次会谈的过程中发生了改变。但是你能改变吗？你把世界看成一个有问题需要解决的地方，而且你是那个解决问题的人。

米纽庆医生(对埃琳娜)：路易斯被赋予了要负责任的第二份“工作”，而且他觉得这份“工作”不堪重负。

埃琳娜和路易斯(异口同声地赞同)：是的。他是(我是)这样的。

情境的构架出现了变化。就像处在品特(Pinter)的戏剧《仆人》的魔力之中，贴身男仆控制了他的主人，埃琳娜的问题现在看来是路易斯的好意和帮助模式的结果，这种模式是宿命的和毕生的。

米纽庆医生：你们看起来好像是为孩子们做了件好事，但有些事情出了问题，原因却在你们俩身上。你们看不到彼此之间是如何相互影响的。路易斯，我认为你并没有意识到你是怎样给埃琳娜制造紧张感的。

埃琳娜：事实上有些事情有时我能自己做，但我宁愿不做，因为我知道路易斯会去做。

米纽庆医生：所以是你让他来控制你的。

埃琳娜：是的，我不知道明天将会发生什么，但直到现在为止，我一直都是那样做的。

路易斯：我避免和她发生冲突，并且一直承担责任。

米纽庆医生（对埃琳娜）：帮助你的丈夫将成为你的工作。他的童年、他对母亲的爱和对家人的保护的需要构造了他这个人，他需要你帮助他慢下来。

路易斯：我从 12 岁开始就这样做了，现在我 47 岁了。

米纽庆医生（对埃琳娜）：改变对路易斯来说是困难的。你面临一项艰巨的任务，但他为了孩子已有了变化，所以也许他也能为你而改变。我要说句荒谬的话——路易斯通过承担责任这一简单的程序使你变得无能。

埃琳娜：我们像这样过了 18 年。

米纽庆医生：你想成为一个没用的人，而让路易斯包揽一切吗？

路易斯：我需要改变，我们都需要改变。我承受着巨大的压力，我知道我是一个领头人，我总是如此。我曾是我们那儿一个联盟的奠基人，我在这个联盟里工作了许多年。其中有一段被军事专制管制的时期，我差点儿被关进了监狱，当我意识到这个联盟占据了我的生活时，我停止了，辞职了。现在我的感觉就像那时一样，事情需要改变。

突然，我觉得我和路易斯联系在了一起。我有过和他类似的遭遇，我想和他分享这一点，但我控制住了自己。此时此刻，这样做并不合适。

米纽庆医生（对路易斯）：有必要继续做你妻子的领导吗？

路易斯：是的，因为她很懒。

在他给埃琳娜所贴的标签里，这是一个重要的变化。她不是疯狂的、紧张的或是缺乏自控的，而是她要求他接管，因为她懒惰。她的问题不是内心的而是人际的。

米纽庆医生（对路易斯）：你要知道，领导是需要追随者的，埃琳娜接受了她的角色，并对她的角色感到厌恶。

路易斯：我希望从承担责任中解脱出来。

路易斯的责任感由于过度而变成了症状，就像埃琳娜的激越不安一样，他们明白他们需要从两方面着手。我以与孩子们交谈的方式结束了整个会谈。今天我本来想让孩子们和父母谈谈，讲一讲他们所听到的以及这些对话对他们生活的影响，但是在这次会谈里，我转向和孩子们交谈他们所看到的。我解释了互补的概念，用简单的语句向卡洛斯做了描述，对玛丽亚则是用怎样选择合适的男友来为她构造这个概念，指出“当有人接管你时，他就会使你变得多余”。孩子们见证了父母之间重复的斗争。他们理解了功能过度与功能不足的意思，他们也基本能理解在这次会谈中发生了某些改变。

反思

我当时对埃琳娜和路易斯的改变感到很惊奇，直到现在仍然觉得惊奇。他们来寻求治疗时，好像正处于一个精疲力竭且准备改变的关键时期。看起来又好像是两次会谈时间较为接近和家庭成员知道第二次会谈后咨询就会结束所起的催化效应，因而加速了家庭成员改变的进程。在两次会谈期间，我回顾了我对路易斯的反应，并思考了在挑战他的应对技巧的狭隘性时应该怎样支持他。这是很有用的。通过第二次会谈，该家庭接纳了我的一些治疗理念，更多地使用了相互联系（mutuality）和联结（interconnection）的语言。

治疗构架

家庭组织

因为母亲的抑郁，这个家庭形成了特定的组织模式，这种模式类似于塑造所有家庭成员相互影响的“慢性疾病”的模式。试图提供帮助的父亲与孩子们结成联盟反抗母亲，而母亲则完全接受丈夫指派给她的病人角色。

对于有孩子的家庭来说，重要的是要记住父母和配偶是两个不同的子系统。当某一个子系统为冲突所困，另一个子系统或许能提供更大的可能性。在第二次会谈结束前，配偶双方都承认了他们的行为是关系的产物。埃琳娜意识到自己被路易斯的快速干涉所影响，而路易斯则认可他就像一名“领班”导致了埃琳娜的“懒惰”。

• • • 个体视角

路易斯被他母亲选定为家庭的照顾者，后来他变成了控制妻子的“帮凶”。虽然我没有深入探讨埃琳娜的过去，也没有了解她激越不安的源头，但是我以丈夫与妻子之间的关系模式为工具，引导她用另一种方式来看待自己，并促使她与其他家庭成员和睦相处。在这个个案中，我将焦点集中在视丈夫和妻子为一对互补的配偶上，而不是单独治疗某个人。

• • • 干预策略

当和这个家庭中的成员对话时，父亲的开场白是：“问题在于孩子的母亲，每件事都令她烦恼不堪。”母亲也表示同意：是我的问题。面对这样一种表述，治疗师需要考虑被认定的病人的问题可能是对家庭内相互压力的反应，并对此进行探索。经过简单的提示，埃琳娜揭示出并不是“每件事都令她紧张”，她只是一名被孩子们在地板上乱扔衣服和在家里把音乐声放得很大而弄得非常烦恼的母亲而已。当埃琳娜被孩子们惹得生气时，路易斯就会跳出来“救”他们，在这一过程中，他会将埃琳娜的烦恼而不是孩子们的行为定义为问题。

在有慢性疾病的患者的家庭里，治疗师通常会发现自己是在与家庭成员内部看待彼此的固有模式做斗争。在不断推进反对这一模式的过程中，我通常和有症状的家庭成员合作，并且重新定义其在家庭中的位置。这种策略有其内在的风险，因为不平衡(unbalancing)的行为有可能导致家庭成员联合起来反抗治疗师。在第一次会谈中，我和路易斯的权力斗争就是这种困境的一个例子。我是如此投入地展示埃琳娜的积极的一面而拒绝接受路易斯的任何干涉。

治疗师应该将与来访者的权力斗争视为一个要减慢速度的信号。这表明他与家庭过于密切，并已经卷入家庭的模式。路易斯为什么会加强防御？他在担心什么？当治疗师卷入斗争时，这些很重要的问题往往会被忽视。

共情(empathy)和面质(confrontation)之间未必不相容(incompatibility)，但是加入(joining)应该永远先于面质。假如不是，发起挑战也许会产生面对对抗的感觉。只有在足够加入的情况下，家庭成员才会感到面质是为了他们好。

幸运的是，我和路易斯对抗的关系在第二次会谈时发生了变化：首先，我将路易斯对孩子的过度保护重新构建(reframing)为关注；然后，探讨他担心的是什么以及他是如何变成如此关注他人的一个人的。一旦路易斯感觉到我在理解他的处境，他就会对他与埃琳娜关系的特征——僵化的互补性——的探讨变得更为开放。

• • • 技巧

正如我曾经说过的，为了使家庭成员感受到被充分理解，且能信任要求他们重新审视他们之间的互动关系的治疗师，加入是一个先决条件。一个寻求帮助的家庭就如同一个受了重伤的人。受伤的人在接受治疗之前需要有安全感，即感受到医生理解他们所受的伤以及由此带来的限制。同样地，家庭成员需要知道治疗师已经理解了他们正在做的事情是有原因的，理解他们也许会因为害怕把事情搞得更糟而对尝试一些不同的事情有些犹豫不定。

针对一个僵化的互补模式，如路易斯和埃琳娜之间的帮助(helpfulness)和无助(helplessness)，我们可以通过以下方式来对其进行挑战：“那样很有趣，他好像认为你……”或者说：“他越做 X，你就越做 Y；而你越做 Y，他就越做 X。”我们还可以通过探讨可能性(possibilities)和限制(constraints)来挑战僵化的角色。例如，当路易斯阻止埃琳娜去安慰卡洛斯时，我问埃琳娜："你需要他的帮助吗？"我也通过让她放慢说话速度的方式来测试她的弹性，我指出：当埃琳娜在照顾卡洛斯时，她变得更放松了。

在进行第二次会谈时，埃琳娜显示出明显的变化。她和其他家庭成员在一起时更平静、更放松。在妻子身上发生的变化使路易斯对咨询有更为积极的感觉。为了让路易斯相信埃琳娜的变化，我指出：假如他要妻子做得更多一些，他就必须做得更少一些。这一论断强调了他们关系的互补性，并提醒伴侣可以通过改变平衡中的某一半来帮助彼此互相改变。

这次咨询是在我们系统地提出我们模式的第四步之前做的：发展一种具有共享视角的途径去改变。增加这一步强调了将治疗作为一项合作性事业的重要性。如果评估(assessment)被视为治疗师所从事的某项工作，那治疗(therapy)便意味着是在家庭成员身上施行手术。但是，因为只有家庭成员本身才能真正地改变他们的所作所为，所以有价值的评估必须包含那些家庭成员认为必须改变的问题。在这个个案中，我不断地与路易斯和埃琳娜分享我对他们的互补性的评估，直到他们也看到了这一点为止。当路易斯最后说出"我需要改变，我们都需要改变"时，显然他与埃琳娜两个人都和治疗师一起看到了这种互补性，正是这种互补促使他成为过度负责的人，且将她限定为毫无用处的伴侣角色。当然，治疗还有很多的工作要做，这只是个开始。

注释：

1. Haley, J. 1963. *Strategies of Psychotherapy*. New York: Grune & Stratton.

第七章

手总是很“脏”的妇女[1]

拉莫斯(Ramos)一家像镜子一样映射出上一个个案中的家庭，恰似一对书立(bookends)中的另一个。在本部分的两个个案中，都是妻子有症状，而且两个家庭都坚持认为问题仅仅出在指定的病人身上。

在这两次的顾问咨询中，我运用我对互补性的理解来指导我的干预，将焦点集中在丈夫是症状的同谋这一论断上，并使他成为将新奇和康复引入系统中的人。但是作为一名顾问咨询师，我在这两个家庭中所扮演的角色是截然不同的。我曾在先前的个案里描述过家庭引导我进入他们系统的力量，但在拉莫斯一家这个个案中，我扮演的是疏离和中立(detached and neutral)的临床医师的角色。

连续阅读这两个家庭治疗的记述，或许能引发对治疗性加入艺术(the art of therapeutic joining)的反思。我在《家庭治疗的技巧》[2]一书中写道："在加入的过程中，治疗师成为家庭剧中的一名演员……他的功能既像导演，又像演员……他必须充分地使自己适应家庭的结构以便能进入家庭。但是他也必须保持干预的自由来挑战家庭的结构，促使家庭成员适应他，并朝着治疗的目标前进。"

以下是我与拉莫斯一家会谈的过程，这两次会谈是治疗师在加入一个家庭与挑战这个家庭对症状的构筑之间互动(inter-play)的一个很好的例子。

他们一家被推荐来找我是因为拉莫斯太太的强迫性洗手问题，那时我正在西班牙。拉莫斯先生在一家化工厂里当工人，拉莫斯太太是家庭主妇，两个人都快50岁了。他们有三个孩子：11岁的萨拉、13岁的托马斯(Tomas)和18岁的胡安(Juan)。胡安和他父亲在同一家工厂里工作。

拉莫斯太太描述她的生活被强烈的厌恶(revulsion)情绪所控制。不管什么时候，只要她碰到脏的东西，她都会感到恶心、心悸和出汗，直到她擦洗干净她的双手，这些症状才会消失。

第一次会谈

我走进房间时，拉莫斯一家围坐成半圆形，孩子们坐在父母中间。萨拉坐在她妈妈旁边，她妈妈显得无助和温顺。我一开始就让拉莫斯太太将她的手给我看。拉莫斯太太的双手因为反复擦洗而呈红色，还擦掉了皮。我仔细地检查但没有触碰她的手。孩子们——萨拉、托马斯和胡安——以及拉莫斯先生，都在听拉莫斯太太讲述当她或家里其他任何人接触到任何脏东西时，她所遭受的可怕的焦虑。

第一步：拓展目前的主诉

拉莫斯先生(开始会谈)： 我妻子有强迫观念(obsession)，我想应该叫作强迫行为(compulsion)。她似乎永远都觉得自己的手不干净，任何时候，只要她接触了她认为脏的东西，她就要洗手。所谓的脏东西甚至有可能就是她自己刚刚洗过的杯子。(他说得很快，好像怕被打断似的。)我们也需要通过她的检查。当我们下班回来，胡安和我必须脱鞋换衣；而萨拉和托马斯放学回来，必须洗手并让我妻子检查，她常常会让他们重洗，直到她认为确实干净了才罢休。她患这种病已有多年，整个家庭生活就如同地狱一般。

米纽庆医生(对拉莫斯太太)： 我不理解。你的丈夫说当他们①清洗干净时你才能放松，拉莫斯太太，发生了什么事吗？

拉莫斯太太： 是的，无论什么时候，一旦我接触了脏的东西，就开始出汗，我会觉得恶心，而且我还会感到心悸。有时候，我甚至觉得自己快要昏倒了，我需要反反复复地清洗自己，直到焦虑消失为止。

米纽庆医生： 那很有趣。我曾见过有类似问题的人，但是他们的焦虑会随着家庭其他成员洗手而减轻，你这种情况我还是第一次听说。这非常有趣。

我站起来走向她的椅子，我的双手紧握在背后，我叫拉莫斯太太伸出她的手给我看。

① 这里所说的“他们”，可能既包括拉莫斯先生和三个孩子，也包括它们，也就是前面所说的脏东西。——译者注

米纽庆医生：你能把手翻转过来以便我能看到你的手掌吗？（拉莫斯太太照做了。）你能把它再翻过去吗？你能握成一个拳头吗？

……………………………………

我感觉我在模仿琼·查科(Jean Charcot)，他是19世纪法国伟大的精神病学家。这种强迫症能延伸多远？家庭的全部生活都被洗手控制了吗？为什么其他家庭成员不反抗这种荒谬的局面？

……………………………………

米纽庆医生：你有过手指发麻(pins and needles)的经历吗？

拉莫斯太太：有过，但不经常有。

……………………………………

我检查了几分钟，拉莫斯太太看起来被我全面的探索打消了疑虑。我坐下来，并叫萨拉站到我面前来。

……………………………………

米纽庆医生：萨拉，能给我看看你的手吗？

……………………………………

她伸出双手，我请求她允许我触摸她的手。

……………………………………

萨拉：好的，可以。

……………………………………

我仔细检查了她的手，前前后后；她的手握成拳头，然后又松开。

……………………………………

米纽庆医生：当你的手变脏的时候，你会感到焦虑吗？

萨拉：不会，但我妈妈会感到焦虑。我洗手是为了让她感到好受些。有时候，我需要擦洗两到三次，她才能满意。

米纽庆医生(对托马斯和胡安)：这种情况在你们的手上发生过吗？

……………………………………

我接着叫托马斯和胡安走过来，并让他们伸出手给我看，我问了他们和萨拉相同的问题。他们两个都表达了对母亲病情的关心。

……………………………………

米纽庆医生：你的孩子们都非常棒，拉莫斯太太，他们对你充满了爱意和保护。

拉莫斯太太：是的，他们都很关心我。

通常，我会花相当多的时间倾听和询问有关症状的问题。我把过程放慢，以便在倾听的过程中寻找能够引入新奇的提问的时机。

拉莫斯太太： 我们不能再吃鸡蛋了，因为鸡蛋很脏。

米纽庆医生(看起来困惑不解地)： 为什么会那样呢？拉莫斯太太，那些鸡蛋怎么会变得很脏呢？

拉莫斯太太： 因为那些鸡蛋是从“那里”出来的。

米纽庆医生： 假如有人将鸡蛋壳剥掉呢？

拉莫斯太太： 噢！那它们就干净了。

米纽庆医生： 你买鸡时是不是不要鸡屁股？

拉莫斯太太： 是的，我只买鸡胸肉部分。

会谈中的这些片段对每一位治疗师来说都很熟悉。拉莫斯一家为根植于拉莫斯太太的顽固意识中的问题前来寻求帮助，我应该对他们的经历以及他们清晰地说出他们痛苦的方式表示关注和尊重。但同时，我也会注意他们叙述的内容，并对故事情节进行挑战，“拉莫斯太太强烈的厌恶感是怎样通过其他家庭成员洗手来得以消除的”以及“为什么鸡蛋是脏的”。

评估的第一步包括了好奇、尊重，以及挑战家庭成员对症状和症状携带者的关注。

这时候，我叫孩子们离开房间，以便能单独地与他们的父母交谈。

第二步：着重探索维持问题的互动

米纽庆医生： 你们会有性生活吗？

拉莫斯太太： 有时我认为我丈夫的性要求太频繁，有时我出于同情会在周六和他过性生活。他能触摸我的任何地方但不能触摸我的手，我的手是神圣的。

米纽庆医生： 为什么你不相信你的丈夫？

这是那些不害怕犯错误，想偶尔冒险的治疗师会提问的问题之一。

拉莫斯太太：我经常做梦，梦到我醒来后他就走了。

拉莫斯太太很快忘记了她的症状并开始谈论她与丈夫的关系，就像水龙头被扭转过来一样。

拉莫斯太太：他非常挑剔。我想让他高兴……但我不管说什么都是错的。当他朝我喊叫时，我就哭，孩子们就会过来安慰我……

我问她的女儿萨拉是否能保护她，拉莫斯太太点头称是，我让萨拉重新回到咨询室。

米纽庆医生：你妈妈告诉我，你很关心她。你能告诉我更多的事情吗？

萨拉：当我爸爸冲妈妈喊叫时，我会为她感到难过。

米纽庆医生：你会做什么来帮助她呢？

萨拉：她哭的时候我就抚摸她的头发，并亲吻她的额头，直到她平静下来为止。

我让另外两个孩子重新加入会谈中，他们讲述了保护母亲免受父亲批评的相似的故事。通常情况下，我会阻止这种形式的联盟——孩子保护母亲免受父亲的伤害，这是一种干涉配偶之间解决冲突的关系模式——只有在家庭暴力的情况下，这种关系模式才有其存在的必要。

此时此刻，拉莫斯太太的症状已经从舞台中央逐渐向后退，咨询又开始上演孩子卷入父母冲突这一令人熟悉的剧目。我鼓励拉莫斯太太挑战她丈夫的缺乏理解，并让孩子们听着。有一两次，我明确地阻止孩子们干扰父母的交谈，并告诉他们，他们对母亲的保护对父母双方都没有帮助。

拉莫斯太太（对她丈夫）：你总认为我是错的。即使我给你做了一道特殊的菜，你也会抱怨不够咸或不够辣，或者太咸太辣，要么就是肉煮得不够熟或者煮得过熟。

……………………………………

我靠着椅背坐着，听到拉莫斯太太第一次公开地谈起她的怨恨。

……………………………………

拉莫斯先生：那算不了什么，看看我为你做了什么。当我去工厂上班的时候，我要换衣服；下班回到家里，又要换衣服。你叫我洗手，要洗到你觉得我的手没有任何细菌才满意。我感觉我们就像生活在某个泡沫里面，受到保护，以免和任何其他东西接触。我接受这一切，因为我知道这不是你的错，这是一种病，我和孩子们都想帮助你。

拉莫斯太太：但你总是朝我大喊大叫，并且告诉我："你是错的。"

……………………………………

我倾听着这种戴着面纱的敌对和无助的道歉模式。几分钟后，我转向拉莫斯太太。

……………………………………

米纽庆医生：你的父母非常挑剔吗？

拉莫斯太太：是的，非常挑剔。我在家中被认为是最没有吸引力的。小的时候，我干活比我的姐妹们要努力得多，这样做是为了博得父母对我的爱，但他们总是更喜欢我的姐姐。

拉莫斯先生：她总是想方设法地帮助她家里的人，她去看望她生病的姑妈时我会陪她一起去。我告诉她，她做得太多了，而且他们并不领情。

……………………………………

当会谈将要结束的时候，我和拉莫斯先生一起做了总结。

……………………………………

米纽庆医生：这太好了，你刚才在支持你的太太。也许从现在到下次会谈之间，你还能找到更多的方式来这样做。我不了解她，但你一定能记得你追求她时的情形。（转向拉莫斯太太）我认为你不应该管孩子们的手。

米纽庆医生（对萨拉）：请你站到你母亲面前，告诉她，你的手属于你自己，你认为有必要的时候，你会去洗手的。

……………………………………

当萨拉那样做的时候，我对另外两个孩子提出了同样的要求。

在会谈结束时，我站起来和每个人握手。直到他们离开以后，我才想起来拉莫斯太太的手是神圣的，不允许任何人触摸它，我们两个都暂时忘记了她的症状。

在第二步中，我将焦点从拉莫斯太太是位病人转向探讨家庭其他成员和她的关系上；对于拉莫斯先生和拉莫斯太太之间的“双人舞”，则从探讨他们的性关系开始，再转向探讨丈夫的缺乏支持，然后继续探讨孩子们围绕母亲形成的保护性围墙的模式。

现在，我对这个家庭了解得更多一些了，并决定在下一次会谈中和这对夫妻单独见面。我准备导演一幕以罗曼蒂克的方式结尾的剧目，预订一打玫瑰花，让拉莫斯先生献给他的妻子——尽管我还远远不能确定这种场合是否会出现。

第二次会谈

当这对夫妻再次回到咨询室时，拉莫斯太太穿着节日的盛装。她的丈夫和她都描述了他们行为的变化。

第三步：结构化地集中探索过去

拉莫斯太太（开始）：你使我认识到我正在伤害我的孩子们，我决定将孩子们从我的需要中解脱出来。在过去的几天里，我无数次地感觉到他们很脏，这种感觉让我非常焦虑，但我认识到我需要控制自己，所以我没有要求他们做任何事。这非常困难，但我能明白他们对我的爱伤害了他们自己。

拉莫斯先生：我记不起我做了什么，但我知道我把更多的注意力放在了卡门（Carmen，即拉莫斯太太）身上，当我意识到我在批评她时，我会自行停止。

拉莫斯太太：的确是这样，他改变了对待我的方式，这一点是明确的。

米纽庆医生：也许我们三个人一起讨论便能发现你的症状产生的原因，但是我想从探讨你童年时代的某些事情开始。你似乎感觉自己没有任何权利，这是怎么发展起来的呢？

拉莫斯太太开始叙述她的故事，拉莫斯先生不时插话，引入他的记忆中有关她家庭的事情，但却总是以支持他妻子的方式来表达。

拉莫斯太太：我们生活在农场里，家里非常穷，生活很艰难。我记得我在很小的时候，为了能生活得与别人一样好，而变成家里最勤劳的孩子。

拉莫斯先生(打断)：她总是试图取悦每一个人，这就是她总是帮助她的父母和姐姐的原因。我试着告诉她她做得太多了，但她却说"这是我的家庭"。于是，我就只好闭嘴。

拉莫斯太太：我的母亲去年过世了。在她生病期间，我和我的姐妹们商量好轮流去医院照顾她，但她们都没来，她们总是有各种借口。我独自留下来陪伴母亲，在她去世之前的几个星期里，我夜以继日地照顾她。(在她开始哭泣时，拉莫斯先生温柔地安慰她。)在她过世的那个晚上，她变得狂躁不安，在床上疯狂扭动。所以我把她的手捆绑起来，因为护士为了防止她伤害自己也是这样做的。我为伤到她的手而感到内疚不已。

我们所了解到的拉莫斯太太的症状，其原因与她过去的经历有重要关联吗？也许有，但此时此刻，我却要想方设法地驱赶侵入拉莫斯太太和拉莫斯先生之间关系的过去的幽灵。

第四步：探索相关的改变方式

看到这对夫妻发生了积极的变化，也为了巩固这些积极的变化，我取来了早已预订好的玫瑰花。我拿着花返回，将它交给拉莫斯先生。拉莫斯先生准备将花献给拉莫斯太太，但我阻止了他。

米纽庆医生：为什么不晚一点儿给她呢？当你们单独在一起，而且气氛合适的时候。

在我们这次会谈接近尾声时，我提示拉莫斯太太，她之所以被自己的症状所控制，是因为她为了获得认可，经常比任何其他人更努力地工作。

米纽庆医生：拉莫斯太太，在你的家庭里，你学习了一些对你来说无用的东西。你只是为了获得认可，就成了按日雇用的女佣(charwoman)。你使我想起了灰姑娘辛德蕾拉(Cinderella)①。

(因为拉莫斯先生和他的太太两个人看起来都不知道这个童话故事，所以我继续讲述了这个故事。当我讲完以后，我叫拉莫斯太太脱掉鞋子，并把它们交给拉莫斯先生，以使他就像故事里说的那样将它们穿回到她的脚上。最后，我告诉拉莫斯太太，应该放松地去接受她的王子的爱。)

夫妻之间行为的互补性要求我们要考虑到伴侣两人的过去，并且对过去进行探索，要聚焦于对目前功能不良模式进行改变的那些方面。但是在拉莫斯一家的个案中，拉莫斯太太的症状如此具有戏剧性，并且持续了这么长时间，所以我将大多数的注意力放在了她的故事上，而只不过粗略地听了一下拉莫斯先生的故事。

选择灰姑娘的故事作为治疗这对夫妻的隐喻有点儿令人困惑。第一次会谈开始的时候，拉莫斯太太告诉我，她认为鞋子是脏的，家里的每一个人在进家门时都必须换鞋。我已经忘了她的故事，或者也许是这一记忆使我回想起灰姑娘的故事和她的水晶鞋。我确实不知道。

(拉莫斯太太笑了，拉莫斯先生也笑了。很显然，他们两个都被感动了。他们充满感激，拉莫斯太太毫不犹豫地握着我的手。这次她和我都意识到了这个动作的意义。这无疑是一篇结束“暴君专制”症状的“独立宣言”。)

* * *

① 格林童话《灰姑娘》中的女主人公，后来该故事被改编成电影《水晶鞋与玫瑰花》。——译者注

反思

我尝试着介绍在两次会谈后一个富有戏剧性的症状开始发生变化的过程。这个家庭是独特的，咨询访谈的过程也很独特。我以前从来没有为前来咨询的人买过玫瑰花。

需要补充的是，这是我十年前接触的一个个案，远在我们构思四步评估模式之前。但是，在我们现在的步骤中，所有重要的转折点都已经展现出来了。你可以认为对这个家庭的访谈为发展我们的模式奠定了一定的基础。

治疗构架

家庭组织

拉莫斯太太和拉莫斯先生陷入了一种复杂的被动攻击的互补关系中。拉莫斯太太通过强制性地要求一系列所谓“必需的”仪式来控制她的丈夫和孩子们，并以此减轻焦虑。拉莫斯先生虽然顺从拉莫斯太太的要求，却又批评和贬低拉莫斯太太。

作为轮番出现的两个联盟的成员，孩子们也同样陷入他们父母的冲突之中。当他们要接受和埋怨母亲荒谬的洗手要求时，他们就加入父亲；当他们要安慰和支持母亲反对父亲的批评和要求时，他们就加入母亲。

个体视角

拉莫斯太太是这个家庭剧里的主要角色，在她的成长过程中，她一直为得到她的家庭的认可而挣扎着。她确信自己毫无价值，因此在自我牺牲中追求认可，但并不成功。她的神经性症状却给予了她很多好处：她既能控制和表达攻击，又可以避免直接表达对他人不公平的怨恨时所存在的潜在的危险。

就像在父母罹患严重疾病的其他家庭中一样，孩子们的发展由于需要适应母亲的问题而受到阻碍。

关于拉莫斯先生我们能说点什么呢？我没有时间去探讨他过去的经历中发生的一些事情，这些事情使拉莫斯先生觉得他有资格批评妻子，而不是去挑战她的症状。可以说，拉莫斯太太只能利用生病来强迫丈夫对她予以同情。但是我们应该承认，在拉莫斯先生的天性里，存在着某些他一旦觉得有必要就会准备去理解的东西。这次咨询访谈的挑战就是帮助他看到妻子对温情的需要，而不应该等到她生病时才给予关怀。

干预策略

当一对夫妻中的一方是症状的携带者时，干预的策略常常会涉及“互补”(complementarity)的概念。当一对夫妻被看作一个单位(unit)而不是两个分离的个体时，干预就会指向令没有症状的配偶控制症状的方式，进而予以澄清。

在这个个案中，我主要探讨的是二元关系(dyadic)。当拉莫斯太太说她允许拉莫斯先生触摸除了她的手以外的任何部位时，我问她为什么不信任他。这一探究就使得个案从神秘地打着医学幌子的病例，变成更有可能被解决的夫妻冲突的问题。

因为知晓不易改变的冲突经常由于三角化的相互作用而不断发生，所以我问拉莫斯太太，在拉莫斯先生批评她的时候，她的孩子们是否会保护她。当我得到肯定回答时，整个情形就变得清晰起来了：从个体(拉莫斯太太将她的无助转变成武器)到二元关系(拉莫斯先生公然控制和拉莫斯太太被动反抗的互补模式)再到三元关系(triadic)(孩子们与母亲结成联盟反抗父亲的粗暴)的层面。

一旦这种三角化的模式被确立，干预的策略就很简单了：鼓励父母直接处理自己的冲突，而不让他们的孩子过度卷入。

··· 技巧

家庭症状几乎是恒定不变的述说使症状的威力得以继续保持。这就像儿童的故事一样，总是以同样的方式叙述。假如治疗师扩展这个故事，纳入其他人物，用各种方式引入新颖的事物，那么症状的自动化(automaticity)就受到了挑战。拉莫斯太太的症状由于日复一日、年复一年的重复而被强化了。我对细节进行了详细的探讨，这使我能有效地帮助家庭成员摆脱症状的控制。

与以前的个案所不同的是，我之所以能更成功地挑战互补性，是通过提问的方式而不是通过批评来实现的。我对被指定的病人的症状波及整个家庭的状况表示好奇。我可以借助好奇提出疑问，也可以借此邀请家庭成员一起参加对谜题的破解，而不是让他们对察觉到的攻击进行防御。

我的挑战在一开始是难以被察觉的："我曾经见过许多类似的个案，但这是第一次看到……"当我叫每个孩子把手伸给我看时，我对细节进行了探索："鸡蛋脏吗？性干净吗？"伴随着带有惊奇、感叹语气的重复性提问，我开始对症状的现实性进行了挑战。

我总是针对不同的子系统工作。我从整个家庭着手，但当我开始挑战孩子们对夫妻冲突的侵入时，我让孩子们离开；当变化的过程需要他们重新参与时，再叫他们返回。

这个个案如同我所有的其他咨询一样，是基于人与人之间是彼此相互构建的这一信念而存在的。因此，拉莫斯太太的症状被假定为她与丈夫之间交流的一部分。一旦他们夫妻二人和我一起加入，试图去理解为什么他们会那样去做，我就鼓励他们敞开心扉表达冲突，并加入拉莫斯太太，帮助她挑战她的丈夫。

杠杆效应的获得①在于确信父母总是希望能帮助他们的孩子。所以，我交给拉莫斯太太这样一个任务——为了她的孩子们控制她的焦虑，并希望她能控制自己的症状。结果她照做了。

只有在全面检查目前状况的情况下，我们才可以对历史进行探索，这

---

① 这里可能是指治疗的转折点，如同杠杆的支点一样。——译者注

是探索过去的遭遇何以能扭曲现在的可能性的一种方式。在第二次会谈中，我几乎都在探讨拉莫斯太太在她的原生家庭中所形成的自我贬低感的历史发展，同时还探讨了通过动员丈夫予以她支持性的、积极的回应来改变她目前所持有的观点的可能性。我们对过去进行的简短回顾并不是捕鱼探险，也不是企图以一段创伤经历的后果来解释每件事，而是特别集中于去理解在这一家庭剧目里的演员是怎样学会扮演自己的角色的。随着理解的加深以及重构的深入，我们就有可能理解为什么拉莫斯太太害怕公开发表她的怨言，也有可能使拉莫斯先生站在一个全新的位置上扮演一名治疗者的角色。

注释：

1. Portions of this case appear in *The evolution of psychotherapy*, edited by Jeffrey K. Zeig (New York: Brunner/ Mazel, 1997).
2. Minuchin, S., & Fishman, H. C. 1981. *Family therapy techniques*. Cambridge, MA: Harvard University Press.

第四部分

心身家庭

家庭治疗最初的发展是源于对医学模式的反对，但现在，家庭治疗的发展已相对成熟，治疗师愿意和临床医生及其他卫生保健工作者合作。家庭系统医学领域(the field of family systems medicine)已经有所演变，并且开始尝试去理解社会环境和躯体健康之间的相互影响(McDaniel, Hepworth and Doherty, 1992)。萌芽于20世纪80年代的对家庭系统医学的兴趣在威廉·多尔蒂和玛卡兰·贝尔德(William Doherty and Macaran Baird, 1983)的划时代著作《家庭治疗和家庭医学》一书中有所记载，书里描述了家庭系统的方法是如何被整合进家庭实践和初级保健的。1982年，阿克曼研究院组织了一次有关“躯体疾病的家庭治疗”的会议，并促成了《家庭系统医学》(现更名为《家庭系统和健康》)期刊的创办，唐纳德·布洛克(Donald Bloch)任主编。这本期刊为卫生保健和精神卫生专业人员探讨医学问题、系统理论以及合作事宜提供了一个平台，其中合作(collaboration)是关键词。

医学家庭治疗(medical family therapy)运用了生物—心理—社会的观点，治疗师和家庭及卫生保健专业人员一起工作，为健康和康复提供一种整合的方法。一名能够理解家庭系统是如何组织的治疗师，也许能更有效地处理那些不依从医学治疗问题或是难以改变且有损健康的生活习惯，比如抽烟和过度进食等。医学家庭治疗师可以处理的范围包括慢性疾病和残疾、儿童疾病及其对家庭的影响、卫生保健专业人员与家庭之间的冲突、治疗的僵局、没有明确器质性病因的躯体症状、怀孕和不孕不育、死亡和居丧以及过度利用卫生保健服务等。

当家庭治疗的重点从疾病对家庭生活的影响转向家庭生活对疾病的影响时，我们就进入了心身医学的领域。我们发现某些疾病是心身疾病，表明压力和焦虑会对身体造成强大的破坏效应。最早理解心身疾病的努力几乎都专门集中在个体动力学上，其中的经典著作是汉斯·塞利(Hans Selye, 1956)的《生活的压力》，这部著作解释了身体是怎样努力去适应，但最终又是怎样在慢性压力之下崩溃的。迈耶和哈格蒂(Meyer and Haggerty, 1962)的研究显示了家庭压力和疾病易感性之间的关系，而霍姆斯和雷赫(Holmes and Rahe, 1967)的社会适应量表则显示了各种应激性家庭事件是如何导致躯体和情绪产生障碍的。但是，以家庭系统的方式处理躯体疾病是20世纪后半期的事情，如1972年，劳伦斯·格罗尔尼克(Lawrence Grolnick)注意到，“有关家庭治疗用于心身疾病的知识几近阙如”(Grolnick, 1972: 476)。1977年，约翰·威克兰德(John Weakland)的一篇名为《家庭的躯体：被忽视的边缘》的文章激励家庭治疗师将他们的思想运用于健康和疾病领域。受到激励和挑战的治疗师中包括萨尔瓦多·米纽庆以及他在费拉德尔菲亚儿童指导诊所工作的同事们。

《心身家庭：神经性厌食症》(Minuchin, Rosman, and Baker, 1978)是第一部将家庭层面的因素纳入儿童疾病的心理—生物因素的系统思考的著作。心身家庭的模式是从对那些充分使用了降糖治疗及饮食治疗，但仍然出现酮症酸中毒反复发作的糖尿病儿童的研究发展而来的。这些孩子的家庭显示出特征性的互动模式：缠结(enmeshment)、过度保护(overprotection)、僵化(rigidity)、解决冲突能力不足(poor conflict resolution)或回避冲突(conflict avoidance)以及有病的孩子的三角化(triangulation of the child patients)。这一模式提出了孩子的疾病与这些家庭模式之间的循环互动：家庭互动的过程触发了生病孩子的生理反应，使得疾病恶化。接下来，孩子病情的加剧又加固了家庭的模式，形成了一种共鸣和升级的过程(a reverbarating and escalating process)(Minuchin et al., 1975)。

心身家庭的模式从比特丽斯·伍德(Beatrice Wood, 1989)和她的同事那里得到了经验性的支持，他们发现：心身家庭结构(configuration)的五大特征之间存在高度相关性，而三角化和婚姻功能不良尤其与疾病活动(disease activity)的恶化有关。对研究者来说，关于心身模式的五个因素在促进疾病产生的影响程度上仍然存有疑问，但是它的基本前提几乎是没有疑问的：

(1) 家庭是一个系统，对孩子们来说具有特别的意义；

(2) 个体的功能和人际间的互动模式存在相互影响；

(3) 这些人际模式和生物—行为过程相互作用，其中某些是与疾病相关的。

例如，思考一下下面这个奥地利家庭中16岁的康拉德(Konrad)在有压力时是怎样出现胃绞痛(stomach churns)的。这个家庭中的成员情愿给他贴上病人的标签，而不是焦虑的标签，这样每当他感到情绪上烦恼时他就变成了“病人”。在有些家庭里，人们不谈论心理的压力；这些家庭中的孩子们能得到父母对其身体疼痛的关注，但得不到对其情感痛苦的关注。这使得像康拉德一样的孩子习惯于把他们的情绪问题体验为躯体问题，从而导致了一种被称为躯体化(somatization)的模式。

精神分析理论将躯体化定义为病人性格结构的一部分——对痛苦的情感体验的一种防御(Greenson，1967)，但是个别治疗对这些病人并无帮助。家庭治疗也许更有效，因为它允许我们从源头上强调情绪的压力。家庭治疗师能通过倾听关于情绪痛苦的隐喻，来拓宽集中在病人心身症状上的焦点。症状是一种独特的交流形式。治疗师的作用不是对心身疾病的症状进行心理学的解释，而是要帮助家庭理解和处理对他们造成影响的情感交流。

情绪和生理过程的关联表明，儿童生理上的过度反应和家庭的情绪反应可能是共同的危险因素。家庭结构的模式和代际等级(generational hierarchy)在调整或增强这些模式中起着重要的作用。例如，父母的警觉会使一个孩子焦虑，这又使父母变得更警觉，而孩子则会更焦虑，如此循环往复。

大量的研究表明，家庭处于高度的“情感表达”(expressed emotion)(情感过度卷入和频繁的批评)状态将导致家庭成员生理上的交感神经被激活，从而影响其精神和躯体疾病的发展(Vaughn，1989)。

这样，我们不仅明白了是压力增加了罹患溃疡、哮喘、头痛和高血压的可能性，而且知道了家庭是如何组织起来去支持和保护它的成员的。

“心身障碍”作为一个类别不再出现在美国《精神障碍诊断与统计手册(第四版)》(*DSM-Ⅳ*)中，取而代之的正式术语是“影响医学状况的心理因素”(psychological factors affecting medical conditions)和“躯体化障碍”(somatization disorder)。“心身”(psychosomatic)一词之所以不再沿用，是因为它暗示了一种单向性的影响(unidirectional influence)——也许会被诠释成因为孩子所出现的医学问题而责备家庭。过去，有些疾病被视为“心身问题”，而其他疾病则被视为纯器质性的问题。事实上，这是一种错误的二分法，两者的关系当然是循环的。

遗憾的是，“心身疾病”的概念仍然会导致二分法的产生，即病人的症状被认为不是身体的问题，而是由心理压力所导致的。生病的孩子的父母会抵制对他们责备的暗示，这是可以理解的。但是若是“情感表达”和精神分裂症，最关键的不是家庭导致了孩子的疾病，而是家庭的压力加重了孩子的症状。

压力在心身疾病中的作用至关重要，这个事实很自然地导致治疗目标应该是“减轻压力”的观点，但是努力减轻压力会产生矛盾效应。压抑冲突并不像将你不愿意看到的东西放在一旁那样简单，它需要积极努力地将冲突阻挡在意识之外，而且这种努力既消耗精神又消耗体力。因此，我们治疗心身家庭的目标应该是解决导致压力的问题。这就意味着我们需要面对冲突，而不是回避冲突或将它赶到更远的隐秘处。这样来看，治疗心身家庭的关键是全神贯注地将心身疾病症状的特点转变成开放的人际斗争。

参考文献：

Doherty, W.J., & Baird, M. P. 1983. *Family therapy and family medicine*. New York: Guilford Press.

Greenson, R. R. 1967. The working alliance and the transference neurosis. *Psychoanalytic Quarterly*, *34*: 155 - 181.

Grolnick, L. 1972. A family perspective of psychosomatic factors in illness: A review of the literature. *Family Process*, *11*: 457 - 486.

Holmes, T. H., & Rahe, R. H. 1967. The social readjustment scale. *Journal of Psychosomatic research*, *39*: 413 - F431.

Kellner, R. 1986. *Somatization and hypochondriasis*. New York: Praeger-Greenwood.

McDaniel, S., Campbell, T., & Seabum, D. 1990. *Family-oriented primary care: A manual for medical providers*. New York: Springer.

McDaniel, S., Hepworth, J., & Doherty, W. (Eds.). 1992. *Medical family therapy: A biopsychosocial approach to families with health problems*. New York: Basic Books.

McDaniel, S., Hepworth, J., & Doherty, W. 1995. Medical family therapy with somatizing patients: The co-creation of therapeutic stories. In. R. H. Mikesell, D-D. Lusterman, & S. H. McDaniel (Eds.), *Integrating family therapy: Handbook of family psychology and systems theory*. Washington, DC: American Psychological Association.

Meyer, R. J., & Haggerty, R.J. 1962. Streptococcal infections in families: Factors altering individual susceptibility. *Pediatrics*, *29*: 539 - 549.

Minuchin, S., Baker, L., Rosman, B. L., Liebman, R., Milman, L., & Todd, T. 1975. A conceptual model of psychosomatic illness in children: Family organization and family therapy. *Archives of General Psychiatry*, *32*: 1031 - 1038.

Minuchin, S., Rosman, B. L., & Baker, L. 1978. *Psychosomatic families: Anorexia nervosa in context*. Cambridge, MA: Harvard University Press.

Selye, H. 1956. *The stress of life*. New York: McGraw-Hill.

Vaughn, C. E. 1989. Annotation: Expressed emotion in family relationships. *Journal of Child Psychology and Psychiatry*. *30*: 13 - 22.

Weakland, J. 1977. “Family somatics”: A neglected edge. *Family Process*, *16*: 263 - 272.

Wood, B. L., Watkins, J. B., Boyle, J. T., Nogueira, J., Zimand, E., & Carroll, L. 1989. The “psychosomatic family”: An empirical and theoretical analysis. *Family Process*, *28*: 399 - 417.

第八章

患有胃绞痛的俄狄浦斯

这个奥地利家庭有三名成员：单亲母亲和她的一个女儿、一个儿子。母亲40多岁，穿着优雅，戴着精致的头巾，身材娇小，脸上带着随和的微笑。女儿名叫海迪(Heidi)，已婚，是一位迷人的浅黑肤色的女士，是她母亲的年轻版本。康拉德是被指定的病人，16岁。康拉德直接从他已住了八个星期的医院前来接受咨询会谈。康拉德的问题始于三年前开始出现的持续性的腹痛。虽然这看起来像一例简单的消化道疾病的病例，但给他看病的全科医生却找不到导致康拉德疼痛的任何器质性原因。于是，康拉德就去找了一名胃肠病学的专家寻求进一步的帮助，之后他住进了医院，在医院里接受了多项评估和检查。检查结果同样无法为康拉德的疼痛提供任何躯体原因，症状却仍然持续存在。带着心身性疼痛(psychosomatic pain)这一个新的诊断，康拉德向许多专家寻求帮助，最后被介绍到心身疾病病房住院。康拉德在这个病房住了八周，症状没有得到任何改善。

第一次会谈

会谈从康拉德开始。

康拉德：我在互联网上读到了关于你的介绍内容，印象非常深刻。

米纽庆医生：有关我的哪些描述引起了你的兴趣？

康拉德：首先是照片，你的微笑非常和善友好。还有，当我读到你为贫民窟的贫穷家庭工作时，印象很深刻。我认为你在做一项很伟大的事业。我非常高兴见到你。

米纽庆医生：你是对我为穷人工作感兴趣吗？

康拉德：是的。

米纽庆医生：那太好了。

这是一个治疗性会谈不同寻常的开始。康拉德颠倒了游戏规则并开始对我进行访谈。他以一个简单的开场白打破了医生和病人之间的界限，创造了一种亲近、平等的气氛。他这样的一种开始，实际上呈现出家庭成员之间所喜好的交流模式，不过在那个时刻，我对此并不明了。

米纽庆医生(对母亲)：你能告诉我你是怎样看待康拉德的问题的吗？

母亲：他的问题刚开始时并不是心理问题，而是胃的问题。开始的时候，我认为他的问题是某种隐匿的微生物或者细菌周期性的发作所导致的。我们在印度住了十年，我想他是染上了某种病。他在一些诊所中进行了检查，其中一个大夫说这是他精神上的问题。我想是的，也许有这种可能性。

米纽庆医生：你怎么会认为他的胃痛或者腹痛是精神的问题呢？

母亲：一开始我并不这样认为，但随着症状的持续，我认为他的问题可能既是精神的问题也是胃的问题。

米纽庆医生：康拉德，当你觉得痛时，你会和谁说？和你的姐姐海迪说吗？还是和你的妈妈说？你的父母早已分开了吗？

康拉德：对，我的妈妈说首先是以胃痛开始的，然后转变为精神上的疼痛，但我认为与其他方面有关。我不知道如何表达，我总是遇到烦恼……我从未高兴过。当我6岁第一次上学时，我没有任何朋友，我与众不同。我的同学爱捉弄他人，他们并不像我一样将上学看得那么严肃。因为我没有任何朋友，所以我决定去适应环境。我试图变得和周围每个人一样，所以放弃了我所有的原则和价值观。但是我不但没有交到朋友，反而变得更加另类，因为我对他们来说有点儿让人捉摸不透。我不能肯定我的胃痛是否和我的思想有关，但是我推想，两者之间一定有联系，因为一年半以来，我所做的所有这些身体检查的结果都不能解释我的症状。

米纽庆医生：我知道，现在你大脑的功能很好……(对她的姐姐海迪)你怎样看康拉德的问题？

第一步：拓展目前的主诉

第一步的方向是挑战目前症状的定义。康拉德开始重新对症状进行定位：不是在胃，不是在头脑，而是在同辈人的世界里他是一个陌生人。他的姐姐海迪将他的疼痛定位在体验其他人的痛苦上，定位在他是问题的解决者以及他在保护他的母亲免遭痛苦；而我会将他的疼痛定位在他的心，并会提示他，他的身体已经和他的母亲“融合”，还会将疼痛定位在有一个身子、三个脑袋的奇怪的动物身上。在这一改变康拉德疼痛的来源和位置的过程中，我没有否认他的疼痛，而是将探讨的焦点从康拉德的身体转到他的关系的情境中。

海迪：我并没意识到康拉德的心理有问题，因为我和他经常交流。从我们还是孩子的时候起，我就将我所有的问题都告诉他，包括一些我没有讲给我母亲听的事情。他总是能理解并对我的问题看得很清楚。我认为他的眼力和感知力的确比其他人要清晰得多，而且我认为这就是他有时无法适应他所处的环境的原因。

米纽庆医生：你在谈论有关他体验你的痛苦的能力？

海迪：是的，他有帮助别人的天分。

米纽庆医生：在你们的父母没有分开以前，家里有冲突吗？

海迪：有，很多。

米纽庆医生：康拉德是解决问题的人吗？

海迪：是的，他想要帮助他们解决问题，他希望家里太平无事。他总是努力在我的父母之间制造和平的气氛，并和他们交谈，去理解他们的处境。

米纽庆医生（对母亲）：你能告诉我康拉德是怎样干预你与丈夫之间的冲突的吗？

母亲：我们打架时，孩子们通常在睡觉……我们尽可能不在孩子们面前打架或者至少不想让他们听见……

米纽庆医生：那是一种幻想……（大笑）你的孩子站在你那边吗？

母亲：是的，我想是的。

米纽庆医生：他们两个都是？

海迪：是的，但是我们并不想给父亲造成痛苦。对于他们分开的这一决定我也有疑问，但是我认为还是分开比较好，因为我看到了母亲和父亲所遭受的痛苦。分开以后，我妈妈变成了一个女强人，她在职业生涯中取得了很大的进步。她开始时不过是一名药店的店员，现在却拥有她自己非常漂亮的店铺。

（母亲开始哭泣，康拉德跪在她旁边安慰她，当她依靠在康拉德身上并在他肩头哭泣时，康拉德拥抱了她。）

米纽庆医生（对康拉德）：你因为胃痛来就医，然后你又说你的疼痛在你的思想里，我现在看来，你的心也觉得痛。你们的身体不只是部分相连，我刚才看到了非常有趣的现象。我看到你的身体和你母亲的身体“连在一起”了，对吗？

海迪：嗯。

米纽庆医生：所以你看，我认为医院里的心理学家虽然可以治疗你的胃痛，但是他不能在其他方面帮助你，这个其他方面指的是你和你母亲是怎样连在一起的；你对你母亲的痛苦的共情（empathy）非常强烈。我看到你们两个紧紧地连在一起并且感觉很好。（对母亲）你有被支持的感觉吗？你认为他是在帮助你吗？

我观察到了康拉德和他母亲相互缠结（enmeshment）的表现像照镜子一样相互映衬的现象（mirroring）。我不希望这类事件被熟视无睹或者视而不见。我通过增加体验的强度来自动回应，以引起其他家庭成员对这个现象的关注，我还提出了一种全新的观察和体验的方式。

母亲：当我们搬出来以后，康拉德自发地在家里尽力扮演男主人的角色。三年以后，我渴望找一个新的男朋友，而滑稽的是，当我把某人带到家里时，康拉德就会告诉我，让我考虑一下这个人是否足够好……

米纽庆医生：所以他是一名观察者，不仅仅观察你的痛苦，还探测你们成年人。

母亲：有时我认为孩子们能更容易地判断另外一个人……当他们看见某个人时，他们会告诉我他们对他的想法。

米纽庆医生：那有用吗？

母亲：有用，他们俩的看法都很有用。当我有问题时，我们会开诚布公地谈论这个问题，还经常开玩笑，这样问题就变得更容易解决。

米纽庆医生：所以孩子们就成了为你解决生活问题的保护屏（protection）。

母亲：是的，我一直告诉他们有关我的问题，尽管不太多。我总是将他们视为孩子，我尽量不因为我的问题而增加他们的负担。

当我仍在探讨和扩展康拉德的疼痛的定义和部位时，我同时启动了第二步，即集中探讨家庭成员维持症状的模式。我对母亲选择性地无视(selective blindness)她给康拉德造成的影响感到惊奇。她提到，在她离婚后，康拉德扮演着“家庭中的男主人”的角色，但是她没有将这一点和她邀请康拉德来赞同或者反对她选择男朋友一事联系起来。

米纽庆医生：海迪，你是怎样结的婚?

海迪：我是怎样结的婚？噢，说来话长。你希望听这个故事的长篇版本吗?

米纽庆医生：中篇版本。

海迪：我18岁时离开了家，搬到了附近的一个小镇上，在那里的一个迪斯科舞厅认识了我的丈夫。见面四个月以后，他告诉我，他想和我在一起生活，但我拒绝了他，因为我认为他不是我喜欢的那种类型的人。但是又过了四个月以后，我接受了他，我们成了男女朋友。后来我去见了他的家人，而且他们也接受了我，事实上，他们像疼爱自己的女儿一样疼爱我。成为一个大家庭中的一员的感觉非常好。我们在一起两个月以后，我搬去和他住在一起，一年以后我们结了婚。我丈夫有着宽大的胸襟；他总是微笑着，性格很好。

米纽庆医生：我想知道你离开你母亲时是否有内疚感?

海迪：非常重的内疚感，非常重。虽然我搬出去了，但我经常打电话回家。当我结婚的时候，我认识到有一个完整的家庭是多么美好啊……就像我丈夫的家庭那样。

米纽庆医生：但是我希望你知道，我非常赞赏你能从这个家庭中分离出去，去发展你自己的家庭。看看你的母亲，她看起来好像有三个脑袋、一个身体。这是很有趣的动物。(*对现在正在哭泣的母亲*)你开始哭，不久之后你们三个都会开始哭。一种超出(transcend)你身体的现象正在出现……它不只是你的身体，也是一个非常敏感的家庭。

我已将我的注意力从康拉德身上转移到探讨支配康拉德行为的家庭特征上。同时，我也在塑造一种新的形象。我利用家庭所发生的“康拉德在母亲哭泣时去支持她”这个事件，让他们看到自己就像神话里有三个脑袋的动物。我以幽默的沉思(humorous musing)方式呈现这种新的描述，但我认为家庭成员没有体验到这种植根于幽默中的挑战。稍后我会以其他形式重复该信息，直到它显示为一种问题家庭的规则为止。

母亲：我能把你惹哭吗？（她边说边富有诱惑力地微笑着，邀请治疗师加入家庭的亲密状态中来。）

米纽庆医生(微笑着直接回应)：我太老了，不会为别人的眼泪所打动。(对海迪)你有没有感觉到当你离开家后康拉德会承担起保护母亲的工作？

这个层面的缠结(enmeshment)就像一个笑话，我的回应是对这一观点的温和斥责。

海迪：是的，我们在电话里交谈了许多，康拉德帮我和我们家做了许多事。当我感到抑郁，而康拉德会在情感上支持我时，我就会感觉好很多。他非常爱我，他自己在医院里住院时，甚至也会打电话向我问好，想知道我是否还好。

米纽庆医生(对母亲)：我想问你一个微妙的问题……作为一个年轻且迷人的女人，我猜想你将来会与另一个男人建立某种关系。

母亲：是的，我找到了另一个男人，他非常好。我的确很爱他，但是我不想和他住在一起或者很快又重新结婚，所以我把这些想法都放在将来。

米纽庆医生：噢，那太好啦！

母亲：是的……我叫我的孩子们帮我决定哪个男人好，哪个男人不合适；并且我也请他们记住我见过的那些男人的名字。

米纽庆医生：你认为，他们会允许你和另一个男人建立良好的关系吗？

母亲：是的，我认为他们会允许的。

米纽庆医生：我对此不太确定，因为他们为保护你投入得太多。你们这个三口之家是一个非常紧密并有极大吸引力的家庭。(对康拉德)你15岁了吗？

康拉德：16岁。

米纽庆医生：16岁……你觉得在你们学校有很可爱的15岁的女孩子吗？

康拉德：现在还没有，没有。

米纽庆医生：你妈妈允许你有女朋友吗？

康拉德：当然允许。

米纽庆医生：你还是问问她比较好，因为你们这个家庭处理事情的方式和其他家庭是很不同的……假如她要问你，她应该爱哪种男人，那么当然你也应该问她，你应该爱哪种女孩。

康拉德：不是，还不至于这样。我的确喜欢女孩子，也想有一个女朋友，但是在我交女朋友之前，我需要解决好自己的问题，因为我不想因为我的问题而给我未来的女朋友带来负担。

米纽庆医生（对母亲）：康拉德是一个非常敏感的年轻男孩，并且非常担心会伤害别人……那是很好的。但康拉德却为他自己建造了一座"监狱"，他生活在一个金制的"笼子"里。通常，人们不会意识到这是一个"笼子"，因为它是金制的。有谁不喜欢金子呢？但是你在"笼子"里无法自由飞翔。为了保护其他人，康拉德做了一个"笼子"并将自己困在了里面。

母亲：我记得在他3岁的时候我们住在印度，家里有一位厨师。有一次，厨师给我的丈夫端上了一些狗食，我的丈夫想惩罚他。但是康拉德请求我的丈夫原谅这个厨师……从3岁开始，康拉德就一直非常敏感。无论任何时候去任何地方，他总会给每个人带礼物，使他们开心。甚至在孩子们打架时，他也总是努力表现得好一些。

米纽庆医生：我会把我的想法告诉你。我认为康拉德是在体验腹部的疼痛、心里的疼痛、分离的疼痛以及感受别人痛苦的回应性（response）疼痛。（*看着康拉德*）你有没有看到你有多么复杂？（*每个人都笑了*）

我认为康拉德是在回应家庭的文化。（*对母亲*）康拉德从你这里、从你丈夫那里，以及从保护你免受你丈夫的伤害当中学会了为其他人营造巨大的保护屏障。你以怎样的方式加重（contribute to）了他的腹痛？

第二步：着重探索维持问题的互动

第二步从何处开始，并不是一成不变的。在此之前我已经开始了：询问海迪，在她结婚的时候有关她"背叛"家庭的感觉；描述对家庭缠结的印象；强调家庭成员对疼痛的敏感性——这种敏感性在家庭文化中较为常见。但现在我还是正式地问了一个问题："假如你将康拉德的行为视作他对你过度卷入他的事情的回应，那么你看到了什么？"

母亲： 我丈夫希望我们重新和好，而康拉德最希望如此……但是我已经很明确地表示过，当我解除了这种关系之后，我就会去找更好的人。（她担心地看着康拉德并停止说话。）

米纽庆医生： 我刚刚注意到你看着他，你不能确定如何继续说下去。你是在担心会伤害到他吗？

母亲： 是的。

米纽庆医生： 一条线就这样将家庭里的每一个人都联结在了一起，这太奇妙了。

康拉德（举起手）： 我想说几句话。刚才我妈妈说我希望他们重新和好，并发展他们的关系……这不是真的。

（当他妈妈又开始哭泣时，康拉德表现出身体不舒服的迹象：他的脸上表现出痛苦，并且用手摸向腹部。）

米纽庆医生（对康拉德）： 看来你今天又会出现腹痛。

康拉德： 也许是明天早上。

米纽庆医生： 不可思议的是，你的大脑是怎样运作的呢？它是怎样将生活中的冲突转化成胃部的疼痛的呢？非常有趣。（转向母亲）你喜欢你认识的新男人吗？他能保护你吗？他有教养吗？他对你的孩子们有感情吗？

母亲： 他比我前夫要好得多。他也很关心我的孩子们。

米纽庆医生： 你能"解雇"康拉德，不让他做你的保护者吗？我恳求（implore）你。假如你已经有了一个男人，你可不可以让另外一个离开？

母亲： 我永远也不会抛弃康拉德。

米纽庆医生（对康拉德）： 你被黏住了。

母亲： 他们都是孩子，他们像小鸟一样在成长和飞翔。

米纽庆医生： 不……假如笼子是金子做的就不能。（对康拉德）当我遇到那些像你一样将冲突转化成躯体疼痛的年轻人时，我总是在看……他们在忍受什么？（对海迪）令我印象深刻的是你逃脱了，你认为康拉德可以拥有(own)他自己的身体吗？或者他将永远是你们共有的身体的一部分？

海迪：因为他没有朋友，他是家庭里的很大的一部分。

母亲：他表演话剧、吹小号，但这不是他自己的生活。

米纽庆医生：有时他是30岁，有时他只有8岁。有时，因为他很聪明，因为他有许多的兴趣，所以他是30岁；而他仍然和他母亲的乳房联系在一起，那时他是8岁。

(康拉德笑了，表现出不舒服的样子，他的手放在腹部，示意他现在很痛。)

米纽庆医生：我告诉过你，这是会发生的事。你在你这个年龄“喝下”了你妈妈的乳汁，而这些乳汁凝固了。*(对母亲)*现在你已经有了一个成年男人，你仍然需要你孩子的保护吗？或者你处在他们能飞却飞得不太远，但能飞离他们的“笼子”的这种关系下，你会感到舒适和足够坚强吗？

母亲：我喜欢他们能飞……*(关心地看着康拉德)*

我虽然清楚地意识到康拉德的躯体已有不适，但继续和他母亲对话，我以这个家庭的词典里从未出现过的一种回应方式向他们做出示范。我已经将康拉德的症状和他妈妈的痛苦联结在一起，而现在，我想要帮助他母亲不要向康拉德寻求不必要的保护。

米纽庆医生：理智上你希望他能飞走，但是你的心在遭受痛苦。你明白我为什么要谈起“笼子”吗？

母亲：嗯……我理解。

米纽庆医生：那个“笼子”有一扇小窗户，海迪就是从那里逃走的。

母亲：我并不需要孩子们照顾我的生活。

米纽庆医生：那太好了。你能说服他们吗？

母亲：这很难。我和你说实话，我的头脑说让他们飞，把他们踢出去，但是我的肚子说他们还是太小了……

海迪：我想给你举个例子。在我结婚之前，我母亲不想让我嫁给这个男人。她打电话给他，把我的所有缺点告诉他，认为他娶我不是个好主意……

米纽庆医生：她对你的男朋友说你的坏话？

海迪：是的……是的……

米纽庆医生：那不好。

海迪：是的，是不好，而且我非常生气。但是我理解她所做的一切都是为了保护我。当我们小时候做错事时，她会打我们，但过后她会说“对不起”。她会拥抱我们说她不想打我们，但是我们让她很生气，并反问我们是否爱她。

米纽庆医生：好，这很有趣。假如可以的话，我想在星期天再见到你们。当然，这取决于康拉德是否可以在今天和明天而不是在星期天出现胃痛。

康拉德：我会尽力。

（海迪看到康拉德痛苦的表情，走近他并拥抱了他，而他们的母亲则担心地看着他们。）

康拉德：我现在好了。

米纽庆医生：好了吗？海迪，你能移开一点儿，仅仅是一点点吗？他的疼痛是他的一部分，而且他能独自忍受。你们是一个治疗者组成的家庭，你们每个人都是治疗者，你们需要帮助康拉德长大。（对母亲）星期天，我将集中讨论你是怎样度过你的童年的，因为我想了解你是怎样发展出需要如此多的帮助和保护的能力的。

第二次会谈

第一次会谈探讨了家庭成员之间密切的甚至有时是令人窒息的联结(bond)，不过也将康拉德的症状与他母亲让他承担对她的保护联系起来。结果是，我们将焦点从被认定的病人康拉德身上转移到作为他的“狱卒”(jailer)的母亲身上。这种转移是困难的，稍有不慎将会引发反抗。第三步则指向将来自母亲的责任转向她的童年，转向母亲所形成的这种需要保护的行为模式。这个家庭和其他家庭不同，由于过去的种种经历，要求他们放弃现在的生活方式将会很困难，我坚持了半个小时才让母亲“放弃”她的孩子们并走进她自己的童年时代。

第三步：结构化地集中探索过去

米纽庆医生：你思考过我们前两天所谈论的内容吗？

母亲：是的，我的确思考过。我考虑过孩子们是怎样通过“繁文缛节”（red tape）和我联结在一起的……我不知道这是如何发生的。我们在印度住了10年，我丈夫是被派遣到海外去的；我负责为搬迁打点行李。我一直都是自己照看孩子的——这是我的职责，因为我不得不做所有的事情，很多时候我不得不把他们单独放在一边不管。我们还必须经常搬迁，虽然经常有变化，但我仍然和我的孩子们保持着亲密关系。这就是我们会感到关系如此密切的主要原因。

米纽庆医生：他们对你是如此的敏感，在情感上和你是如此的协调一致……那是怎样发生的？孩子们是出生在这里还是在印度？

母亲：他们在这里出生。

米纽庆医生：孩子们和他们的爸爸的关系也很密切吗？

母亲：当他们还很小的时候，他们的爸爸会和他们一起玩，对他们很宠爱。他们长大以后，就主要由我来照顾了。就像劳动分工一样——他们的爸爸负责赚钱养家，我则做其余的事。

米纽庆医生：我想知道你与孩子们的这种亲密关系是否在某种程度上与你和你的前夫关系不好有关。

母亲：我也问过自己同样的问题，但是我与前夫的关系变差是在过去的10年里发生的，两个人感情渐渐变淡，是一个非常缓慢的过程。

米纽庆医生（对孩子们）：你们知道，这次会谈主要是为了你们的母亲。我会和她谈话并问你们一些问题来帮助她澄清一些事情。你们同意母亲所说的她和你们父亲的冲突是后来才发生的吗？

海迪：不是，他们的关系从来就没有很密切过。

康拉德：这有点儿难度……我一直都很钦佩和尊敬我的父亲，我要是能花更多的时间和他在一起就好了。可当我想走近他去拥抱他，或者亲吻他的脸颊时，他只是……他不喜欢这样，他对妈妈也是这样。

（母亲开始哭泣，康拉德和海迪看着她。）

米纽庆医生：你们应该明白，你们家庭的问题之一就是家庭成员不能独自面对痛苦。（*对康拉德*）你妈妈在哭，这不是你引起的，所以你能让她独自哭一会儿吗？

……………………………………

这些评论和建立界限有关，也和母亲没有能力控制自己的情绪并且不让自己的情绪蔓延有关，但据说这也是忍受痛苦的一种方式，却常常无法得以实现。

……………………………………

康拉德：帮助她有什么错呢？

海迪：康拉德的这个问题昨天我也问了自己好多遍，但我没有找到答案。

康拉德（对米纽庆医生）：你的意思是在某种程度上这么做也许可以，但是毕竟人们都需要自主。

海迪：有时我觉得自己非常孤独。在我孤独的时候，我就会想念我的家庭。我是一个经常我行我素的人，但是我想让我的家庭在背后支持我。

（*康拉德站起来将纸巾递给他的母亲，母亲仍在哭泣。*）

米纽庆医生：你是一位可爱的妈妈，但你不能独处。康拉德需要看着你，而且他不知道怎样将视线从你那里移开。你需要别人递手绢给你，还是你能自己去拿一块呢？

母亲：我绝对不需要。我能想象没有他们的生活。

米纽庆医生：他们不相信你，康拉德不相信你。

康拉德：不完全如此。

母亲：我明确说过我有了新的男朋友，而且我的计划是在康拉德中学毕业以后离开这里去西班牙居住。

米纽庆医生：他会让你走吗？

母亲：我可以让他们来看我。

米纽庆医生：你看，这是针对康拉德的问题的回答。你们能住在一起但同时也能分开吗？你们能既亲密无间又独立自主吗？你能独自哭泣吗？没有康拉德的看护你会伤心吗？

海迪：不，我认为她不能。

米纽庆医生（对母亲）：这就是问题所在。你对亲密关系的需要是从哪里来的呢？你有一种需要亲密关系的存在方式；你有一种看待生活的模式，几乎就像你是连体双胞胎（siamese twin）的一部分一样。当你还是个孩子的时候，这一切是怎么发生的呢？

母亲：我和我母亲的关系非常密切。

米纽庆医生：你的父亲是怎样的一个人呢？

母亲：他是一个酒鬼……他是一个好人，是一个与人为善的人，但是他“病”得很严重。

米纽庆医生：请告诉我更多的情况。

在一个父母其中一方嗜酒成性的家庭里，常常会出现孩子和父母中不嗜酒的一方产生一种强烈的保护性联结的现象。

母亲：在我14岁的时候，我的父母离婚了。其实我母亲早就想这么做了，但她没有这么做。

米纽庆医生：你是在告诉我，你是你母亲的保护伞？

母亲：母亲常常告诉我，如果没有我，她的生活就没有任何意义，也没有任何目标。

米纽庆医生：因此，你的母亲“招募”你成为她的保护者。

母亲：事实上，从我还是个青少年的时候起，我们的关系就很密切了。她并不十分严厉。我可以出去玩，我可以和我的朋友在一起。在城里住了一年之后，我找到了新的朋友和工作，我不想总是待在家里和我母亲在一起，但这对她来说非常困难。

米纽庆医生：你母亲目前还健在吗？

母亲：在的。

米纽庆医生：你们有联系吗？

母亲：有的，她就住在我的隔壁。她70岁了，虽然身体不是很好，但是头脑非常清醒。

米纽庆医生：她多久来你家里一次？

母亲：每天都来。她每天都来帮我做饭，因为我要出去工作。

米纽庆医生：所以你依然是你母亲的保护伞？

（她表示赞同地点点头。）

米纽庆医生：这种对保护的需要是不是总是围绕着你？

母亲（哭泣）：照顾我的母亲和孩子们的责任太重大了。

米纽庆医生： 所以有时你希望能自由一点儿？

母亲： 有时是这样，但是我已经逐渐适应了。我处于极度的经济压力之下，因为我丈夫并不总是为孩子们支付费用。我母亲有一笔不多的养老金，所以那成了她帮助我减轻经济压力的一种办法。有时，我会想象假如我病倒了将会发生什么。

（她开始哭泣，康拉德离开自己的座位伸出手去拥抱他的母亲。）

米纽庆医生（对康拉德）： 不，不，不。你母亲是一位成年女性，在这一刻她不需要你。（对母亲）我希望你的成年的男朋友（man friend）有你所需要的这种亲近你的能力。

母亲： 这是我爱上他的原因之一。他很有感情，和我的第一任丈夫完全相反。

米纽庆医生（对母亲）： 那么你就能和康拉德分开了。你的"脐带"（umbilical cord）有多长？

母亲： 围绕整个世界，我想我们仍然会心连着心。在我的心里，我仍然能感觉到这种关联。

米纽庆医生： 康拉德需要你允许他长大。

母亲： 我希望他快点儿长大，因为青春期很麻烦。

康拉德： 我不相信她所说的。她在我们小的时候总是照顾我们，比其他所有母亲都要做得更多。到我开始上中学时，她才说"你自己去做作业，你自己去做这件事，你需要独立了"。

米纽庆医生： 我对你能否离开你的母亲表示怀疑。

康拉德： 我爱她。我爱她，这没有任何错。

我认为这种与母亲的关系更像是小孩子的依恋（attachment），但是我想强调康拉德陈述中的性爱成分。我围绕着他们关系中有关性的隐含意义（sexual connotation）来使她同样也使康拉德体验到不舒服。

米纽庆医生： 你母亲有孪生姐妹吗，康拉德？你想和她结婚吗？

母亲： 他以前有一次曾告诉过我，他想找一个气质和我一样的女朋友，这样他与她交谈的时候就像和我交谈一样。

米纽庆医生（对母亲）： 和他谈一谈，因为他需要一些忠告。你知道他想和你"结婚"。

康拉德：我想解释一下。这并不是指母亲的形象，而是我母亲所具有的特性，我认为我想和这样的人共同生活……有同情心、热情，当然还有外貌。

米纽庆医生：我明白。我正在和你母亲说的是，除非有人帮助你飞走……否则，你不会飞走的。爱不应该是一个笼子。

母亲：所以我一直在考虑……我怎样才能解决这个问题，但是我没有找到答案。

米纽庆医生：你从明白这是一个问题开始，就必须被允许能独自哭泣。你成为你母亲的保护伞的模式已经变成了康拉德的模式，你向他传递了一种看待生活的模式。

母亲：我明白……但是他们已经看到，我已离开了我的前夫，我已爱上了另外一个男人，并收获了事业……他们已经看到了这些。

米纽庆医生：康拉德将进入你和你男朋友之间的关系。

我在支持母亲，试着利用她成年人的需求作为对她与康拉德之间不正常的依恋关系的挑战。

母亲：是的，我已经认识到了这一点。有一天我们一起外出时，我的男朋友试图开个玩笑，而康拉德却试图以取笑他来证明他是愚蠢的。

米纽庆医生：康拉德很危险。

母亲：但是我知道他在做什么，我的男朋友也知道他在做什么，我也能理解他为什么要这样做。

米纽庆医生：那么他早已开始干扰你们的关系了？

母亲：我不会让他那样做的。

康拉德：第一次见面时……他毫无趣味，而且荒唐可笑。他讲着一口奇怪的巴伐利亚方言，而我希望为我妈妈找一个和她的层次相配的人，就像你一样。后来我再见到他的时候，才发现他是一个富有同情心的人，而不像我母亲以前交往的那些男朋友。

米纽庆医生：小心。

母亲：罗伯特(Robert)并不愚蠢，他能在公共场合以他所希望的方式表现自己。

米纽庆医生：我想问一下康拉德，你昨天和前天是否有胃痛发作？

第四步：探索相关的改变方式

在这次会谈中，我很难确定第四步是从什么时候开始的。就好像我没有能力为第三步确定具体的分界线一样，在第三步里，康拉德的母亲花了很长时间才明确她自己要与她的孩子们分离。我决定在这里描述第四步的开始，因为我在转向康拉德和他的症状。我将强化(reinforce)他症状的关系特征(relational nature)，并提高通过增强母亲和康拉德两人的自主性(autonomy)来进行家庭治疗的可能性。

康拉德：是的，我一个晚上只睡了一小时。我整晚都在思考，我的胃一阵阵翻腾且搅动着痛。

米纽庆医生：当疼痛开始发作时，你是躺在床上独自忍受还是去告诉了你的母亲？

康拉德：我独自待着。

米纽庆医生：好的……你的母亲在哭泣，而你需要忍受你的胃痛。你与你母亲之间的这种亲近增加了你控制疼痛的困难。你看，我的髋部有慢性疼痛，它属于我自己。但是你母亲的眼泪属于你，而你的胃痛则属于她。这就导致了一个问题——疼痛无法被控制。当你保护她时，她哭得更厉害。我上一次就看到了这一点。（对母亲）你开始哭，他就拥抱你。你哭得越伤心，他就走得越近，而你就哭得更厉害。这是一种情绪的传染。你能改变他吗？

母亲：我会尝试去改变。

米纽庆医生：我觉得你是那个希望能治好他的病的人，是希望能帮助他长大的人，也是希望和你满意的罗伯特建立关系的人。站起来。（米纽庆医生将母亲的椅子从两个孩子那里移开。）坐下。很好。你现在能那样做吗？

母亲：能，我现在感觉很好。

米纽庆医生：康拉德会很焦虑吗？是的，他会。他会胃痛吗？

母亲：我希望他不会。

米纽庆医生：当你们两个分开时……他就会出现胃痛。

母亲：他之所以会出现胃痛，是因为我花了太多的时间在我的事业上而不能陪伴他吗?

米纽庆医生: 我不知道问题的根源，但我知道是什么维持了问题的存在。想想你的哭泣，它成为一种交流的方式。你不用语言交流，你用哭来表达，孩子们立刻就成了你的保护伞。你不需要言语，只要你的身体“说话”，他们就会予以回应。

母亲: 这也是围绕我们的另外一种方式。

米纽庆医生(准备结束会谈): 当然。我想，我已经做了足够多的“破坏”(damage)。

海迪: 我刚刚在想，每件事几乎是同时发生的——我搬走，我母亲开始做更多的工作，还有我父亲搬走。

米纽庆医生: 而且康拉德出现了胃痛?

海迪: 是的。

米纽庆医生: 虽然分离是危险的，但却是必要的，有时你们需要维持分离状态的存在。

母亲: 保持清晰的界限要比用胶带捆在一起的效果更好。

米纽庆医生: 有问题问我吗? 我相信你们有。

康拉德: 我有很多问题要问，但却不知从何问起。我在想，你是怎么在这么短的时间里以这么少的信息理解得这么多的。

米纽庆医生: 因为你告诉了我很多事情，而且你也很清楚。(对母亲)对你和两个孩子来说都很重要的是，继续接受这种帮助你们从三位一体成为三个独立的个体的治疗。

母亲: 我邀请你来和我们一起生活两个月。

治疗构架

家庭组织

在《心身家庭：神经性厌食症》[1] 这本书中，我们推断这些家庭的特征是过度卷入(overinvolved),我们称之为缠结(enmeshed);家庭成员的道德准则僵化(rigid moral codes),他们保护过度(overprotective)并且回避冲突(avoided conflicts)。我们认为,压力是以躯体反应的形式来表达的,而且某个家庭成员携带某种症状。

我们总是以既往经验中的认识和偏见来回应家庭。当我见到这个家庭中的成员时,他们看起来就像教科书里所介绍的家庭案例那样——有一种情绪的感染力;母亲或者康拉德无论何时开始哭泣或表达忧虑,另外两个人几乎立刻卷入援救工程,一个躯体三个脑袋的"怪物"的形象便会立刻出现。他们相互邀请每一个人来参与他们的体验。母亲叫孩子们帮她选择伴侣,而她自己却承担起去和海迪未来的丈夫会面的任务,并且在他面前讲自己女儿的坏话。无论何时,只要母亲发出忧虑的信号,康拉德就会出现胃绞痛的症状。

个体视角

我认为,康拉德是个聪明的年轻人,在他的父母离婚前,他担负着解决父母冲突的重任,之后又扮演着身披闪亮盔甲的骑士的角色来保护母亲,同时也保持着对父亲的忠诚。他将自己视为弱势群体的保护者,并将我也列入"为穷人服务"的盟友中。他与其他人相互联系的风格几乎都是以接近的方式展现的,并且以躯体疼痛的方式回应压力或分离。在心理动力学的文献中,他会被描述为有俄狄浦斯情结(Oedipus complex)。

当邀请母亲来探讨有关"招募"孩子作为保护人的问题时,母亲成了这次会谈的焦点,她邀请治疗师为她哭泣,还有她在会谈中最后说的邀请治疗师和她的家庭成员共同生活两个月,这些都是她"招募"帮助者的策略。在单亲家庭里,她的行为是可以理解的。在这样一个家庭成员过度卷入的家庭里,为了鼓励自主性,我们必须引出她的力量,而不能助长她的无助感。

干预策略

本次访谈的治疗目标是将"未分化的自我集合"(undifferentiated ego

mass)[2] 转向三个人能容纳他们个人的经验。在治疗的大部分时间里，我鼓励这个家庭中的成员表达他们的人际冲突，并帮助家庭成员看到他们有能力在冲突中挺过来。就像杰伊·黑利[3] 过去常常做的那样，治疗师可以指导家庭成员增加情感亲密度，一旦他们因为相互之间的侵入而变得令人不舒服，他们就会去寻找独立的空间。无论治疗师选择哪种路径，治疗的目标始终是鼓励家庭成员培养自主性。

• • • 技巧

当然，治疗技巧是多样的，而且取决于治疗师的经验、思想和“全套武装”(armamentarium)。我将这个家庭中的每一个成员当成一个独立的个体来看待，使他们看到一个躯体三个脑袋的“怪物”就是他们家庭的形象。我鼓励康拉德的母亲不要将康拉德视为“家庭首脑”；我阻止他们想减轻相互之间的痛苦的意图，并促使他们看到相处时将他人视为独立个体的重要之处。

注释：

1. Minuchin, S., Rosman, B. L., & Baker, L. 1978. *Psychosomatic families: Anorexia nervosa in context*. Cambridge, MA: Harvard University Press.
2. Bowen, M. 1961. Family psychotherapy. *American Journal of Orthopsychiatry*. *31*: 40－60.
3. Haley, J. 1963. *Strategies of psychotherapy*. New York: Grune & Stratton.

第九章

罹患神经性厌食症的中国男青年

——相同的地图，不同的治疗师

这是一个三口之家：父亲是一位有名的大学教授，母亲是一名护士，他们唯一的儿子——26岁的夏[1]，是一名研究生。夏在六年前离开家到另一座城市读大学时就患上了厌食症。他最初的症状是呕吐，吐出所有摄入的食物。后来他的体重下降得非常厉害，以致被送进了医院。

夏的体重下降得非常厉害，内科医生曾怀疑他得了克罗恩病（Crohn's disease），但经过一系列的检查，他的医生排除了该病，并且排除了其他可能存在的医学问题。这个案例是作为一个培训讲座的一部分被转介给我的，在培训讲座上，我与张医生一起研究这个案例。张医生是一位精神科医生，此前的九个月里，他一直在为这个家庭进行治疗。个别治疗和家庭治疗方法均被采用过，但都没有效果，尽管在咨询期间夏的体重还算稳定。张医生还告诉我们，夏从孩提时代起一直到上八年级，都和他母亲同睡一张床。

第一次会谈

这个家庭的成员安静地坐在大厅里，这里是应我们的目的而临时设立的会谈房间。这是一个熟悉的场景，就像许多其他的咨询会谈一样，唯一不同的是，这次会谈的地点是在武汉，一座位于中国中南部的城市。我（李维榕）是一个中国人，一名女性，与米纽庆医生全然不同。在单面镜后面的观众所获得的关于我的想象，没有蕴涵着多年智慧结晶的白胡子，也不是魅力超凡的宗师形象。不同的性别、不同的民族，连接我和米纽庆医生的是多年的密切合作；我们的共同点是运用相同的四步评估模式，并且这也是我与这个家庭开启旅程的方式。

第一步：拓展目前的主诉

父亲最先发话，而且直奔主题。

父亲：患者是我的儿子，我们主要关心的是他的健康状况，他患厌食症已经有好几年了。

母亲：六年。

父亲：是的，六年时间。但是，我们觉得经过治疗后，他已经在某种程度上发生了变化，他开始和我们交谈得多一些了。

夏：我知道，我有这个病已经很久了。慢慢地，我意识到我的病是心理疾病。

....

夏一家对这个问题给出了恰如其分的说明，由此可以轻松地进入治疗。他们实事求是的开场白让我也得以用同样直截了当的方式进行回应。

....

李博士：你说的是什么样的心理问题？

夏：我觉得在张医生指导以前，即在接受家庭治疗以前，我感觉自己的问题可能只是个人行为，好像是我自己一个人的病一样。接受张医生的指导以后，我才感觉到家庭确确实实对我的病有很大的影响。

李博士：是吗？什么影响呢？

夏：包括家里的这些结构以及我们家里人的特殊关系，我的疾病反映了我家庭的问题……我的意思是，我们这个家庭太和睦了，家庭成员联系得太紧密了。我想要有更多的自由，但又不能独立地面对外面的世界。

....

我在第一步将案主表现出的症状去中心化(decentralizing)并不太困难，因为家庭成员将问题归因于关系因素是很正常的，不少中国家庭都有类似的情况。尽管如此，在这个案例中，功劳必须归于张医生，很显然，他在该青年的个体病理学基础上成功地引入了家庭的视角。不过，尽管他们已经开始从关系的角度来看问题了，但他们似乎不过是简单地将问题归因于父母严厉的养育风格，归因于父母不允许孩子有恰当的自主性——这种方式不单单存在于这个案例中。作为有责任感的父母，他们同意这样的判断，即认为他们缺乏做父母的技能，并由此导致了孩子的问题。因此，他们的治疗目标是与儿子建立更好的沟通方式。这个观点将焦点放在作为个体的患者本人身上，并且将“父母”当作一个单独的联合的整体来治疗。

有关心身家庭的研究已经揭示出，当你看到一个患心身疾病的孩子时，你很可能也会看到一对处在冲突之中的父母。[2] 我知道我需要探索夫妻之间的关系，但我还是先将话语权交给（empower）夏。在我的邀请下，夏继续描述他在非常保守的父母教育之下的成长经历。

……………………………

夏：我是独生子，父母十分疼爱我，我是在父母的保护下长大的。但是当我考上大学以后……我希望去外地念书。我第一次离开家时，就有一脚踏进一个新的陌生世界的感觉，感觉自己失去了父母的关爱，冲突便在这个时候开始了。

李博士：请告诉我冲突是怎样开始的。

夏：我不能面对外面的世界。在第一个学期还没有结束时，我就生病了。

李博士：当时你的年龄有多大？

夏：18 岁。

父亲：那时他应该是无忧无虑的，因为家里对他的关心可以说是无微不至的。我们对他唯一的要求就是必须取得好成绩，这是我们的一个很大的失误。

母亲：我们不知道如何做一对好父母。因为我们对他照顾得太好了，导致他难以应付外面的世界。我的意思是，我们影响到他的许多生活习惯、卫生习惯。我记得，在中学的时候，他连学校的厕所都不愿意上，宁愿一直憋着回家再上厕所。

……………………………

很明显，这个家庭中的父母对儿子的关注过于频密。他们对儿子的每一个动作都叙述得非常详细。当时我想：我敢打赌，他们对他大便方面的情况一定也会详细查问。我试图扩展他们有限的家庭故事版本。

……………………………

李博士（好奇地）：你家里的环境和外面大不相同吗？

父亲：他妈妈是很讲究卫生的，慢慢地，她的生活方式就变成了夏的生活方式了。在上大学以前，他们从来没有分开过。

夏：父亲在外面工作比较忙，在家的时间比较少，一直是母亲负责教育我。母亲对我的教育可能与她家庭的传统有关，也就是那种传统的强制性的教育。父母可以无私地为儿女付出，但是希望儿女听话，然后实现他们的愿望，比如说成绩要好。

……………………………

当父亲暗示妻子和儿子的亲密关系可能有问题时，夏就立刻跳出来为他的母亲辩护。夏和他母亲的联盟促使我要探索母亲与儿子的关系。

李博士：你的母亲对你要求很严格吗？

夏：对。

母亲：这个，我承认。

夏：有时候，尽管我自己不愿意，但我还是尊重母亲，于是我将怨恨压在自己的心里，并没有表现出来。我们班的同学追星，穿漂亮的衣服，而我母亲希望我把注意力放在学习上。初中的时候，我记得很清楚，我很想穿皮鞋，但我母亲说："那不行，你就穿跑鞋，学生就要穿得像个学生的样子。"我希望像其他年轻人一样穿着打扮，但我母亲根本不允许。

对于患有厌食症的孩子来说，最典型的是父母屈服于这个疾病，并且从一个极端转向另一个极端，从强制转向纵容。不过，我知道这个家庭所叙说的冠冕堂皇的故事对慢性疾病而言显得有点儿过于简单了。显然，夏在接受张医生治疗的过程中已经有过多次类似的描述。我更感兴趣的是，当他说话的时候他的父母是如何倾听的。这证实了我的猜测，即父母与儿子的关系确实非常密切，而且夏的疾病使他和父母间的关系变得更加密切。在心身疾病的治疗中，我们的目标是鼓励个体化（individuation）。我开始寻找进入家庭动力的新途径。

• • • 第二步：着重探索维持问题的互动

第二步是探索维持问题症状的家庭关系。由于第一步与第二步之间缺乏清晰的界限，我就此做一个随意的划分，让第二步从母亲的反应开始。

母亲：我承认，我确实对我儿子有非常严格的标准。因为我自己的父母没什么文化，我是在他们传统的价值观的影响下长大的。我儿子生病后，我对这个问题反思了很多次。六年了，这是一段漫长而又痛苦的时光。开始的时候，我总是关注我儿子身上的问题；现在我在寻找我自己身上的问题。是什么问题呢？它是如何发展的呢？自从我儿子出生后，我们一直与他奶奶生活在一起。我公公去世时，我婆婆才49岁，她生活得很艰难，同时她也非常专制，我们叫她“慈禧太后”。

李博士： 你丈夫也是个孝顺的儿子吗？

母亲： 他非常孝顺！我婆婆很专制。她的女儿，就是婆婆的女儿和她也是势不两立，她们的关系很僵。我儿子出生的时候，你知道她要求到什么程度吗？不能去抱儿子，不能和他太亲昵。我们不得不顺从她。因为我和我丈夫都必须去上班，孩子只好让婆婆照看。她总是要求孩子一身干干净净地出去，也要一身干干净净地回来。婆婆是绝对不允许孩子身上有什么灰啊或者其他脏东西的。

父亲： 她是一个非常讲究的女人。

母亲： 非常讲究。

父亲： 可能是因为这样的家庭环境，我的妻子也受到一些压抑，她受压抑的这种情绪可能或多或少地也传递给了儿子。

李博士： 我觉得你刚刚讲的很重要，你妻子的感受怎么会变成你孩子的感受呢？

此前，父亲做了许多评论，暗指他妻子和儿子过于亲近。直到这一刻，我才给他回应。我觉得他对他们家庭三代之间的互相关联有着非常好的领悟力。不过，在整个家庭动力关系中，他似乎将自己视为一个观察者，而不是一个参与者。我决定在挑战他放弃作为一个参与者(resignation)之前先“加入”他。

夏(反对)： 不，事实并不像他说的那样。

李博士： 我们可以先听听你父亲是怎么说的吗？

父亲： 我觉得，做媳妇的，受到传统观念的影响，是不敢公然对抗婆婆的。因此，她自己心里是很悲哀或者很压抑的，她总是将怨恨藏在心里。而这种压抑的情绪可能就通过她自己的行为传递给了儿子，并对儿子产生了影响。

李博士： 你是如何处理这种尴尬的情形的呢？

父亲： 我只能在中间起一个调解的作用，尽量舒缓她们紧张的关系。

李博士： 你知道吗？这个角色永远都不会成功的。

父亲：对，我觉得我不成功。

李博士：你当时是什么样的状况？你母亲一定会埋怨你，你妻子也一定会埋怨你。

父亲：对。对我来说，对母亲，就说一点儿好话。那么在妻子这里呢，就尽量做一些劝导工作，稳定她的情绪，但是并不成功。

母亲：我嫁到他们家的时候，很想做一个好媳妇。但我与婆婆连话都说不上几句，她太苛刻了。

父亲：你不能只看事情的一面。

母亲（激怒地）：你先听我讲！

父亲：好的，不过，我们来这里是要讨论与儿子的关系的。

这是夫妻之间公开冲突的第一次征兆。然而，他们之间的不一致消失的速度几乎和产生的速度一样快。即使这位父亲能意识到妻子和儿子之间过分亲近具有破坏性，但是很明显，他也在尽量避免与妻子直接对抗。他的妻子则继续谈论她自己和婆婆之间的冲突。

母亲：我带着儿子在外面学习了两年，那个时候儿子只有两岁。我一回来，婆婆就说孙子这也不听话，那也不听话。我就骂孩子，婆婆又说那有什么用呢。我只好用她自己做的那个抽人的小笤帚打儿子，打了儿子后，儿子就哭，我也感到很难过，很伤心。

李博士：你难过的时候，一定会埋怨你的丈夫，对吗？

母亲：我给他写信，告诉他我的感受。我没有办法直接同婆婆去对抗，我没有那么勇敢。从我们结婚开始，我丈夫就一直忙于他的事业，他工作非常努力，也还算成功。我觉得我应该支持他，照顾好儿子。我觉得儿子也变得有点儿像我，他在外面的时候，尽量不去惹麻烦，他不会和别人争吵。

至此，很显然，家庭一直在重复其和善的讲故事的模式。为了让家庭成员产生不舒服的感觉，我打算采取措施让他们更为亲近，而且我将张医生在汇报案例时告诉我的一些内容也说出来了。

李博士（对母亲）：我想问你一些敏感的问题，可以吗？（转向夏）我听说，你和你母亲同睡一张床睡了好久？

母亲：到我儿子八年级。

李博士：怎么会这样呢？你为什么不和你的丈夫睡，而要和你的儿子睡呢？

母亲：因为那个时候家里房子非常小。我婆婆住一个房间，儿子和我就只好睡在另一个房间。

夏：我奶奶在我 10 岁的时候就过世了。我母亲和奶奶之间发生了什么事情，我记得不太清楚。

李博士：你还记得小时候你母亲是如何不开心，如何哭的吗？

母亲：我从来不当着儿子的面哭！

李博士：那你怎么处理你的不开心呢？

母亲：我只是晚上一个人在被子里面哭……几乎每一个晚上。

李博士：你知道吗，母亲流的眼泪常常很容易流到儿子的心里去。（转向夏）你一定看到了你母亲是如何的孤单，如何在被子里面哭的。

母亲一边说话一边哭了起来。尽管夏并没看着她，但他也哭了。

夏：我的母亲非常无私。我小时候，她总是穿着打了补丁的衣服，但是对我和我父亲，她绝对给我们最好的。特别是吃饭的时候，她绝对将最好的给我们吃，而自己却吃差一些的东西。从我记事起，我就知道我的母亲非常有奉献精神，也很有同情心。这就是我非常乐意用我的爱来回报她的原因。

李博士：你那么了解你的母亲，那么怜惜你的母亲！你觉得你父亲也有你那么怜惜她吗？

夏：我觉得我父亲对母亲的怜惜不够。

李博士：不够？

夏：对，我从小就觉得父亲对母亲的关心是一个问题。比如，我母亲喜欢吃鱼，我父亲就不会注意到这个；他只会点他自己喜欢吃的东西，而我就会给母亲点鱼。我的意思是说，我不过是个儿子而已，但我会注意到这些细节。我常常和母亲在一起，所以能注意到这些细枝末节的地方。

母亲：夏小的时候就离不开我。当他到另一个城市读大学时，他每天都会写信给我，和我分享他的所有想法。

李博士（对夏）：你代替你父亲，与你母亲成为“一对”，成为她的“伴侣”，一定很久很久了吧？

夏：嗯。我和我母亲相处的时间很多，包括与她睡在一起，因为我小时候胆子很小。奶奶总是说老虎会来吃我，吓得我不敢一个人睡，没有母亲陪我，我睡不着。

李博士：你们三个人睡在一起？一张床怎么睡呢？

夏：我睡在中间。

李博士：你睡在中间？

....

尽管孩子和他们的父母睡一张床并不罕见，但在这个家庭里，它却是不健康的亲密关系模式的一部分。作为一个中国人，我很容易就留意到有些情形似乎不过是一种文化模式(culture norm)而已。

....

母亲：的确，我也曾经想方设法将他推开，但是没有用。我深更半夜醒来的时候，他会轻手轻脚地站在我的床前，说他怕黑。我就不能再将他推开了。

李博士：但有趣的是，他感到害怕的时候就会去靠近你，而不是去靠近他父亲。

母亲：对，他从来不去靠近他父亲。我觉得他实在是离不开我。现在他生病了，他就将他的怨恨和不满“倒”在我的身上，就好像我是他的“垃圾筒”一样。

夏：我恨她，因为我得这个病是她的原因。我怪她，我知道我的母亲也很痛苦。她也非常想帮我，但就是劲没使到刀刃上，最后给我造成的往往是压力……我母亲把我看得非常紧，她不允许我有女朋友。如果我打电话时间太长，她就会非常不安。但我也知道，她为这个家庭做了多大的牺牲，并且她非常不开心。有时我希望我母亲对我不要这么好，这样我提出反对她的意见时会更容易一些。直到我生病了，他们才让我做我想做的一些事情。

李博士（对夏）：从暴食到厌食，从不想停止吃到不想吃。这与你同你母亲的关系一模一样。

夏（叹气）：对于我来说，我对营养的需求就好像我和母亲的关系一样。我需要营养才能够生存，就像需要母亲我才能够生存一样。但是当母亲的爱与我发生矛盾时，我又不得不去反抗她——就像我吃了又要吐一样。这令人感到非常空虚。

李博士：你知道吗，仅仅通过吃东西和吐东西这种方式来解决问题、来满足你面对那种空虚的感觉，不是一个聪明的办法。

夏：我知道……我已经 26 岁了。

李博士：26 岁了，你为什么还用那么笨的办法去解决问题？你知道，用吃去解决问题是小孩子(baby)的办法。你父亲在你没有长大的时候，有没有教给你一些解决生活上的问题的方法？或者你父亲也像你一样回避矛盾？

母亲：我觉得，他父亲包括我都不知道怎么去教孩子。他父亲从来没有在怎么面对挑战方面教育过儿子，或者在孩子遇到什么事情时告诉他该怎么办。

夏：他从来就没有教过我。遇到问题时，他不是教我怎么处理，而是替我办好了。

李博士(对夏)：我能挑战你父亲吗？我觉得你父亲也没有解决他自己的问题。如果他能解决他自己的问题的话，他早就知道，他有一个很不开心的妻子，一个很孤单的妻子，他就会自己去处理这些事，去安慰她，而不是让你变成那个去安慰母亲的孩子，让母亲的感觉变成你的感觉(这里我采用了父亲自己的话)。

母亲(点头表示同意)：我觉得是对的。其实，孩子知道我几乎天天晚上都会流泪。他有时候醒来就问我，你为什么又哭了，但是我无法对他说清楚我的感受。那是一种很痛苦的感觉，我不能和任何人诉说，和丈夫也不能说，我真的觉得很痛苦。有时我想，假如没有这个孩子，我很可能难以活下去。

李博士(对父亲)：你知道你妻子如此痛苦吗？

父亲：我知道，我也能理解她与我母亲的关系。但是她们的冲突从来就没有公开过。

李博士：你知道吗，所有媳妇和婆婆的冲突实际上都是她和先生的冲突。

父亲：我是一个比较孝顺的儿子，所以我刚才说我在两个人中间的这个角色是很难做的。我只能私下里对我妻子做一些劝慰工作。

李博士(对母亲)：在那种情况下，最清楚你的痛苦的人是你的儿子。

治疗开始，询问了一系列探索性的问题之后，我已经获取了一些力量

(leverage)，使我现在能挑战他们每个人。我通过将家庭成员的叙述编织进家庭剧本里的一块新的挂毯中，使家庭成员成为经验过程的一部分，并且他们不太会质问(confrontation)我。在此方面，我受到了中国国画思想的影响，即在将个别的分散的线条穿插在一起之前，画家会留出许多空白之处(留白)。

在这一部分，我们将小块和小片拼在一起，并形成一幅儿子与父母构成的三角化位置(triangulated position)的清晰图片。夏感觉到治疗过程中的紧张气氛后，便通过开他未来妻子的玩笑再次站出来缓解气氛。

夏：我从小就觉得如果我长大了，娶老婆的最基本的标准不是漂亮，而是孝顺母亲。如果她和我父母吵架，我就会马上和她离婚。

李博士：这样的话，你未来的妻子也会生出一个有厌食症的孩子。这个孩子会吸收他母亲的悲伤，他也会纠结于母亲半夜独自哭泣、身边没有人安慰她。

夏的母亲再次开始哭泣。夏原来活泼快乐的情绪立刻消失，变得泪流满面。我很高兴我们并未失去在治疗中努力去营造的那种势头。

母亲：他以前在信上写的都是如何关心我、担忧我。我完全明白儿子是真的心疼我，想安慰我。

李博士：你知道吗，这些受父母过度保护的孩子，他们成长起来很痛苦，并且走不远。

夏(再次开始哭泣)：我的心情最抑郁的时候，哪怕是最需要帮助的时候，我唯一放心不下的就是我的父母。我现在很想哭……就好像我所有的梦想都破灭了。有时我希望我母亲恨我，那样的话，我可以更轻易地离开她。

李博士：你已经把你的母亲"背"在背上了，而且"背"了二十几年，这应该是你父亲的责任，不是你的责任。你为什么不将这份责任交还给他？

夏列出了他父亲为何不能时时刻刻为母亲着想的各种原因，即使他父亲承诺会这样做，他也不相信。父亲特别想和儿子交流，但夏不接受。我要求父亲和他儿子谈话，并让夏知道他父亲有能力照顾自己的妻子。父亲试着做了，但夏并不信服。

父亲：你对我能照顾好你的母亲还是不放心，是因为我在外面工作太忙了吗？

夏：你体察我母亲的敏感程度不如我，她不开心的时候，你体会不到，我却体会得到。你太大大咧咧了，不会注意到她受的委屈。反正你没有像我这样细心地照顾她。她皱一皱眉，我就知道她不开心。她难过，我也会难过；我想分担她所有的委屈。

父亲：你觉得你母亲现在还有什么委屈？

夏：要我将它解释给你听，几乎不可能。人有基本的需要和愿望……

夏继续沉浸在父—子的活现中。这个家庭的故事让我想起《儿子与情人》[①]这部小说。夏并没有觉得他和他母亲如此亲密有任何问题。相反，他对成为他母亲的"白衣骑士"(white knight)感到自豪。处理心身问题的家庭治疗师面临的最大挑战就是制造界限和距离，但这也正是这样的家庭全力抵抗的东西。

李博士(打断他)：你知道吗，也许你没有看到为什么你父亲没有办法好好地去照顾你的母亲。也许是因为很多年以来，你都睡在他们中间，坐在他们中间，使得你父亲没有机会去亲近他的妻子。你能将你的座位让给你的父亲，好让他可以和他妻子说话吗？

(夏站了起来。他说他不想成为中心，不想成为他父母的唯一的话题，但他似乎不愿意挪动位置。当他最后在离父母较远的位置上坐下来时，他母亲的眼睛一直盯着他。我问夏，从远处看，是否感觉父母有所不同，但回应我的却是他的母亲。)

母亲(眼里含着泪水)：我有种感觉，就是他往那边挪，在那边坐下，我心里就有一种感觉，觉得儿子好像离开我们了。这样看起来，他不只是长大了，而且也独立了。从现在起，我们只能远远地关注他了。

---

① 《儿子与情人》是英国作家D. H. 劳伦斯(D. H. Lawrence)创作的一部长篇小说，是其半自传体作品。——编者注

这是母子之间情感强烈的时刻。她所说的话和她眼睛里的情感表达，提供了两种完全相反的信息。一方面需要离开家庭，另一方面又要面对母亲所渴望的巨大的控制力(holding power)，被夹在这两者之间的夏显得不知所措。

李博士(转向父亲)：你会怎样去安慰你的妻子呢？我觉得你儿子特别不相信你会安慰你的妻子，他们说你是一个传统的中国男人，我现在可以要求你安慰一下你的妻子吗？

父亲：肯定的！这一点我会，即使我自己不快乐，我仍然会安慰我的妻子的。

母亲(转向丈夫)：你知道，问题不在儿子身上，在我们身上。

至此，第一次治疗接近尾声了。尽管我们从如何抚养孩子的视角转移到包括三代之间三角关系的一个更为复杂的关系的视角，但这次会谈并不是一条简单的线。家庭的“探戈舞步”似乎太纠缠了，以致我们难以区分家庭成员的每一个舞步。这个家庭涌动着一股强有力的回避的暗流。

当母亲温柔地看着离她约 1.5 米远的儿子，并说到她不得不让他离开时，不仅足以让这个家庭，也足以让单面镜后面的观察者们流泪。观察者中的某些人也处在和这个家庭一样两难的境地中。

第二次会谈

第二天，我再次见了这个家庭。他们来自另外一座城市，所以晚上住在一家酒店里。在第一次会谈中，我们在探索了尚未引起关注的领域后，似乎更靠近了，相互之间也更熟悉了，并且已经建立了一种关系，这无疑是进行第二次会谈的有利条件。到现在为止，这些人物将扮演他们各自的角色，剧本即将活现。治疗师所面对的挑战是如何绕开家庭走过的老路，而拓展他们的新路径。在这个案例中，治疗模式的第三步提供了一个清晰的治疗方向，显得很有用。从探讨现在转移到探索过去，将加深每个人对导致他们目前关系的行为模式的理解。尽管这个目标比较明确，但达到该目标的方式有赖于治疗师如何让家庭做好准备以重温过去的岁月。

我通过和这对夫妻的简短交谈开始了这次治疗，询问他们昨晚在这座城市里是如何过的。夏去见了一些老同学，而夫妻俩没出去。我问他们中国的父母全力以赴地工作而没有个人的娱乐是否正常。应当指出的是，虽然我也是个中国人，但因为我久居国外，我知道我被这个家庭视为“外国人”。

母亲（这次看上去更放松，她一边叹气一边评论道）：确实，我们除了工作，就是家庭生活。没有时间去追求浪漫什么的。

李博士：需要浪漫吗？

母亲（笑）：需要啊，当然需要！

她详细地表达了随着一个人年龄的增长浪漫呈现出的不同含义。显然，她的浪漫感觉并不需要一个浪漫的伴侣。我告诉她，她给我的印象是一个喜欢说出自己想法的痛快人。她怎么会变得如此不快乐并且不得不在被子里哭泣？带着这个问题，我们开始了第三步的探索。

第三步：结构化地集中探索过去

母亲：我是五个孩子中的老二，但永远是那个照顾父母的孩子。我总是恭恭敬敬。当我嫁到我丈夫家的时候，我对自己说：由于小的时候我母亲就去世了，所以我要像对待我自己的母亲一样对待我婆婆。但在她看来，我没有一件事是做得对的。我婆婆卧床不起好多年后才去世；我服侍她，有些甚至连她自己的女儿都拒绝做的事我都会帮她做。朋友们都说我婆婆有我这么一个好儿媳是多么幸运，但她只是回答他们说那是我的职责。

一个有趣的发现是，母亲的过去并不只是她自己家庭的过去史，而且包括她和她丈夫家庭的关系的过去史。

母亲(继续)：人们认为我很坚强，但实际上我很脆弱。因为我表面上强大，所以没有人认识到我的脆弱。

……………………………

当然，事实并非如此。她儿子很清楚她有多么孤独。夏的父亲也知道夏对母亲的感受太敏感，但他没有意识到的是，如果他的发现是正确的，他妻子的怨恨也就会变成他儿子的怨恨。除非他首先接近他的妻子，否则他是没有办法接近他的儿子的。因此，我再一次向夏的父亲挑战昨天已经开始向他挑战的那些内容。

……………………………

李博士：我昨天告诉过你，我有一种奇怪的算账方法。我认为婆婆和儿媳之间的所有冲突，实际上都是丈夫和妻子之间的冲突。

母亲：太对了！你知道我丈夫也像夏一样，是母亲的孩子。他从来就不会反对他的母亲。

父亲(相当尴尬地自我防卫)：我并不认为我感觉迟钝，我知道我妻子不太高兴。

李博士(坚持)：但你的妻子怎么没有察觉到你对她的体谅呢？你们的儿子怎么说因为你不保护妻子，所以他必须保护他的母亲？

父亲：我的信条是，在一个家庭里，成员之间的差异是可以用一些方法来平衡的，必须相互妥协。也许我的这个态度导致我与妻子发生了冲突。(他看了妻子一眼，然后继续和治疗师说话。)

不过，我想补充一点，有些压力来自她自己的家庭。她对她年迈且健康状况每况愈下的父亲很孝顺。虽然她上有兄长、下有弟弟妹妹，但他们都不是很能干。她承担了绝大多数且近乎苛刻的家庭责任。

李博士(对母亲)：所以你需要照顾两个家庭？

父亲：她的弟弟、妹妹、哥哥，没有一个处境很好的。如果她弟弟失业了，也成了她的事。我认为一个女人如果结婚了，就必须将她的精力投入她的新家庭中，而不能对她自己原来的家庭投入太多。

……………………………

我对夏的父亲开始提出他自己的不满而感到高兴，因为这是我第一次看到他强调一些使他和妻子产生分歧的冲突。由于我们经过非常艰难的努力才达到目前的地步，因此我决定继续挑战他，让他介入更多。

……………………………

李博士：你知道我奇怪的算账方法是，如果一个妻子不能离开她原来的家庭，那是因为她的丈夫不知道如何将她留在自己的身边。

母亲：确实如此！

在我打算向不熟悉这些概念的家庭介绍一种系统观点的时候，我使用了一套描述性的隐喻来显示事物是如何联系的。使用隐喻十分有趣，它们常常使人们更容易强调冲突性事件。

然而，作为家庭忠实的守护者，夏按捺不住地进行干涉。

夏：我觉得我母亲是这样一个人，她……

李博士(打断他)：我现在能否要求你只是倾听，听了以后再对我们讲，好吗？(对母亲)我觉得你儿子已经很习惯地加入……

母亲：我的生活圈子？

李博士：对！你认为，他可以学会控制自己不加入你们的生活圈子吗？我知道这对他来说并不容易。

当然，夏不参与是不可能的。他一直密切关注着我们的谈话，寻找每一个机会参与谈话。这次他未能获得我的关注，便小声地对我说："我只想告诉你，我母亲也并非总是正确的。一直以来，她为她自己的家庭花费的精力太多。所有重要的节日，我母亲都是和她自己的家庭一起过的，而不是和我父亲的家庭一起过。我父亲毫无怨言且非常有耐心地忍受了这一切。"

夏站在了反对他母亲的位置上，这是一个好的迹象。他想离开，但发现情绪上又无法脱手，很显然，这是他的冲突之一。我感谢他提供的信息，但我不想在那个时候将焦点从夫妻身上转移开来。我建议当他父母在交谈的时候我们俩都保持沉默。我将夏的父亲的椅子移向他的妻子，并请他们夫妻二人直接交谈。

父亲(继续对李博士说)：事实上，正如他昨天提到的那样，我一直知道我儿子对他母亲的观察是非常细致入微的，儿子对她的脸色，包括眼神，都很敏感。

疏离的父亲通过转向我对和他妻子一起活现的建议做出反应，这一点儿也不奇怪。这种阻抗在意料之中，并且必须以温和但坚定的方式进行处理。

李博士：这就是我想让你和你妻子直接交谈的原因。我想，如果你能学会体谅你妻子的痛苦，你儿子也许就能学会如何走开。如果他觉得你没有像他那样去关心他的母亲，他一定走不远。

母亲：有很多事情压在我的心里，太沉重了，我觉得我会爆炸。我真想大喊大叫，真的很难受！

父亲（对母亲）：你以前并没有告诉过我这些事……我记得我在北京工作的时候，你从未写信告诉过我你不开心。

母亲：我不敢告诉你，我总觉得你是不会理解我的。我认为我也不应该告诉我们的儿子，但也许他已经下意识地吸收了我的感受。

李博士（对父亲）：如果是这样，真正的冲突存在于你和你妻子之间。你会怎样去解决你们两个人之间的冲突呢？

父亲和母亲：我们没有去解决！

李博士（对父亲）：你这种处理你们亲密关系的方式是如何形成的？

尽管我们在这次治疗的初期就已经和夏的母亲进入了第三步，但需要花一些时间才能和夏的父亲进行到这一步。我不想这一步进行得太仓促，因为我相信，要探索某个个体的过去，在澄清一些夫妻之间的关系之后再进入第三步会更明智。

父亲：我有一个哥哥、两个姐姐。我的哥哥姐姐很早就在外面工作，父亲一直在外面做生意，我跟着母亲长大。直到父亲生病，在他去世的前几年，我才真正有机会去了解我父亲。对我而言，那是一段非常艰难的时光，因为我必须在学校和医院之间来回奔波，而学校和医院之间的距离相当远；但这又是一段很有意义的经历，它为我和父亲在一起提供了唯一的机会。

李博士：你变得更了解你父亲了吗？

父亲：不是很了解。我敬重他，也有点儿怕他。我觉得直到我父亲住进医院，我才有机会去了解他。那时我 19 岁，却像个成年人了。我在他床边陪伴了他好几个月，虽然我们的交流并不太多。那段日子太艰难了。

对于我来说，重要的是我能承担一些照顾我父亲的责任。

李博士：他还是去世了。他是怎么去世的？

父亲：他去世得很突然。当年，我父亲在单位接受审查，后来因病住院。在审查期间，他心脏病发作。我们在家里得到这个消息的时候，他已经去世了，于是我和我母亲冒着大雪，连夜走了几十里路，步行赶到他的单位，把他的遗体送到火葬场火化。太惨了！

李博士（被他的故事感动了）：真的很惨，当时就只有你和你母亲两个人走路去的吗？

父亲：唉，对，只有我和我母亲。

你能够感觉到在这个貌似严肃的男人身上所涌现的那种情绪，这种情绪也将我们带回到那种创伤性的经历中：一个忠诚的儿子陪伴着他的母亲，踏上艰难之旅去寻找去世的父亲的故事。就像一部黑白电影的情景一样，我可以想象一个年轻男人在遥远的山里面保护着他的母亲，绝望地在雪地里顶着暴风雪挣扎着行走的场景。你能感觉到他们的无助、悲痛以及愤怒。

父亲：有很长一段时间，我的生活只是围绕着我母亲而转，我们不能分开。

母亲（突然说话）：他的母亲是一个很严肃的人。我很少听他母亲提到他父亲的事情，她也从不去给他父亲扫墓。我对此一直很纳闷。

李博士（对母亲）：你丈夫有没有和你提起过这么伤痛的一段经历？

父亲：没有，她不是很了解。

母亲：他提到过，但我没有太在意。

李博士（对父亲）：为什么你觉得她不是很了解呢？

父亲：因为像刚才这样一些细节，我从来没对她说过，她也从来没有问起过。

母亲（反对）：我问过，我知道那个暴风雪的夜晚……

访谈到此节骨眼上，很容易被拉回到夫妻之间的活现，我决定推迟探讨这一点，以便进一步探索丈夫的内心历程，为疏离的（或爱争论的）夫妻之间富有成效的活现埋下伏笔。花时间深入探究他们的个人经历，探讨埋藏在痛苦和愤怒下面的孤独和渴望是很有用的。因此，我决定进一步深入丈夫的情感经历中，以此来唤起妻子的好奇心。很显然，妻子很久以来一直忽略了她丈夫的重要的内心历程。

李博士（对父亲）：即便作为一个陌生人，我也能想象得出你们母子俩连夜冒着暴风雪去寻找死去的父亲是一段怎样的历程。你一定对发生在你们家庭的变故感到非常愤怒。

父亲（引用中国的一句老话）：“敢怒不敢言”，我只能接受。

李博士：你只能接受？你是怎样处理你的愤怒的？你是否因此就变得沉默寡言？

父亲：我唯有将愤怒压抑在心里。我写信给相关单位，尽力想帮爸爸平反。

我听到这个故事的时候，同时也感觉夏就像是在重复他父亲的那个故事一样。自那个暴风雪的夜晚开始，他，也同样正在失去一个情感上早已死亡的父亲。我对这一联想进行了评论，但没有人回应，便只好放弃这个念头，这种想法对于一个中国家庭来说可能听起来有点儿太过弗洛伊德主义了。

事实上，夏的父亲是个很执着的人，若干年之后，夏的父亲终于成功地为他父亲平反了。就像他那一代的许多其他人一样，他对孝道的尊崇是那样强烈，甚至远远胜过他对婚姻的依恋。

李博士（对母亲）：你们是怎么谈起恋爱的，怎么结婚的？

母亲：朋友介绍的。我那时29岁了，是该结婚的年龄了。他看起来还是蛮不错的，非常勤奋，人品也好；而且，我母亲刚过世，我想将我婆婆当成我的母亲来对待。当我和婆婆的关系出现问题后，我大受打击。

让夏的母亲在谈论她自己的生活时不提及她的婆婆似乎是不可能的。要么这是由文化决定的，即在中国，当一个女人嫁给一个男人时，她也同时“嫁给”了这个男人的母亲；要么她通过批评那个老妇人转移了她对丈夫的敌意。剩下的问题是：当这对夫妻不再有老一辈干扰的时候，他们为何没有将他们两个人之间的事情解决好？是什么将他们分开了？隐藏在他们尽职尽责和友善的表象背后的怨恨究竟是什么？

很显然，我们已经进入了我们地图的第三步：这对夫妻已经共同走过了通向过去的一段重要历程，而他们过去的触须已经延伸到当前的关系中。夏的父亲的悲惨经历已经打动了房间里的每一个人，大家都明白在这种关系中不仅有一个孤独的女人，而且还有一个孤独的男人。下一个问题是，我们将如何运用这些背景材料来促使他们改变。

• • • 第四步：探索相关的改变方式

我们通过探索这对夫妻的过去，成功地唤起了夏的母亲对她已经疏离的或者也许从未真正亲密过的丈夫想要重新亲近的渴望。他们的婚姻是在中国社会动荡的年代走过来的，那个年代耗费了他们许多精力，这些精力本可以用来发展更牢固的夫妻关系。这两个人由于受到过去的伤害，因而相互之间已经或多或少有所放弃，此时此刻，让这对夫妻回顾过去，眺望未来，探寻新的可能性，可以说是恰逢其时。如果他们俩能更多地相互求助于对方，就有可能将儿子从父母的三角关系中解放出来。我重复了我的挑战，这次他们似乎为探索新的可能性做好了准备。

李博士(对父亲)：你们为什么不能共同分享，一起担当呢？你为什么说“她(这里指妻子)不会理解的”，而且为何你妻子说“你不会明白”？如果你们相互之间真的不在意对方，那么我们也只好随它去。但你们说你们是在意的。你们两个又是如何陷入针对彼此的怨恨之中的呢？从昨天的会谈中，我明显可以看出你妻子的孤单；但显而易见的是，你也是一个非常孤单的男人。你们为何不彼此安慰呢？

有了第三步的经历，便有可能进行上述这种面质。这一次，夫妻俩似乎乐于接受谈论他们郁积了多年的冲突。显而易见，在妻子埋怨丈夫和他母亲缠结的关系时，丈夫对妻子过于依附她的家庭也非常不满。夫妻系统已经被两个家庭的不同要求分割开来。丈夫对妻子为她的兄弟姐妹们提供财力支持感到生气。经过多次想改变这种局面但没有成功的尝试后，夏的父母选择了保持他们之间的距离，并通过彼此回避的方式来避免争吵。这就是即便婆婆已经去世了很久，夫妻俩仍继续处于冲突之中的原因。夏作为父母忠诚的儿子，已经成为父母两难困境的一个“专家级见证人”（expert witness)。夏在倾听父母讲述了这么长时间之后，准备移动。这次我邀请他来扮演一个成年儿子的角色，并做出评论。他有能力扮演好这个角色。

夏：我在听他们谈话时，就开始觉得真正的问题在于我父母之间的冲突。他们两个对真正的家的概念的理解完全不同。这个冲突一直是我们家的一个疙瘩，而且这个疙瘩任何人都碰不得。如果你碰了它，我们家也许就会垮掉。

我一直不太清楚我妈妈与我奶奶之间的冲突，直到我妈妈告诉我时，我才有所了解。记忆中，奶奶很疼爱我，并没有那么严厉和霸道。后来我对妈妈和奶奶之间的冲突有所了解。我记得我父母常常互相埋怨，记得妈妈哭，但不记得发生了什么事，只知道他们是因为奶奶而争吵……这就是我觉得我必须像一根链条一样将他们包括我的奶奶连接起来的原因。那个时候，我们四个人生活在一起，而我是他们三个人的中心。我充当了他们的信使；我从小就会察言观色，包括爸爸妈妈之间的那些比较细微的感情变化。我记得我小时候就说过，只要他们开心，我就会竭力去做任何事情，哪怕是毁掉自己；只有我的父母幸福，我才会觉得满足。

李博士：你是一个很忠于家庭的孩子。

夏：昨天，我觉得自己仅仅是充当母亲的保护者这个角色，现在看来，并不是太全面。我想我也继承了父亲的性格，我不太直接表达感情，但并不意味着我没有想法……从我能记事起，即使我奶奶还在世的时候，我们的家庭生活基本上也都是围着我妈妈那边的亲戚转，所有重要的节日，我们都是和我妈妈那边的亲戚一起过的。

在中国文化中，庆祝节日是家庭仪式中很重要的一部分。当丈夫的父母还在世的时候，妻子和她自己的家里人一起过节，这是非常不符合习俗的。因此，尽管母亲坚持认为自己是一个非常孝顺的媳妇，但有趣的是，我们看到的是她如何成功地控制着家庭中最重要的仪式。我可以想象他们夫妻之间的冲突是多么激烈，因为它还代表着两个家族之间的战争。夏在治疗的早期就向我们提出过这个问题，但只有经历前面的步骤，我们才有可能完全明白他要向我们传递什么信息。

李博士：你爸爸为什么要同意这样的安排呢？

夏：他对我妈妈有些顾虑吧。他们并不常在我面前讨论这个……但当他们两个之间相互冲突的时候，我就很担心。只要他们两个脸色不好，我就感觉他们不对劲，但这个话题又不能在我们家里被公开地提出来。于是我心里一直想，我应该为他们多做一些事情；我觉得让他们开心是我的责任。

父亲（叹气）：我们三个在一起的时候，实际上就是我怕我妻子不开心，她怕他（指儿子）不开心，他又怕我们两个不开心。是这样的。

李博士（对父亲和母亲）：这就是我要不断地向你们提建议，要将你们的儿子从你们的关系中解救出来的原因，你们两个必须学会自己直接解决你们的问题。

夏：但我认为我们家里的这个冲突不可能被解决。可能是因为长大了吧，我觉得我母亲对她的娘家倾注了太多的精力。

李博士：关于这一点，你告诉过你妈妈吗？

夏：没有，我觉得这是她孝顺的缘故。

当然，这种说法也并非完全正确，因为他在质问他父亲的时候是毫无保留的。不过，当儿子和他母亲的缠结关系被“这是孝顺（filial piety）”的信念所混淆时，要实现将他们分开的治疗目标就变得更加困难。

我让夏在他母亲身边跪下来，并将他的头靠在母亲腿上。对于一个成年人来说，这当然不是一个舒适的位置。我问他这是不是他余生所想要的位置，如果不是，他愿意离父母多远？这一次，夏将他的椅子移得远远的，移到了房间的靠墙处。

李博士（将父亲的椅子面向母亲）：我想让你直接对你妻子说。如果你的儿子看到你能够照顾他的母亲，他就能够放下这个沉重的包袱，并且最终离开家庭。这一点非常重要。你需要弄清楚你妻子是否认为你能将她照顾得很好，因为你儿子不相信你能照顾好她。

将妻子的需要置于丈夫的需要之上，也许我这么做是不公平的，但这对夫妻开始交谈了——起初相当尴尬。他们说了一会儿，然后转为用他们的方言交流了。尽管我一点儿也没听懂他们说的是什么，但能感觉到他们谈得很热烈。有时，妻子痛苦地抱怨，而她的丈夫则努力让她平静下来。夏看着这一切，眼睛里泪光闪烁。

当然，一对夫妻的关系并非只有一面。多年来，这对夫妻已经磨炼出一种处理他们之间差异和日常生活中所存在的痛苦的方法。当妻子要求木讷的丈夫有更多的情感表达时，她对没有丈夫参与的生活可能已经习以为常甚至津津乐道。对于许多女人来说，浪漫的梦想被日常生活的现实所取代。西方意义上的亲密伴侣在这个古镇中可能就像异域来客一样，对家族的忠诚仍然优先于夫妻之间的关系。然而，当他们在咨询室里将他们压抑了多年的痛苦倾泻出来的时候，他们就好像置身于他们的私人卧室。他们似乎到了关键性时刻。此时此刻，夫妻二人变成了一对，在他们的思想中没有任何外人，只有彼此。我不知道这种互动本身是否能持续，如果能持续的话，又能持续多久。但在此刻，这种互动对他们两人而言似乎足矣。

至于夏，对于他来说，用这种眼光看父母绝对是一种新的体验。他含泪的双眼逐渐从他父母的身上移开，他眺望着窗外。我让这对夫妻自己交谈，然后便“加入”房间里远远靠墙坐着的夏。我们聊了一会儿风景，并赞美了一些古树。夏安静地站起来并离开了房间，让他的父母继续在房间的另一头交谈。我建议他应该回来见张医生，让张医生协助他制订未来的计划。此刻，这个家庭对我而言像任何一个国家的任何一个极其普通的家庭一样，即便这个治疗是在中国，即便当他们彼此感觉亲密的时候用来交谈的语言换成了我非常不熟悉的方言。

反思

至此，我们总结了由四步地图所指引的经验性旅程。很明显，虽然我完成了每一步，但并不像米纽庆医生在他的案例中所阐述的那样那么清晰可辨。他毫不费力地就让家庭进入了改变的过程，而我让家庭改变的路径往往很模糊，并且有很多迂回。就像西方建筑和东方建筑有着不同的设计思想一样，他所走的近乎是一条捷径(direct route)，而我在到达目的地之前一直在迂回，有时还在转圈。也许勾勒家庭访谈地图是一件愉快而又冒险的事，因为地图只是明确了版图，而从来不会明确旅行过程。

在对处于困境的家庭完成系统评估时，每一次旅行既是相同的，又是不同的；并且每一次你都会发现细微差别，这使你对人类遭遇所具有的丰富性感到惊讶不已。关键点并不在于模仿一位大师，而是借用他的地图，并用你独特的风格来导航，以开启你自己的发现之旅。

治疗构架

家庭组织

这个家庭像前一个个案中的奥地利家庭一样，表现出心身家庭的典型特征：过度卷入(over-involved)、过度保护(over-protective)和回避冲突(conflict-avoidant)。缠结的程度在现代中国独生子女日益增多的影响下变得更加突出。母子关系非常紧密，父亲却被边缘化(peripheral father)了，这种家庭结构被许多亚洲学者视为一种文化模式(culture norm)；这个案例便是这种家庭结构安排如何在年轻一代中酿成心身问题的很好的例证。当儿子代替父亲并变成母亲的知己时，这种家庭结构会使每一个家庭成员都无法动弹，会阻碍子女在他们自己的生活中前进。这并不意味着家庭应该有一些标准的结构；更确切地说，我们是要审视现有的家庭组织是如何导致问题出现的，利用虽被边缘化但可能也正等待介入的家庭成员的力量去拓展家庭新的可能性。

个体视角

夏作为他们一家的独生子，肩负了三代人未解决的冲突。他越是觉得他的家庭需要他，就越是在情感上难以分开。像典型的患心身疾病的成年孩子一样，他开始意识到他母亲并非像他最初所感知的那么完美，但他已经内化了母亲的感觉，并且不能将他自己的情绪和他母亲的情绪区分开来。所有这些衍生出来的巨大的矛盾以及随之而来的苦恼，最后便导致了躯体化。

当夏的母亲感觉到孤独不堪承受之时，便会很自然地转向她儿子那里寻求心理安慰。后来她意识到必须让儿子离开，然而要求母亲这么做无论在何种文化背景下都是一件困难的事。尽管她说的完全正确——“他已经长大了，现在他是一个独立的人”——但她那双充满期待的眼睛却在告诉儿子她仍然需要他。

在任何文化背景下，如果丈夫不能在家庭冲突中支持妻子，则必将导致夫妻关系持续紧张。虽然他现在意识到夏和他母亲是无法分开的，但他将儿子从他妻子身边拉走的方式却只会导致母子之间缠结得更加紧密，并使他成为局外人。他最后也意识到了自己的错误，并且也表示愿意支持并安慰他的妻子。但要缩小将他们如此长时间分开的可怕的裂缝，他必须寻找勇气，将藏在心里引起创痛的一些怨恨表达出来并予以处理。

干预策略

在许多文化中，婚姻与其说是两个个体的结合，不如说是两个家庭的联结。这种对家庭高于自我的强调，可能是内化冲突的温床，并且会使人们难以顾及他们自己的需要。

我将心身疾病在家庭情境下的治疗目标设定为创造距离和界限，这似乎有点儿违背文化常规。在这个案例中，我从确定的病人夏开始治疗，并试图帮助夏“重获”他自己的“声音”。接下来，通过将夏当作他家庭的一个观察专家，我引出了他父母之间的冲突。在试图开始解决他们的冲突之前，我让每一个家庭成员参与进来并体验他们的痛苦，体验不愿意分享痛苦的感受。我一直引导夏去感受他和每一个家庭成员之间的多层关系，并引导他做好与父母分离的准备。这些干预措施按照一定的步骤循序渐进，旨在寻找一个接一个最终可使治疗有所突破的转折点(turning points)。

• • • 技巧

访谈是运用家庭的语言和文化将每一个家庭成员的叙述融合成一个新剧本的过程。活现这一技巧被使用得非常频繁，其作用是探索处理模式，并推动家庭拓展他们的正常阈值(normal threshold)。活现的使用也有助于创造一个让家庭成员习惯于在治疗师面前交谈的惯例。我以简单得近乎无知的问题开始，然后逐渐提出有挑衅意味的问题，以此作为让家庭成员一起参与、扩展有关他们家庭关系的有限版本，并邀请他们做出改变的一种方式。对于表达情感相对含蓄的家庭来说，我通过将家庭成员的经验和观点编织进经验性遭遇(experiential encounter)的过程更有效地将他们带上治疗之路。这种对家庭情境给予很多关注的过程取向(process-oriented)的方法，实际上是结构性思想(structural thinking)的基础。不过，尽管思想是相同的，但风格迥异的治疗师所走的道路却是不同的。

注释:

The author gratefully acknowledges the support given to this project by the Research Grants Council of the Hong Kong Special Administrative Region, China. Project No. HKU 7153/00H.

1. **Xia is pronounced Zee-a.**
2. **For example, Woodside, D., & Shekter-Wolfson, L. (Eds.). 1991. *Family approaches in treatment of eating disorders*. Washington, D.C: American Psychiatric Press; Grigg, D., Friesen, J., & Sheppy, N. 1989. Family patterns associated with anorexia nervosa. *Journal of Marital and Family Therapy*. 15: 29 - 42.**

第五部分

家庭和社会服务

当诸多不幸中的任何一种降临到孩子、老人或残疾人身上，且超过他们家庭的承受能力范围时，社会便会用各种人性化的服务介入来满足他们的需要。由于贫穷、违法、药物滥用、情绪障碍以及虐待儿童等问题在近些年大大增加，社会性机构便因此应运而生，以便关注这些问题（Polsky，1991）。一些机构专门为无家可归的人提供住所，还有些机构专门针对学校问题进行工作，另外一些则专门针对药物滥用进行工作——这样的机构很多，而且还在增长。

纷纷涌现的处理疾病等不幸事件的管理机构，其运作方式受到一系列法律条文和规定的限制。这些机构的工作人员必须顽强地穿越限制性规则和条令的“湿沙滩”（wet sand），这些规则和条令因基金机构指明在向前来咨询的人提供帮助前，前来咨询的人必须符合明确的诊断而被进一步强化（reinforced）。有些项目是为那些需要接受治疗工作训练的有智力障碍的成人而设立的；有些项目是为受虐待的儿童而设立的；有些项目是为药物成瘾的人士而设立的；有些项目则是为那些不需要住院，但要靠病人自己的努力，病情又得不到很大改善的情绪紊乱的个体而设立的。处理种类繁多的不幸事件的项目的快速增加是我们“集体同情”（collective compassion）的证据，但需要专款专用的各类基金（categorical funding）的五花八门的要求，则意味着服务是为家庭和社区情境之外的个体而设立的。

科拉平托和米纽庆（Colapinto and Minuchin，1998）针对各种障碍（obstacles）提出了一项系统的方法（systemic approach）：

（1）政府机构使得服务被割裂，如社会工作机构大大增加但未被整合，它们为资金展开竞争，但增加它们预算的方式不过是增加它们的个案工作量（caseloads）而已。

（2）专业工作者接受识别个人问题——如药物滥用和青少年怀孕——的培训，但很少在其所在的情境中去讨论所涉及的人。

（3）对贫穷的社会态度，包括家庭成员因他们自身的问题而受到谴责，并被视为社会负担的这一道德判断，令人倍感棘手（troublesome）：他们“辱骂虐待”“疏忽大意”“难以接近”。这些论断有时也是正确的，但它们常常将个体隔离在家庭之外，而不是帮助家庭利用家庭的资源，因此这种反应方式是缺乏远见的。

另外，贫穷家庭也没有很好地和社会工作机构保持联系。许多困扰家庭的共同问题也是以它们和更大的系统之间的相互作用为特征的：交流的方式令人困惑，界限不清，解决冲突的资源有限。社会工作机构的工作人员不能平等地对待前来咨询的人，反而将他们视为对手或失败者，这会削弱他们的权威，并向孩子们传递他们的父母没有能力的信号，这样将使家庭本身的问题变得更糟糕。

以个体为目标的服务将会出其不意地削弱家庭的影响。有些时候，孩子们在其家庭中并不安全，必须被转移到安全的地方。受虐待的妻子和吸毒成瘾者也同样如此。但倘若"有问题"的人在他们家庭之外接受治疗后又被送回到与首次产生问题相同的环境中，在他们的问题复发的时候，我们真的会感到惊讶吗？

系统方法强调在维持社会问题的关系中进行干预的重要性。因此，家庭—系统法(a family-systems approach)强调，必须将关注的焦点从单个的病人身上转移到问题行为所植根(embedded)的关系上来。系统模式也建议改变提供服务(service delivery)的性质，比如将服务设计为加强而非代替对家庭自身能力的培养。与其他方法相比，家庭—系统法意味着向赋能模式(empowerment model)与家庭及社区建立伙伴关系的模式的转变。同时，在战壕里与贫穷和遗弃(neglect)酣战的专业工作人员，不能总是等待项目执行方式中制度上的改变；他们所能做的就是要记住他们所服务的前来咨询的人是住在家里的，是实实在在的且有能力的人，他们可以将这些家庭纳入他们的治疗计划。

* * *

本部分的两个案例处理的是儿童福利和药物成瘾问题，这是两个在家庭角色问题上已经引发相当多争论的问题。历史上，个人一直是儿童福利所关注的焦点；然而，在20世纪80年代，随着家庭治疗影响的扩大以及被虐待和被遗弃儿童数量的大量增加，家庭之外的安置不再是最佳选择这一点变得明确起来，而且如果能向家庭提供服务的话，许多家庭便能在服务机构的帮助下留住他们的孩子(Sudia，1981)。1980年的《收养补助和儿童福利改革法案》提出需要进行适度努力来保持家庭的完整。与此同时，美国儿童署成立了一个全国资源中心来帮助社会工作机构实施家庭保护计划。1981年至1993年，美国儿童署设立了30个以家庭为基础的州范围内的项目，成立了27个以家庭为基础的州立服务协会（Allen and Zalenski, 1993）。1993年的《家庭保护和支持服务法案》鼓励增强父母功能的服务。因此，20世纪90年代的社会服务系统中以家庭为基础的项目进一步增加。

然而，不久后，人们便开始质疑保持家庭完整这一目标的重要性。媒体广泛宣传的保护儿童以避免其受到伤害的失败案例，引发了人们对保护家庭的宣传日趋激烈的反对（Hartman, 1993）。尽管将儿童从家庭中转移走的风险依然引起了许多专业人员的关注，但是那些在有危险的家庭中挨打或死去的儿童的故事引起了公众的强烈抗议（Lindsey, 1994）。

1997年的《收养和安全家庭法案》使得保护家庭运动向政治运动的转变达到了高峰。这部法律强调了儿童的安全，也反映了公众的担心——将儿童留在家里并且拿他们的安全去冒险的保护家庭哲学显得太过头了。新法律剔除了在一些情形下福利机构在安置儿童之前需要尽"适当的努力"来保护家庭的要求。因此，重点转移到了为儿童自身提供服务，而非为他们的家庭提供服务上。

不幸的是，社会政策有时是根据在服务家庭或保护儿童两者之间的选择来制定的（framed）。在基于家庭的服务（family-based services）目标被狭义地定义为预防性安置（preventing placement）时，20世纪80年代的这种非此即彼的思考方式便因此受到强化（Jacobs, 2001）。事实上，基于家庭的服务目标应该包括促进儿童的发展、改善家庭功能、减少儿童福利开支和增加人类服务系统之间的合作。系统性方法可以包括但并不局限于家庭治疗。

本部分的第一个案例的主题为三代人的家庭，它包含了福利系统中所涉及的被称为"亲属照顾"（kinship care）的方式。亲属照顾是非洲裔美国人社区（African-American community）的一项长期存在的"资源"，在20世纪80年代陡然成为有可能解决家庭崩溃的一种流行的方法，因此成为儿童福利系统的重要部分。对这种照顾形式依赖性的逐渐增加，反映了人们对与儿童密切相关的亲属的重要性的一种认识。"亲属照顾"的形式被视为一种保护儿童不被遗弃或虐待且对家庭友好的方式。

不幸的是，目前还不能保证将儿童带离他们的父母就会改善而非恶化家庭状况。由于种种原因不能给孩子足够照顾的父母，在他们的孩子不和他们住在一起时，未必会努力成为更好的父母；而且，并不是所有的机构都有向家庭再联合（reunification）方向进行努力的资源或认识倾向

(mindset)。将儿童交给亲属照顾可以扩大家庭的定义，但也会被简化为另一种方式，也就是将儿童安置在他们父母的家庭之外，即安置在儿童的祖父母或外祖父母家里。有时这种方式是必要的，但并非总是有这种必要。无论如何，正如我们将看到的，只关注儿童的需要而没有关注儿童—家庭系统，常常会造成再联合的问题。

* * *

在社会服务所关注的所有病态行为(ills)中，极少有哪种病态行为像药物成瘾那样始终受人广泛关注。药物成瘾的危害已跨越社会阶层、民族、年龄和性别的界限。居住式药物治疗(residential drug treatment)的专业人员确信成瘾者需要关注他们自身，最重要的是处理好他们的成瘾问题。专业人员还认为，应该把治疗对象从他们的自然环境中转移到一个有治愈可能的安全的治疗环境中(Minuchin, Colapinto, and Minuchin, 1998)。病情恢复的方式因此有点儿像到了外国——一个有着其自身文化和社区的国度——以与原来的家庭分开并隔离。

在“毒品成瘾及家庭的居住式治疗”中提到的两兄弟都是治疗性社团中的老成员，这是一个高度结构化的居住式项目，旨在打破化学依赖的控制(grip)，彻底重塑吸毒者的行为、态度、价值观和情绪(De Leon, 1986)。在努力克服成瘾的过程中将家庭排除在外是一种强制性(compelling)的逻辑。已有证据表明，年轻吸毒者的家庭在处理药物滥用问题和付诸行动方面常常以失败告终。而且，在经受戒断且渴望毒品的绞肠般(gutwrenching)痛苦的过程中，成瘾者最需要的是处理好家庭痛苦和互相指责的应激问题，这一点会引起争论。如果真的在某一个年龄段有人脆弱得像成瘾者一样需要被保护以避免承受家庭生活的压力，那一定是青少年，毕竟他们正处于和家庭分离并建立自我认同的年龄段。

不幸的是，将你自己从你不曾经历过的一些事情中分离开来是一件很困难的事。有关药物滥用青少年家庭的一致性发现是他们缺乏父母的监督，并且父母与孩子之间的依附关系较弱(Brook and Brook, 1992)。就像你将在本部分看到的麦克拉伦(McLaren)一家一样，滥用药物的青少年的家庭成员常常将家庭生活描述为毫无生气的(Reilly, 1992)，且成员之间有隔离感和生疏感。家庭治疗是在假设的基础上进行的，即滥用药物的青少年是家庭情境的一部分，个人的改变需要青少年和他的家庭之间的关系发生改变。通过离家出走，青少年并不能成功地完成和家庭的分离，也不能建立一个成熟的自我意识。长大意味着学会在直接和诚实的基础上处理和父母的关系。

迄今为止，家庭治疗的有效性已经得到了非常彻底的研究，需要接受家庭治疗的个案不必再在竞争治疗哲学的决斗逻辑中决定是否做家庭治疗。基于家庭的治疗已被证实是治疗青少年吸毒问题最有效的方式之一(Stanton and Shadish，1997； Williams and Chang，2000)。

大量严格对照临床试验所总结出的强有力的一致经验是，家庭治疗在降低青少年药物使用剂量和提高适应功能方面颇具有效性(Liddle and Dakof，1995；Stanton and Shadish，1997)。已有研究证实，基于家庭的干预在处理青少年药物使用问题上与个别治疗(Henggeler et al.，1991；Liddle，2002；Waldron et al.，2001)、青少年团体治疗(Liddle et al.，2001)和家庭心理教育性药物咨询(Joanning et al.，1992；Lewis et al.，1990；Liddle et al.，2001)相比有着更好的治疗效果。以家庭为导向的治疗对减少药物滥用的长期疗效已经被证实在治疗结束后可以维持长达12个月。

尽管这些证据清楚地表明家庭治疗有作用，但如果因此而助长抵制其他治疗方式(us-against-them)的心态，那将是一件羞耻的事。系统性方式在所有治疗方式中并非只提倡一种形式的治疗——家庭治疗，它提醒我们在处理困难问题的时候要考虑整个心理社会情境。你将在第十一章中发现，我们所希望人们看到的并不是我们所采用的治疗方式的优势，而是希望家庭治疗在帮助年轻的药物滥用者克服成瘾祸根的复杂任务中具有一种深刻和有益的作用。

参考文献：

Allen, M., and Zalenski, J. 1993 (Spring). Making a difference for families: Family-based services in the nineties. *The Prevention Report*, 1–3.

Brook, D. W., & Brook, J. S. 1992. Family processes associated with alcohol and drug use and abuse. In *Family therapy of drug and alcohol abuse*. 2nd ed. E. Kaufman & P. Kaufmann (Eds.). Boston: Allyn & Bacon.

De Leon, G. 1986. The therapeutic community for substance abuse: Perspectives and approach. In B. S. McCrady & E. E. Epstein (Eds.), *Therapeutic communities for addictions: Readings in theory, research and practice*. New York: Oxford University Press.

Hartman, A. 1993. Family preservation under attack. *Social Work*, *38*: 509–512.

Henggeler, S. W., Borduin, C. M., Melton, G. B., Mann, B.J., Smith, L. A., Hall, J. A., Cone, L., & Fucci, B. R. 1991. Effects of multisystemic therapy on drug use and abuse in serious juvenile offenders: A progress report from two outcome studies. *Family Dynamics of Addiction Quarterly*, *1*, 40–51.

Jacobs, F. 2001. *What to make of family preservation services evaluations*. Chicago: Chaplin Hall Center for Children at the University of Chicago.

第十章

三代妇女

我们评估涉及社会服务部门的家庭就意味着进入了一个复杂的系统，而且这种评估需要包括对服务提供者进行评估。尽管社会服务处或精神卫生处是在帮助儿童和家庭这一值得称赞的目标的指导下介入的，但为家庭所提供的最终服务则常常受家庭应该是什么这一狭隘的思想意识观念的限制。

在威尔逊(Wilson)一家中，外祖母已有52岁，她是她15岁的外孙女卡米什(Kamisha)的法定监护人。卡米什的母亲叫希拉(Sheila)，30岁，她被社会服务处认定有遗弃儿童的嫌疑。三年前，卡米什被安排接受社会服务处的法律监护。从那时起，这个孩子就和她的外祖母住在一起了。社会服务处坚持认为母亲必须在外祖母的监督下才能看望孩子，并且反对母亲参与相关的评估过程。家庭中的一个新问题是，卡米什怀孕7个月了，重现了她母亲和她外祖母在青少年时期就怀孕的历史。由于卡米什怀孕了，因而精神卫生处以小组计划的形式介入，为其提供服务。

促使我们对这个家庭进行评估的危机事件是卡米什的怀孕刺激了外祖母萨拉，她感觉自己年龄太大不能照顾她那即将出生的曾外孙子/曾外孙女，而卡米什的母亲希拉刚找到一份新的工作，她说她帮不了女儿。

社会服务处坚持认为，由希拉来照顾孩子并不合适，孩子应该和他的外祖母生活在一起。

第一次会谈

我带着自己个人的思想倾向对这个个案进行了评估。我见过许多这种组织类型的家庭，并发现母亲和外祖母的合作在抚养孩子方面非常有效。因此，治疗是以辩论开始的。一方是社会服务处和这个家庭，反对他们观点的另一方是见过威尔逊一家三次的治疗师和作为顾问的我。

出席治疗的有萨拉、希拉和卡米什，卡米什显而易见的确是怀孕了。

• • • 第一步：拓展目前的主诉

米纽庆医生： 你们为何要到这里来？你们的问题是什么？

外祖母： 为我自己，我希望能帮我女儿希拉以一种不同的眼光来看待事物。要知道，没有人责怪过她。她可以将卡米什带回家，这样她的生活会更加积极一些。对卡米什来说，她也可以看到她母亲对她的关心。我所扮演的角色非常困难。我对我女儿很不满，因为这应该是她的职责。我的意思是她并没有什么问题，她不吸毒、不酗酒，也没有精神问题。她只是选择生下孩子。让我们回到我原本设定的生活轨道上来吧。

米纽庆医生： 如果你能画一幅家庭应该如何运作的"画"，那么卡米什应该和她母亲生活在一起吗？

外祖母： 是的。我总是尽我所能地为卡米什想办法。如果卡米什想来，甚至如果我的女儿想来，我愿意始终向她们敞开我的门。但是，整个情形让我觉得很混乱，我还需要承担一些费用，希拉并没有意识到这一点。有时这项开支对我来说的确是太多了。

外祖母的开场白使得她和我之间迅速达成了一种默契，我同意她的观点。她的位置是清楚的，她有我所喜欢的能量。我期望我能利用她的极为悲痛和愤怒的情绪，来指代一种更复杂和更有效的家庭组织。与此同时，我注意到她描述她女儿的方式，在她的描述中没有任何微妙之处：她女儿是被损伤的物品。我感觉她这个定义是多年失望的产物，而且现在已经言之凿凿，并不空泛。

外祖母： 是卡米什做了这个决定，她打算留下她肚子里的孩子，而且我们将一起面对，但这绝对不是她应该经历的事情。卡米什还没意识到她现在和以前不同了。她认为，"这个，并没有什么错，我只是怀孕了"。但她的整个生活将会发生改变。我已经经历过那样的事，它是你生命里非常突然的改变，一些事发生得非常之快，你甚至跟不上它们。（转向卡米什）你未来的日子不过是抱着你的小孩以泪洗面而已。等到另外一些女孩说"吉姆(Jim)告诉我，那不是他的小孩"时，等到你听到类似的那些话

时，你将会感到那些话语是怎样像耳光一样扇着你的脸庞的。你将不得不忍受太多太多的事情。

……………………………………

我觉得我理解萨拉，她是一个在街头生存，并从所遭遇的危险以及从男人剥削女人的过程中获取知识的聪明而坚强的女人。她想运用她的智慧在她外孙女的生活中创造一个保护罩——一个令人惊羡但却非常危险的冲动之举。

……………………………………

米纽庆医生：卡米什，我想弄清楚你对你外祖母所说的话是怎么想的。

外祖母：来吧，卡米什说说看。

……………………………………

虽然外祖母想放弃她作为一个隔代(second-time-around)母亲的角色，但她已经非常习惯她所担当的守门员(gate-keeping)角色了。

……………………………………

卡米什(对外祖母)：我也曾经仔细思考过这个问题，但我尽量不去想。你和妈妈所做的所有事情，不过是埋怨和责怪而已。我本不应该就这样放弃吉姆，虽然我不应该期望和他有一个好的生活，因为他打算做的和所有其他男人做过的事并无二致，而且这样伤害了我。

外祖母：我了解生活，卡米什。我已经活了52年了，我了解男人。我担心你对所发生的那件事期望太高，万一吉姆抛弃你，你将会手足无措。

米纽庆医生(对外祖母)：我感受到了你的痛苦，而且我看到你一天工作24个小时。(*转向希拉*)希拉，你能和卡米什谈谈吗?

……………………………………

此时，我面前有两个被认定的病人：希拉——一个不负责任的母亲，卡米什——一个怀孕的青少年。在会谈中，我将尽量扩展对她们每一个人的定义。与此同时，我打算想办法增加卡米什和希拉之间的亲近感，而又不疏远萨拉。

……………………………………

希拉(对卡米什)：好的。按照你所说的，我因为吉姆的事而责怪你，但那并不意味着我们将所有的责任都推到你的身上。那是现实，而且一旦吉姆来到家里，他将如何对待你，我真的不知道。

米纽庆医生（对希拉）：你认识吉姆吗？

希拉：不认识，而且坦率地说，我认为卡米什并不真正了解他。

外祖母：卡米什认识他，但并不了解他。卡米什现在对他的了解是基于一个严肃的事实，那就是她怀孕了。

希拉（对卡米什）：你是我的生命。15 年之后，我仍然在挣扎，试图掌控自己的生活。那就是我妈妈刚刚所说的，尽管你选择了坚持下去，但真的很难获得成功。尤其是和一个你确实不太了解的家伙在一起，你并不知道他的意图是什么。

米纽庆医生：卡米什，你让你的外祖母和你的母亲告诉你事情应该是怎么样的，她们是否说得太多了？她们理解你吗？

卡米什：我觉得我不像我母亲，我是我自己。我们看上去很相像，但我不是她。我们看待事物的观点是不同的。

米纽庆医生：我喜欢你说话的方式。你需要帮助你母亲去理解你和她是不同的，因为父母常常将他们的孩子视为自己生命的延续。你能和你母亲说清楚这点，并告诉她你在什么方面是你自己吗？

卡米什：不行。

米纽庆医生：你能和你外祖母谈谈，来帮助她了解你是谁吗？

卡米什：能。

外祖母：我和卡米什谈过要意志坚定、能够自立以及能接受她必须承担的这个责任。我不希望在她母亲身上发生的事又在卡米什身上发生。我不想卡米什以社会服务处规定的方式生活了六七年后再告诉她“是你不好，你不能照顾你自己的小孩”。

尽管叙述以卡米什的怀孕为主题，但另一个潜在的意思正浮现出来：外祖母和卡米什组成联盟来反抗希拉。我将此视为一种破坏性的亚系统，因为它阻碍了母亲成为家庭的帮助者和治疗者的可能。

第二步：着重探索维持问题的互动

米纽庆医生：让我问一下希拉……我听了你母亲刚才说的话，感觉她似乎是一个非常负责任的人，而且她将整个世界的重担压在了自己的肩上。她一直都喜欢那样做吗？

希拉：哦，呵。

米纽庆医生：当你还是个小孩的时候，她就是那样吗？

希拉：是的。

米纽庆医生：那样有帮助吗？在以后的生活中她那样做是否变成了一个问题？

希拉：它似乎在我们以后的生活中变成了一个问题。

外祖母：在某种程度上，希拉被宠坏了。她那时还是个婴儿，我将照料她的责任大多放到了她姐姐身上。但是当希拉生下卡米什的时候，她才不到16岁。希拉离开了家庭。那时我也帮不上希拉的忙，因为希拉已经有小宝宝了。她和她宝宝的父亲依靠他的家庭生活。卡米什也一样。我现在想告诉卡米什："如果你想去上学或做一些正当的事，我将尽我所能帮助你。但如果你认为一旦有了这个孩子，你便打算睡在吉姆的房子里扮演那种成年人的角色，那在我的房子里就只能有一个成年人，那就是我。而且我不打算浪费许多时间让卡米什来决定她是否想选择合适的道路，因为我知道我的道路就是正确的。它可能是我的路，但它是正确的道路。"

在这个问题上我有三种选择：一是保持沉默，二是处理外祖母口口声声所说的"正确的道路"，三是加入她并强调她的保护性态度的代价。在评估家庭的过程中，确定指导治疗方向的总体策略是探讨功能失调的组织的其他可能性选择：是否存在让母亲成为一个帮助者的空间？因此，我倾向于支持外祖母的责任感（首先"抚摸一下"），接下来希望挑战她的控制（然后"踢一脚"）。

米纽庆医生：你是如何变得这么负责任的？你生活中发生了什么，使得你将世界上"所有的担忧"都扛到了自己的肩上？

外祖母：因为在我成长的过程中，我母亲非常不负责任，她是个酒鬼。我父亲还算是个负责任的父亲，在他去世前，我告诉他，"如果你在很早以前就离开妈妈，也许她会变成一个更好的女人，而且她会自立"。

米纽庆医生：所以在家，作为一个小孩，你过去一直照顾着你的家庭？

外祖母：是的，我照顾自己，并处理了很多家里的事。

米纽庆医生（对卡米什）：你外祖母知道，你母亲也知道，拥有一个小孩所带来的快乐是要付出许多代价的，但你依然不明白这一点。你有一个男朋友，他和他的父母住在一起吗？

卡米什：他和他母亲住在一起。

米纽庆医生：他母亲和你外祖母有相似的地方吗？或者她们非常不一样？

卡米什：他母亲和我外祖母不同。没有人能替代我的外祖母。

米纽庆医生：你是否觉得有时她的方式太固执了？

卡米什：没有。

米纽庆医生：你怎么会搬去和你外祖母住在一起的？是谁告诉你需要那么做的？

卡米什：社会服务处的工作人员。

米纽庆医生：他们为什么会这样想呢？他们为什么要进入这个家庭并做出这样的决定呢？

卡米什：因为我母亲是一个非常好交际的人，而且当她将她的朋友们撵出房子的时候，她们以51-A（美国涉及某些州立大学的租房条例）为依据向她提出了控诉。

希拉：我为了孩子的抚养问题将她的父亲告上了法庭，而且我一旦那么做了，他和他的家庭就会设法将卡米什从我身边带走。有一次，我去附近的商店买完东西后回到家，警察正在我家里，因为卡米什之前接了个电话，他们好像在电话里问了"你母亲在哪里"，而当时我刚买好面包正步行回家。

我是一个年轻妈妈，我还在工作，因此有时我只能在下午3:30到5:00才能回到家，而在这之前，卡米什常常不得不一个人在家。她父亲没有帮我，一切都是我自己料理的。于是一旦发生某些需要政府介入的事情，我母亲很自然地便成了她的监护人。

一旦社会服务处和法院确定了家庭的正确形态，就存在一种指导家庭成员处理事务的官方的约束力。这样，父母的权威就会有所削弱，而且服务提供者取代了父母的权威，并且规定什么是正确的。[1] 希拉被贴上了有遗弃孩子嫌疑的标签，并且三年之后她仍然带着那个标签。与社会服务处彰显的目标相悖的是，他们在孩子和她母亲之间制造了长久的分离。

外祖母： 即使社会服务处说希拉不应该和她女儿生活在一起，我仍然鼓励她并说："社会服务处说什么我一点儿也不在乎，这是你的孩子。你需要为此做一些事情，自己负起责任来。"

米纽庆医生： 你真有智慧。

外祖母： 我说"我不介意"，并且我和她拼命地对抗。我愿意去她的家里，我会将她的朋友们骂走。因为我说："这是你的孩子。我不介意这些人告诉了你什么。"并且她最终会意识到，作为她的母亲，我不会让她离开的。

米纽庆医生： 希拉现在在哭，我想知道她为什么哭。

希拉： 那并不是我感受到的，妈妈。

外祖母： 但那是你做事的方式。你知道，你在抚养你的小孩这方面是失败的，不是吗？你要处理好这件事，它并不是世界上最糟糕的事。这并不像你"杀死"了你的小孩那么严重，你又没有将她按进澡盆里淹死她，你也没有用香烟烫她。你将事情搞砸了，每个人都会有把事情搞砸的时候，关键是要接受它。将她带回来，你亏欠这个孩子太多了。

希拉： 你不能说我从未照顾过她。

外祖母： 你必须坚持那么做。你需要让她在你的面前长大，我在三年前就告诉过你这一点。你让她形成了她自己的观点，使她认为你不关心她。你想要你的朋友们，你想要你自己的生活。

萨拉和希拉在治疗中的对话相当一致。萨拉告诉希拉她在生活中的失败，以及希拉曾让母亲和女儿失望。然后她说，希拉需要变得有责任感，但她知道希拉也会在这样的努力中失败。希拉的反应是无助的和无望的，并且有取悦她母亲的倾向。

米纽庆医生： 希拉，你是否觉得有时候你的母亲认为你是一个非常年轻的女孩？

希拉： 有时候是的。

米纽庆医生： 因此很困难，因为她对你说话的时候就好像你是一个非常年轻的女孩一样。

希拉：是的，有时候是这样的。

米纽庆医生：我现在想暂停半个小时，然后再见你们三个人。我开始明白，有一点点明白。也许我们能凝聚大家的智慧，可以找到另外一种不同的方式。

所有人握手离开。

在会谈结束时，我对这个家庭的感觉挺好的。我加入了这个家庭，并对这三个女人给予了支持，而且我能感觉到我已经“触及”了萨拉，“触及”了她的责任感和她的痛苦。与此同时，我对自己能够帮助萨拉接纳希拉是一个负责任的成年女性的能力感到怀疑。

第二次会谈

通常第三步是探索父母的童年时代对他们与他们的孩子限制性的交流的影响。但在这个案例中，我和三代，甚至是四代人一起工作。因此，我拓展了该模式，探索了这三个女人的过去。

第三步：结构化地集中探索过去

米纽庆医生（对外祖母）：我知道你是一个负责任的人，而且你很坚强，也很操劳。我想了解的事情之一是有关你的成长情况。你知道，在孩子们成长的过程中，他们的父母会留给他们特殊的“眼镜”。有一些孩子长大后会变得像泰格·伍兹（Tiger Woods）①一样强壮灵敏，有些孩子则会变得过分负责，就像你一样。我想知道你是如何“发展”这些“眼镜”的。

① 世界著名的高尔夫球手。——译者注

比起被他人告知你的性格有点儿狭隘或局限，接受透过特殊的“眼镜”（或透镜）看世界这个隐喻要显得更容易一些。而且，有人给了你这些“眼镜”这一提示，容易令人思考是谁影响了你，以及这个人在你成长的过程中是如何影响你的。

外祖母：我认为，我母亲使我形成了我现在的生活方式。在某些情况下，我还会因此而感谢她，因为我生活的世界需要这种方式；然而，在其他情况下，我认为这确实使我不得不扮演一个困难的角色，因为她并没有承担起她作为一位母亲的职责。

我父亲是一个爵士乐音乐家，他靠此谋生。在他去世的时候，他拥有两个家庭。我认为他将自己照顾得挺好的。我母亲是俱乐部的一名女招待。

米纽庆医生：你说你妈妈常常喝酒？

外祖母：是的，她是一个喝酒非常厉害的人。不，她是一个酒鬼。我的意思是，开始的时候我只是觉得她喝酒很厉害，可几年之后，她变成了一个酒鬼。一个家庭主妇酒鬼——那就是我的母亲。

米纽庆医生：她会出现震颤性谵妄（Delirium Tremens，DTs）的情形而需要去医院吗？

外祖母：噢，会，肯定。那是非常具有创伤性的，我的哥哥在一定程度上可以接受这种状况——“你知道妈妈喝酒，又能怎样”。但我从来不能接受这一点。我一直觉得她是个酗酒的人，但她能得到帮助。我母亲的童年很艰难，她在很年轻的时候就离开了家。她搬进了另外一个家庭，在那个家庭里充当类似于保姆的角色。我想我妈妈有很长一段时间被看作白人，因为她的皮肤非常白皙，她看上去挺白的。

米纽庆医生：你妈妈是如何使你对全家负责的？

外祖母：很多事她都不去做，于是我不得不做。

米纽庆医生：因此，你在一个“盒子”里长大了，没有很多自由，是吗？

外祖母：是的。

米纽庆医生：你现在仍然在那个“盒子”里吗？

外祖母：我感觉有时候好像是的。

我引入了另一个具体的隐喻——一个盒子——我会在整个治疗过程中重复这个隐喻，直至它变成家庭语言的一部分。它能够被所有家庭成员所吸收，并起到描述家庭如何处理事务和挑战他们处理事务的作用。

米纽庆医生：你从什么时候开始反叛她的？你曾反叛过她吗？

外祖母：我认为我从未在那个“盒子”之外反叛过她。我 16 岁就结了婚。

米纽庆医生：你不知道你过去在做些什么？

外祖母：不知道。我想我有点儿知道我想要做什么，但我认为我丈夫并没有想承担作为一个丈夫和一个父亲的责任的想法，一点儿都没有。

米纽庆医生：你指责过他吗？

外祖母：他和我们住在一起的时间并不长，因为我结婚后，在我生下朱诺(Juno)之后不久，我又生下了希拉。我们靠社会福利生活。

米纽庆医生：希拉出生的时候你多少岁？

外祖母：20 多岁了。

米纽庆医生：我看到你在一个非常受限制的“盒子”里，而且我有一种感觉，你总是将他人看得比你自己重要。

外祖母：在家庭中的我就是这样的。

米纽庆医生：你从来未能逃脱？

外祖母：从那里逃脱？没有。那就是我不断推动自己，并使自己忍受那些我不应该忍受的事的原因。虽然我以那样善良的方式来思考，但那种方式是不健康的。

米纽庆医生：那太操劳了。你是一个操劳太多的人。我能和希拉说话吗？

外祖母：嗯，可以。

米纽庆医生：希拉，你有没有看到人们是如何长大以及他们是如何变成“盲人”的？我认为你母亲就罹患了“盲人症”。你母亲被训练成将她为别人所担负的责任看得比为她自己所担负的责任还要重要的一个人，因此我认为她是抑郁的、操劳的。虽然有时她精疲力竭，她讨厌这样，但她还是觉得她需要去关心别人。你是如何将养育孩子的责任推给你母亲的？

希拉：啊，我还没成为那样的人。当我还是个孩子的时候，我就知道我母亲爱我，但还是感觉我和我姐姐之间有不同之处，很多时候我并不知道如何去处理事情。

米纽庆医生：在什么方式上？

希拉：我和家里的人不同，而且我总是被歧视。他们常常取笑我，因为我的皮肤较黑。

米纽庆医生：那样会让你很难堪吗？

外祖母：我可以说说吗？

米纽庆医生：不，让希拉说出她的心声，让你听听她的想法，这很重要。

希拉：我所听到的有关我的评价，包括“黑鬼”、难看和糟糕，有点儿难以接受。

米纽庆医生：如何难以接受？

我看着希拉，并思考着偏见的力量。她是个年轻漂亮的女人，穿着得体，发型也被精心打理过。很快，我想到了自己在一个反犹太人的环境中作为一个犹太人的童年时代以及这种环境对我的身份的影响；作为一个白人，我知道我此时此刻不能探索这个领域。

希拉谈到她父亲是如何粗暴地虐待她的母亲的，以及她感觉她母亲认为她会变得像她父亲一样。

希拉：我过去常常做坏事，伤害别人太多。

米纽庆医生：你伤害的是谁？你姐姐？你母亲？

希拉：我想，在某种意义上我在试图伤害我母亲，但我很可能最终伤害的是我自己。

米纽庆医生(对外祖母)：你是如何看待她作为家庭的“败类”而需要反叛这一问题的？

外祖母：老实说，她的这些感觉，我从来没有意识到。关于肤色的问题，她之所以有糟糕的感觉是因为她比她姐姐黑，这是一个姐妹竞争的问题。这与我无关。

希拉：我外祖母过去取笑过我。我以前去她的房间时，她会叫我“黑鬼”。你知道她在说什么吗？一个“黑鬼”。甚至我姐姐也会那样说我。我会立刻哭起来。妈，你怎么能说你不知道这些？

外祖母：希拉，我不知道这些事。我向上帝发誓！我不知道你会觉得肤色是个问题，我也不知道你对你的肤色有任何苦恼。

……………………………………

萨拉知道自己的母亲曾因希拉的肤色而拒绝接受希拉后，事情似乎变得有点儿似是而非，但这却变成了这个家庭未曾叙说的部分。

……………………………………

米纽庆医生：希拉，你母亲现在是你孩子的"母亲"，她说过想让你将卡米什带回去。你认为你母亲会让卡米什走吗？

……………………………………

我在挑战贴在希拉身上的拒绝卡米什的标签，并引入外祖母正积极地维护卡米什和她的关系的想法。

……………………………………

希拉：我不知道，我母亲不信任我。

外祖母：卡米什，现在让我和你说话。

卡米什：我正在写一本有关我生活的书。我是在三个月前参加有关青少年怀孕的项目的时候开始写作的。

米纽庆医生：你在这里有个听众，告诉我关于你的书的事情。

卡米什：好的，第一章是关于我。其中谈到我出生的时间、我的体重。我是在我妈妈家里发现这些信息的，我发现了我的腕带。我还写了一些有关我父母的情况。（对妈妈）第二章是有关爸爸以前是如何虐待你的，还有他如何把你当成废物一样对待，就像你什么都不是一样；以及他如何有许多其他情人，而你又是如何介入争斗的。他过去如何打你，如何破坏每样东西。有这样一些场景，当你打算帮我梳头发、你和爸爸在门廊那边的时候，我上楼去取一把梳子，在我朝门廊看过去的时候，你们正在打架，我非常害怕。于是我和我的表妹跑进了我外祖父的房间。

我过去常常憎恨我的爸爸。我记得有一次，他用婴儿车打你。然后有一章是关于你的，以及我是如何感受到你和我不能和睦相处的原因的。你有太多的朋友，而我不喜欢你的朋友们。这并不是因为我不想让你开心，只是因为我不喜欢你的朋友们。

希拉：啊，那就是每次当我试图和你说话的时候，你好像都在将我推开的原因。我以为我们只是在争论。

卡米什：我认为我不能相信你。我不能告诉你当我去外祖父的房间的时候，以赛亚(Isaiah)常常偷偷摸我。我不知道该如何告诉别人这件事，因为我从未认为这是错的；因为他(以赛亚)是我的舅舅，而且我从来没有意识到他会伤害我。

卡米什的故事似乎与她外祖母以及她母亲的故事相同，她们是三代被不负责任的男人虐待的强大的女人。对于我们的社会而言，这明显是一个需要重点关注的问题。作为这个家庭的顾问咨询师，我的任务很简单：如何去帮助这些女人，我已经学会了喜欢她们；如何利用她们的相互影响，发展一个更和谐健康的家庭组织。

米纽庆医生：你想让你妈妈告诉你，她对你的故事有什么样的感受吗？

希拉：卡米什，我非常在乎你，真的很在乎。我只是不想看到过去发生在我身上的事也发生在你身上，但有很多次，你说了一些伤害我感情的话。你告诉我，我什么都不好。因此我在思考，当你完全不尊重我的时候，我为何还要留在你身边？我想让我们两个努力改变这种情况。我努力去做，并尽量帮助你处理孩子的事情。但是，就像我所说的，如果每次当我努力帮助你的时候，产生的结果是你指责我，那么，我再怎么努力也是徒劳的。那是不公平的。

米纽庆医生(对外祖母)：我一直在听着你女儿和你外孙女的对话。我只是想告诉你，多好啊——你的沉默！

外祖母：我理解她们正在说什么，我理解我的外孙女对她母亲做的一些事是什么感觉，并且我也明白我女儿对我外孙女对她说话不尊重有何感觉。我有点儿像被夹在中间，我不知道面对这一状况我能做什么。

米纽庆医生：行。首先让我告诉你们所有人，我和你们在一起感觉非常好，你们是非常有趣的人。(*转向希拉*)而且我认为你和你女儿的交谈是很重要的，因为我想这位老太太应该休息了。我今年83岁了，所以我可以告诉你，她是一个老太太，让她做一个老太太，可以吗？你们两个人要靠自己解决你们的问题，而不要让她卷进来。

外祖母：我一直在向后退，但她们俩总是以大吵一架而告终，然后卡米什跑回来找我。我后退，我的确后退了。但是现在看起来，从法律上来讲，我必须干预。

米纽庆医生： 法律上是一回事，但在情感上却是另一回事。你不能允许她们（指着卡米什和希拉）折磨你。（我张开双臂提示她们两个人是如何将萨拉向两边拉的。）

外祖母： 我不想有那样的结果。

米纽庆医生： 你不知道如何保护你自己，你不知道如何"推脱责任"。

我和萨拉建立了一个反抗希拉和卡米什的联盟。

外祖母： 我感觉我女儿知道这一点，不然她为何选择现在这样的角色。我一直都在扮演负责任的角色，这是我身边的人将我安置其中的角色。

米纽庆医生（对外祖母）： 但你需要帮助。

卡米什： 我感觉我的外祖母对我的宝宝已经产生一些责任了，但不是所有的责任。我打算负起责任，我不会再像过去一样总在大街上玩耍了。

米纽庆医生（对卡米什）： 我认为你是个非常不错的人，但你真的不知道养一个孩子有多困难。一旦你成为一位母亲，你就是终身的母亲。

卡米什： 我知道将会很难，我也知道那不应该也不会成为我外祖母的责任。

外祖母： 我已经告诉我女儿，我不能再处理这个问题了。那是我和我女儿之间最大的问题，因为现在我处在一个有风险的境地。如果任何一件事出问题了，如果我让我女儿负责任而事情并未改观，那么我就会遇到麻烦。

米纽庆医生： 你有办法从"盒子"里搬出来吗？我看到你处在一个对你来说压力非常大的"盒子"里，而且我认为你不知道如何说"我已经筋疲力尽了"。

外祖母： 我曾说过类似的话，只是我周围的人都不听。

第四步：探索相关的改变方式

在会谈的最后一个小时里，家庭成员一直在绕圈子，她们对她们需要相互帮助这一点似乎达成了一致，然而家庭模式却依然如故。外祖母坚持认为希拉不称职；希拉说她母亲不信任她；卡米什希望希拉“长大”，然后她才会接受希拉的帮助。

好像萨拉和希拉仍然陷于早期的依附挣扎中，而且似乎只要她们功能紊乱的亲近状况使她们不断重复相互争吵的循环，希拉就有可能拒绝探索能力方面的全新技巧。卡米什在她不尊重希拉是一个成年人以及是她的母亲这个问题上和她的外祖母形成了一个联盟。

米纽庆医生：你们希望是一个怎样的情形呢？我想问在座的三位，如果需要构建这个家庭的形态，你们会如何去做？

外祖母：我会把卡米什带回家交给她母亲；而且如果希拉需要帮助，我会帮她的，我愿意这么做。如果她说：“妈，我需要这个，你可以帮帮我吗？”很好，如果我能做到，我会做的。我想在经济方面以外祖母的角色为我外孙女提供帮助，但我不想成为我外孙女的“母亲”，我不想那样。

米纽庆医生：好的，很好。（转向卡米什）你想怎样组成这个家庭？这是一个现在需要采取一种新形态的家庭，并且它将要变成一种新形态，因为你的宝宝将要成为家庭的一部分。你会如何去做？

卡米什：我想搬回家和我母亲一起住，但我不想现在就搬回去。我希望家里有我、我母亲和我的宝宝，我不想家里除了我们三个人之外还有我母亲的朋友们和她的男朋友。

米纽庆医生（对希拉）：你认为最佳情形应该是怎样的？

希拉：我想让我女儿搬回来。

米纽庆医生：因此你们三个看到的家庭的未来或多或少是相同的。理想状况是让你女儿和你——希拉——生活在一起，还有你——萨拉——则做一个帮手。在这个问题上，你认为这种理想状况会实现吗？

卡米什似乎在试图削弱她母亲的成年人权利，即如果她来做选择，就不让希拉和她的男朋友住在一起；我突出了她们对话中所提到的这个方面，即支持她们想要建立一个更加完善的家庭组织的目标。我在清晰地推动着我的议程，而她们一家却抗拒我的推动。

外祖母：不会。

米纽庆医生：哪些因素会干扰理想状况的实现呢？

外祖母：我女儿的生活方式。

米纽庆医生：所以你认为她需要改变？

外祖母：我只是认为她已经浪费了太多的时间，以至于卡米什完完全全被毁了。

米纽庆医生：但你正在创建一个“水泥盒子”，你知道吗？你正在制造一种你将会待在那个“盒子”里的情形。

外祖母：好，我会努力不再去控制她了。你问了我的个人想法，我现在告诉你我是怎样看待这个情形的。

会谈又一次进入同样的循环。但我此次引入了一个新的元素：挑战代表她自己的外祖母。

米纽庆医生(对希拉)：我想帮助你，因为我认为你并没有给自己什么帮助；而且问题是你知道自己是有压力的，并且你知道自己需要帮助。

希拉：行，我只是认为，主要是你(她母亲)将卡米什没有必要回家的观念灌输进了她的脑子里。

希拉通过直接挑战她母亲来回应我的支持。

外祖母：不是，我认为卡米什已经有了她自己的决定。卡米什现在就坐在那里，她可以告诉你，我从来没有将不要回家的想法灌输进她脑子里。

希拉：我从未说过你试图主动将这个想法灌输进她脑子里，我只是指出了这个想法是如何发挥作用的。当社会服务处的工作人员将卡米什从我身边带走的时候，你甚至亲口告诉我说“你永远不可能再将她带回来”。

外祖母：因为你从来没有努力去做过。

希拉：妈妈，我从来没有努力过吗？那不是真的。这件事的事实是，你对我应该做什么持有你的观点，而政府就我应该做什么持有他们的观点。我是按政府的要求做的。

外祖母：好的，希拉，那就是他们带走卡米什的原因，是吗？

会谈又一次进入相同的循环，但现在这个循环将社会服务处纳入进去了。促进—照顾系统中成千上万的儿童已陷入这种破坏性循环中了。

外祖母：我并非在说希拉不能带回卡米什。问题是，卡米什愿意回去吗？

外祖母在提示她的外孙女，她应该反抗她母亲并和外祖母生活在一起。

米纽庆医生：我很担心你。你不仅很负责任，而且也很固执。

外祖母：不，我并不固执。我一直努力在将卡米什还给希拉。

希拉：你不是在努力，因为你甚至仍然认为我在接我女儿回来这件事情上什么也没做。这就是你灌输进她脑子里的东西，让她感觉好像我从来没有努力将她带回来，而事实上那不是真的。

外祖母：你又如此否认。

希拉：我如何否认，妈？否认什么？

外祖母：我想告诉你，你的生活方式像是在吸吮。你需要改变这种生活方式，行吗？并且将你女儿接回去。

会谈再一次进入循环。我处在她们的“舞蹈”之外，但一次又一次地坚持认为外祖母需要帮助，她疲倦了，可以休息了。由于会谈不断陷入重复的循环，所以我需要加强干预强度，但干预的焦点已经从希拉的不负责任转移到外祖母的需要上了。

希拉（对她母亲）：事实再一次证明，只有你感觉我好像准备好了，我才能将卡米什接回来。

米纽庆医生（对治疗师）：这里有一个将破坏性方式用得非常好的家庭，他们需要帮助。希拉是正确的。（转向希拉）我认为你母亲在很大程度上成了你女儿的“母亲”，那就是你母亲所做的事，因为她擅长于此。同时，你母亲那样做使你女儿有点儿疏远你。我认为将你女儿带回你的身边并不容易。所以问题是，那种情况是怎么发生的？如何才能解决？

卡米什：我理解你在说什么。但我觉得，实际上，社会服务处要求我母亲做的是让她停止吸烟，找一份工作，并在经济上能基本保证我的生活。（转向希拉）但是你找到了一份工作，却没有将我接回去；你说我不想和你在一起。

会谈又一次进入循环，但这一次卡米什和社会服务处保持一致的模式。

米纽庆医生：如果你们一直纠缠这一点的话，是没有办法解决问题的。（转向外祖母）每个人都知道她们可以从你身上“拿掉”一小块，因为即使这样你还是会在那里。她们知道，你是唾手可得的。

我知道在这一点上这个家庭会永远保持相同的模式，因此我坚持将会谈聚焦于外祖母的需要上。

外祖母：噢，我明白了。她们都在利用我。

米纽庆医生：你需要帮助。

外祖母：我知道我需要帮助……我现在需要帮助！

米纽庆医生：绝对是这样。（转向希拉）你母亲不知道她被“拉长”到了接近断裂的极限，你需要帮助她。她的家庭生活一片混乱，她在照顾你女儿，她需要帮助。

外祖母：噢，我确实知道了。我祈祷。

米纽庆医生：我也在祈祷。希拉，我祈祷你母亲会接受你的帮助。

我在重复我的想法：外祖母需要帮助。但此刻我想到了一个新的妙计，希拉应该而且也能成为治疗者。这与坚持认为希拉是不称职的和不负责任的家庭意识形态有些相悖。

外祖母：我一直在告诉希拉那些情况的存在。

米纽庆医生：但她不相信你。

外祖母：她尚未见到我伸展着身体躺在床上或躺在一个精神病院里的

样子，那会是她即将看到的情况。

米纽庆医生： 希拉认为你在告诉卡米什她母亲是个一无所长的人。

外祖母： 希拉在说谎。绝对不是这样的。

米纽庆医生： 但她确实是那样想的。

外祖母： 我可以问您一个问题吗?

米纽庆医生： 当然可以。

外祖母： 我已经52岁了，也算有一定的生活阅历，请您告诉我，为何我想将我生命的剩余时间花在照顾我女儿的孩子身上。告诉我，为何我愿意这么做。

米纽庆医生： 因为你不聪明。这就是原因。

外祖母： 这并不是答案。我希望希拉带她女儿回去，但每一次都是我为实现此事而努力去尝试——您一定记得，我们让法院介入，我们让社会服务处介入……

米纽庆医生： 法院和社会服务处并不总是对的。

外祖母： 我完全同意您所说的唯一能帮助我的人是我女儿。我完全同意这个观点。她是唯一能为此事负起责任并为她自己的情形而做她应该做的事的人，而且也是唯一能够帮助我从我所陷入的这个“盒子”里走出来的人。

一些读者可能觉得我在引导家庭成员朝向我已经选择的目标改变，而没有给她们表达疑虑的机会，在这一点上她们也许是正确的。但评估(与诊断相反)是对家庭可能性的一种探索，也是对在环境改变的情况下家庭成员有可能激活另外的选择方式的探索。外祖母最后的评论预示着新的模式有可能会出现。

米纽庆医生(对外祖母)： 非常好！我们的观点是一致的。现在，你会让希拉帮助你吗？(转向希拉)你母亲需要你，她总是向你撒谎说她能自己做好每一件事，但这并不是真的。她不可能做好每一件事，她需要你的帮助。

外祖母： 是的。我只是希望我女儿采纳您的建议，而且我也打算采纳您的建议，因为我认为您说的是正确的。

(所有人握手并离开。)

结束语

当然，治疗并未以它表面的方式结束，我们有一次简短的随访。治疗师告诉我在接下来的一次治疗中，这个家庭里有人对他大发脾气；但到第二周的时候，卡米什已经搬去了希拉家，而一个月之后，她们在探索如何才能拆毁那个“盒子”。

当然这次随访的时间太短，但很明显，治疗师较好地运用了评估指南。

这个家庭正在努力摆脱的“盒子”是一个复杂的“盒子”。这个“盒子”由面对贫穷文化的妇女及不负责任的男人所维护，也由代表儿童福利的服务机构缺乏远见的干预所维护。我质疑政治力量在修复这个家庭功能呈螺旋式下降(downward spiral)的家庭时的明智性。

治疗构架

家庭组织

在美国，这种三代家庭的形式最常见于贫穷文化环境中，并常常是女性当家。许多这样的家庭是由那些对社会服务处的介入已经习以为常的妇女所组成的，而她们的男人则未充分就业或不能承担起抚养他们的孩子的责任。这种家庭形式实际上是全世界家庭组织中常见的形式之一，它出现于贬低妇女的所有文化里。在贬低妇女的文化中，人们对妇女的压抑会采用极端形式，诸如向她们扔石头或单纯地强制性地遮掩她们的面容，掩饰她们的出现。女权家庭组织——外祖母们、她们的女儿或侄女以及她们的孩子的家庭——是在贫乏的财政资源状况下求得生存的一种经济反应。它也是导致妇女比男人承担更多责任，且拥有更多处理技巧的一种社会组织的结果。

笨拙的技巧、使人士气低落的薪水、都市工作的飞快变动、居高不下的监禁率、雇主的歧视（还有人会比年轻黑人遭受更多歧视吗？），当然，再加上街道犯罪的诱惑，所有这些凑在一起便造就了一个缺乏父亲的家庭——中心城区的一个主要产品。你很可能对单亲家庭儿童所面临的高风险的、与日俱增的证据并不陌生。孩子们能克服它，并且他们一直都在克服，但在贫穷中长大，再加上单亲，这无疑是双重的不幸。尽管一个强大、支持性的父亲可能是人们所希望的父亲形象，但一个母亲和一个父亲的结合并不是单亲家庭的唯一选择。

女性当家的三代或四代家庭可以构成一个健康的环境，其间成年妇女是彼此的资源。不幸的是，社会服务处的工作人员往往将这些家庭视为功能紊乱的家庭，坚持认为只有核心家庭才是正常的，并没有意识到核心家庭是西方文明社会的一个相对新的发展。

在与家庭成员——他们的力量已经在和社会服务的长期关系中被削弱——会谈时，治疗师应该记住这些家庭成员已经被限制在自我(self)和关系中的自我(self-in-relationship)的狭隘定义中，并且家庭成员应该探索自我定义(self-definition)的新的选择方式的可能性，以及与其他人一起发挥作用的可能性。给威尔逊一家做治疗，从一开始我就挑战了社会服务处将希拉视为被损伤的“物品”的观点，并且挑战了在有关她女儿的看法上他们和外祖母的联盟。

• • • 个体视角

希拉被司法系统贴上了有遗弃嫌疑的标签，她有一段因黝黑的皮肤而遭到她自己家庭歧视的经历。因此，她的反叛，部分是被痛苦点燃的。当所期待的情形令她大失所望时，想适应被期待的情形就很困难。她反叛，部分是源于和大多数年轻人相同的原因——坚定地反对她的母亲。但她变成了家庭的替罪羔羊，这也是她在家庭之外寻找爱和接受的一个产物。

希拉愿意让她女儿回来，但为了赢得这项权利，她不得不面对在与社会服务处打交道的过程中出现的声誉受损问题，还要面对她女儿卡米什要将她推开的倾向以及她母亲对她的不信任问题。她需要支持。

卡米什在 15 岁时发现自己即将成为一个青少年母亲。她将陷入一种几乎会让任何一个人都不知所措的一系列的角色冲突之中。她将是一个母亲、一个女儿、一个外孙女，并且她将不得不以某种方式扮演这些各自不同的角色而又不让这些角色相互削弱。作为一个外孙女，她必须学会如何在不妨碍她尊敬母亲的情况下去获得萨拉的支持；作为一个女儿，她必须学会信任她的母亲；作为一个母亲，她将需要在获得支持和不逃避自己的责任之间寻求平衡。

萨拉，家庭中的外祖母，被家庭成员视为哺育儿孙和做出实际决策的源泉，她发现她对这种现存的方式别无选择，她抱怨负担过重但又难以放弃控制。你可以说她女儿希拉已经给了她(萨拉)不信任她(希拉)的很好的理由，但希拉的不负责任和她母亲的缺乏信任互为因果。母亲可能难以信任一个忽略自己孩子的女儿，当人们不信任你的时候，你是很难负起责任的。不知什么原因，孩子们只有当他们的父母尊重并欣赏他们的时候才会真正地长大。

• • • 干预策略

这次咨询的目标是探索一种新的家庭组织的可能性，该家庭组织应将希拉作为一个抚养她孩子的参与者囊括进去。我没有当面挑衅外祖母的控制，而是和她结盟并强调紧紧抓住缰绳不放的个人代价。我这样做的目的不是将外祖母排除在外，而是创建一支团队(单亲家庭的结构性挑战和双亲家庭的相同：抚养孩子对任何一个人来说都是一项难度很高的工作)。到这里结束时，我通过支持希拉及部分支持想摆脱照顾者角色的外祖母来进行干预。就像在品特的剧本中，我帮助希拉提高她做决定的能力，还支持外祖母接受她自己的局限性。

• • • 技巧

作为一个老人，我能够在治疗中靠近萨拉，并对她采取一种保护性立场：触摸她的手臂，叫她“亲爱的”，扮演她的兄长。我的态度虽具有等级性但却是和蔼的。我以幽默的措辞表达我的挑战，并且由于我所陈述的内容源于常识，因而是明智的。我对外祖母继续过度发挥作用的能力多次表示关切，也多次提示她——她需要帮助。这种重复强化了帮助家庭打破长期存在的模式的必要性。

这个案例的挑战之一——正如在任何一个具有一个强有力的中心人物的家庭一样——是质疑现状却没有与守门人结盟。在会谈过程中，我对萨拉这位女家长表示了尊敬，但并没有完全顺从她。

面对两代人——如萨拉和希拉——相互之间意见的不一致，治疗师可能会倾向于偏袒一方，或因害怕偏袒而笨拙地坚持不表态。在这个案例中，我没有接受会谈过程中出现的僵局，而是通过引入新的元素，帮助两代人以一种细微不同的眼光看待她们各自的位置，通过以上这些途径，我帮助她们打破了僵局，这使得她们有和解的可能。外祖母不只是控制者，她也是将“整个世界的重担压在自己肩上”的“极其负责任”的人。她不仅负责任，而且很固执。我采用了一种有趣的方式来支持成年的女儿希拉：我并没有保卫她，而是给她空间让她自己保卫自己。如果她在这次治疗中不能很好地替她自己公开辩护，也许我有必要给予她更多的支持。但在这里，我让她为自己而战，并以此表达对她的尊敬。当我确实向她伸出手去的时候，我并没有给她居高临下的表扬，而是告诉她，她母亲很疲倦了，需要她的帮助。

萨拉和希拉需要进行更多的交谈。在这两次治疗中，外祖母和外孙女有几次结成同盟，并批判希拉的“生活方式”。她们提到的有些问题可能确实等同于不负责任，如过度吸食大麻，但其中一些可能是成年人的特权，如选择她自己的朋友。对于希拉和她母亲来说，为了建立一种相互尊敬的关系，她们都必须谈及这样和那样的许多问题，这次治疗所完成的正是这个过程的开始。

注释：

1. Colapinto, J. 1995. Dilution of family process in Social Services: Implications for treatment of neglectful families. *Family Process*. *34*: 59-74.

第十一章

毒品成瘾及家庭的居住式治疗

我对是否要将麦克拉伦（McLaren）一家的这几次治疗写入本书有些犹豫，因为我认为我对这个家庭的治疗，尤其是我对麦克拉伦太太的挑战做得并不好。就像大多数专家一样，我想要展现我最好的工作。这是老年人的虚荣心。但后来我想，对那些明白无误地犯着带有他们自身特点的错误的学生和同事来说，看到有经验的人也会犯一些错误或许有所裨益。

本章和前面一章展示了"治疗舞蹈"的两个方面：（1）好的加入与差的加入；（2）良好的接近家庭的能力与缺乏前瞻观点及被动步入家庭的动力。

彼得（Peter）和戴维·麦克拉伦（David McLaren）并非你所设想的那样，他们几年来一直在和毒品成瘾做斗争。我是应戴维的药物滥用咨询师的请求，同意见彼得和戴维以及他们的父母的。戴维的咨询师的顾虑在于，尽管戴维目前在戒毒计划中表现良好，但如果他回家，很可能会复发，因为他和他弟弟过去已经复发了许多次。

我是在由我担任顾问的佛罗里达州的一家毒品成瘾者机构中会见这个家庭的。在我和候诊室里的家庭成员打招呼的时候，一方面，我意识到在单向镜后的观众是药物滥用咨询师，他们未必愿意接纳让家庭中的其他成员在咨询者的毒瘾康复阶段参与进来的观念；另一方面，我注意到，16 岁的戴维和 18 岁的彼得在这种情况下看上去都非常自在。戴维穿着一件有衣领扣的蓝色衬衫和棕褐色卡其布裤子，而彼得穿着灰色高领衣服和灯芯绒裤子，他们看上去就像两个来参加大学入学面试的预备上学的男孩。而他们的父母——迈克（Mike）和艾莉森（Allison）——似乎有些不自在。迈克和艾莉森很正式地和我打招呼，并且似乎对即将进行的会谈有一点儿焦虑。

第一次会谈

当我们走进咨询室的时候，麦克拉伦先生和他的太太挨着我坐下来，戴维在靠边一点儿的地方坐下，彼得则在房间远处的角落里坐了下来。

米纽庆医生：谁想告诉我有关你们家庭的情况？

戴维和彼得相互看了一眼对方。

彼得：我猜，戴维。

第一步：拓展目前的主诉

戴维：我想，开始出发的地方是一个好地方。在我大约11岁的时候，彼得已经去接受戒毒了。我父母工作很忙。有好几年我大部分时间都是单独在家，孤零零的。

那时，我并不能真正明白所发生的事情是怎么一回事。那时候，我们家没有发生巨大的变故，家里没有人悲惨的死亡，也没有出现巨大的创伤。好像大多数问题都来源于我自己头脑里的臆想。

米纽庆医生：你和你自己的对话？

戴维：是的。

父亲（打断）：我认为你需要告诉医生，你为什么要去做那件……因为我认为医生并不知道。

戴维：好。大约十三四岁时我就吸毒成瘾了，而那对我并没有什么帮助。嗯，我起初是和彼得一起吸毒的，而后他被拘留又被释放，一会儿在家一会儿不在家，进进出出。

米纽庆医生（对彼得）：你被拘留过？

彼得：哦，是的。我曾在许多监狱里待过，我的足迹遍布许多地方。

米纽庆医生：你在监狱里待了多久？

彼得：我去过好多次，待的时间最长的一次有四个半月。不过你知道，我适应得相当快……

米纽庆医生：我并不知道……

彼得：我对那里适应得相当快……因为，那是真正结构性的（structured）。每件事都按时刻表进行着。有许多的独处时间对我而言是好事，我认为，当你在那种情形下，你会开始以不同的方式来开动脑筋。

戴维和彼得进行了背诵式的描述；很明显，他们已经在“独角戏工厂”里接受了针对毒品成瘾者的个别治疗的训练。他们是内在精神的信徒：运用新时代语言解释生命循环往复的两个聪明的年轻人。彼得很坚强，在过去的四五年时间里，他在各种不同的机构里适应良好；并且他让我想起了亚历克斯（Alex）的形象，即一部名为《发条橙》的电影里的社会病态英雄——虚张声势的“硬汉”。

米纽庆医生（对父母）：彼得被拘留这件事对你们来说意味着什么呢？

父亲：那是创伤性的。

母亲：那是创伤性的。第一次，第二次，第三次……

父亲：也包括每次没有进监狱的其他时间。那都是非常具有创伤性的。

米纽庆医生：他们说这些话时好像他们是孤儿似的。他们谈论他们自己时好像显得非常孤单，他们为何做那种事？

父亲：最近几年我已经注意到了这个问题。有一个“他们”（a Them）和一个“我们”（an Us）。

米纽庆医生：他们和你们住在一起，但你们并不是他们中的一分子。他们这种看待家庭的方式是怎样形成的呢？对我来说，那是令人震惊的事。

母亲：我认为，那是因为他们还在康复过程中，并且康复过程的某些环节需要他们进行反省。

这是我对这个家庭早已接受的教化的第一次挑战：成瘾是个人问题，需要进行个别治疗，并且父母不应该干涉。

父母双方对他们的孩子疏远他们的现象感到迷惑不解。他们已经注意到，两个孩子似乎都和他们没有亲属关系，他们期望治疗师解释为何会发生这种情况。

彼得：我有点儿独来独往，这让你感到很惊讶吗？

米纽庆医生：在你的描述中，似乎你的父母并不属于你成长过程中的一部分……

彼得：我同意你的说法。我认为从我们很小的时候开始，我和我弟弟都在做我们自己的事情。无论是毒品还是我们遇到了麻烦，家庭都没有发挥其正确的功能，我的意思是，两个孩子服从父母的管教，并且在成长过程中不接受来自父母的权威角色……

米纽庆医生： 继续说，继续说。你说话像心理学家。

彼得的语言显示他曾受过数年的思想灌输。

米纽庆医生（对父母）： 你们对彼得谈论你们的方式有何回应？因为他在谈论你们。

父亲： 好像并没有什么不寻常。我的意思是那就是他如何提及……有许多的"他们和我们"。那种方式已存在一段时间了。

米纽庆医生："他们和我们"意味着你们是没有权威的。

我被彼得的父母随随便便的反应惹恼了。我已经对家庭以及将他们的儿子当作脱离情境的人来治疗的机构进行了挑战。我认为彼得的父母已经被训练成了乐于接受无助的人，我对我是否能帮助他们恢复自尊感和能力感感到疑惑。也许，我对机构的愤怒在我对彼得的父母的挑战中有所表露。

父亲： 我不确定这是不是一个能力的问题。只是当他们谈论我们的时候，我注意到我们"在那里"——我们在做我们的事，而这些家伙有他们自己的小世界。我们对此一点儿都不觉得惊讶。

米纽庆医生： 为什么你们不感到惊讶呢？

父亲： 因为我们曾经经历的一些事情。简而言之，就离家在外的彼得来说，他 14 岁的时候就离开了我们，在外参加了一个为期一年的项目，而在此之前，戴维和他在一起时并没有得到应有的成长。我们不想让彼得离开我们的家，那简直是杀了我们——他太年轻了……太小了。但当时的情况是他不能留在家里：他对戴维来说是个危险因素，我们也不可能一直待在家里。我们觉得这是我们所能做的负责任的事。

米纽庆医生： 是什么让你觉得你不再是一个有权威的父亲？

父亲： 很可能是在彼得 13 岁的时候——在他进入中学的时候——我开始意识到我不再对孩子有影响了。那时我仍然希望我能扮演好戴维的父亲的角色，但我对彼得几乎起不到任何影响作用。我认为，事实上我对彼得的影响大于他母亲对他的影响。他似乎完全将她拒之门外。

米纽庆医生（对母亲）：你有怎样的影响？

母亲：我对彼得没有什么影响。彼得有暴力倾向，因而我们与他之间的沟通有许多问题。随后他便接触毒品了。

米纽庆医生：他变得暴力时年龄有多大？

母亲：我这么说吧，他的行为问题在其整个童年时期逐步升级，至于暴力问题，我认为大约是在他 13 岁的时候出现的。

米纽庆医生：他对谁表现出暴力行为？

当彼得的父母谈论彼得的行为的时候，他们让我感觉好像那不过是心魔的产物而已。我坚持指出他的行为是关系的产物："他对谁表现出暴力行为？"

母亲：他弟弟、我以及我们住的房子——他在家有躯体伤害性行为，如砸东西、踢东西、扔东西。

父亲：他的行为问题开始于，我想说，我们注意到他有问题时可能是在他五六岁左右，那时我们在家管教他时也存在不少问题。

米纽庆医生：谁更困难？

父母以团队的方式提到他们自己（"我们注意到""我们有问题"），这常常掩盖了差异。有关影响的问题（"谁更困难"）旨在探查如何对孩子的行为做出反应方面的冲突，以及愿意（或不愿意）承认他们的冲突。我再一次从关系的角度来关注父母的行为。

父亲：我认为没有差别，因为从他进入全日制小学开始，我们俩照看他的时间大致是相同的。我是上晚班的，所以我从彼得只有 6 周大的时候就开始照顾他了。艾莉森白天去上班，我就照顾他——我是他的主要照顾者。

第二步：着重探索维持问题的互动

米纽庆医生（对父母）：我想和你们一起探索的……是你们缺乏权威……引导的权威、爱的权威和给予帮助的权威。（转向戴维）我开始倾听，戴维，你将你自己描述成不是这个家庭的一部分，然后彼得加强了那种不是这个家庭的一部分的感觉——这让我感到震惊。

尽管对成瘾者家庭的治疗通常聚焦在成瘾者身上，但我想要探索他们的父母在养育这两个男孩的过程中没有发挥任何作用的感受。

彼得：为何那样令你感到震惊？

米纽庆医生：因为我不能理解这种现象。（转向父母）专业的治疗已经让你们受到“伤害”。我在观察你们，而你们却将我推回去观察你们的孩子的健康。你们仿佛变成了彼得的问题的侦探；但你们并不是以和他一起“跳舞”的方式进行的，而是让他独自“跳舞”，就像他是一个苦行僧一样。

父亲：我们只是被逼到墙角而没有了回旋的余地……

米纽庆医生：我正试图探索这两个孩子为何感觉你们不是他们的一部分——或者说拒绝接受你们是他们的一部分。

父亲：这是个好问题。我……我不知道。他们非常粗暴、冷漠，并谈论许多有关犯罪和毒品方面的问题，我和艾莉森正琢磨，比如“这种状况是从哪里来的？”我的意思是，他们好像来自与我们不同的世界——他们像陌生人。

米纽庆医生：他们变成那样的部分原因来自你们。

我们正进行一场治疗性辩论，其间我坚持将家庭视为一个社会系统，在这个社会系统中，人们相互影响，而且家庭成员对有关于孩子们内在精神动力学的表述有反应。我后来在这场辩论中坚持了自己的观点，并成为一个令人信服的人，当家庭成员并不十分确信的时候，我仍坚持我的观点。但当这次治疗进行到此刻的时候，我并没有意识到这个过程。我认为我们只是在进行着一场治疗性对话。

米纽庆医生：部分原因来自居住地方的生活。居住地也是一所“学校”，能够教给你生活的方法。但主要原因来自你们，而且我想看看你们是否能学习去观察他们所没看到的你们的那部分。

母亲：你绝对正确。

米纽庆医生（对母亲）：和他们谈谈你们所感觉到的被他们完全拒绝的

感受。

母亲：我真的不知道该如何去谈。

米纽庆医生(指着父亲)：和他说。

母亲所说的“我真的不知道”是期望治疗师知道答案这种习得性行为的一部分。我的回应是请她向她丈夫寻求支持。

父亲(对他妻子)：我知道你不知道……我也不知道……我们已经讨论过这个问题了。

米纽庆医生：如果说你也不知道，你是起不到任何帮助作用的，她在寻求帮助。

母亲(对她丈夫)：但这是我们一直在寻求的答案。

米纽庆医生(对父亲)：但你还是没有在意。你和你妻子在一起很多年了。你们结婚有多久了？

父亲：20 年。我们在一起已经有 27 年了。

米纽庆医生：所以你们彼此了解。如果她说她不知道发生了什么事情，你需要去帮助她。看着她并试着去告诉她，彼得认为他不能和她谈话是怎么回事。他没有将她视为可以相处、交谈、一起开玩笑或分享快乐的人，这是怎么一回事？

父亲(对他妻子)：我认为你和彼得之间发生问题是因为我们不知道如何去处理他身上所发生的事情。这离我们的生活经验太远了，我认为我们两个都没有准备好去处理已发生的问题，所以我在我的道路上踉跄前行，而你也在你的道路上踉跄前行。不过，我认为就已经发生的事情来看，我们俩都尽了最大的努力去处理。

我觉得这一连串温和但平淡的分析，实际上是他拒绝以新的视角去看待家庭内所发生的事情，这样我的干预也就因此化为乌有了。

米纽庆医生(对父亲)：这样是没有任何帮助的。也许你的描述是真实的，但这对你的家庭来说并没有任何帮助。

尽管丈夫确实对他妻子的疑问做出了回应，但有点儿油嘴滑舌，他似乎处在一个疏远的解释者的位置并驾轻就熟，而我正在寻找一条途径，让他对他拒绝参与孩子们的问题、拒绝承担相应的责任感到不舒服。处理该问题的第二步是询问："你是以什么方式参与维持症状持有者(symptom bearer)的行为的？"但是我发现我在这方面所做的努力并没有效果。

父亲：我不知道如何深入。这的确很困难，我不喜欢对抗，而且常常喜欢回避困难。

米纽庆医生：所以你起不到帮助作用。

父亲：这是个应对技巧。

米纽庆医生：不，这样说也起不到帮助作用。（转向母亲）你丈夫说他无法表示不同意，他无法挑战，因此他让你在你的世界里挣扎。

父亲：事实上，你所说的是对的。我从来就没有反对过她。

米纽庆医生：为什么？

父亲：因为我觉得父母在孩子们面前应该结成"统一战线"。

米纽庆医生：但要看发生什么样的事。

戴维（对父亲）：你刚才所说的实则是在帮助我们建造我们自己的"墙"，因为你建造了这堵不透水的非常明显的"墙"。

戴维变成了我的辅助治疗师，挑战他父亲，让他父亲将他自己的行为视为他孩子们行为的一部分。这就开始了两个男孩聚焦于他们父母行为的过程。这和他们平时所接受的治疗相反，他们平时所接受的治疗大多将问题聚焦在彼得和戴维身上。

父亲：这是我对正在打击我们的那些情况的一种反应。

戴维：在我表达我的情感的时候，你们总是掩盖你们的情感而喋喋不休地说着那些理智的废话。好像每个人必须是理智的、咬文嚼字的、遵循语法规则的……而我则恰好相反。

米纽庆医生：你把你父亲描述得相当好，但我不知道你会如何描述你母亲？

戴维：我觉得我母亲控制欲很强。举例来说吧，她总是抢着开车，就好像她得了某种神经性抽动症，好像除了她以外其他人都不会开车一样，这正是她喜欢控制的一个表现。

彼得：她是个“控制狂”。

戴维：这就好比，“我掌控一切，你们必须接受”。这几乎是公然地指着你鼻子的控制。

米纽庆医生：彼得，当你还是一个小孩子的时候，你开始对你母亲感到愤怒并和你母亲争吵……你所争吵的正是她的某一个方面，对吗？

彼得：绝对是！因为我认为，在许多方面，我和我母亲是相同的，所以如果她试图在控制一些事的时候，我也试图在控制一些事……你知道那就会引起冲突。

米纽庆医生：你父亲观察到了那种情况，但他没有任何反应？

戴维：我认为他对此的反应是，就像他说过的，他会赞同我母亲，因为他认为父母必须站在同一条战线上。

米纽庆医生：所以他起不到帮助作用。

彼得：我曾听你说过，那是一段夫妻二人的时期……

米纽庆医生(对彼得)：我认为你们兄弟俩和你母亲需要有人帮助，以使你们看清你们正在做的事情是毁灭性的。

父亲：老实说，我认为我不能。因为那是一个事关控制方面的问题，对他们俩的任何形式的建设性的批评都将毫无用处。因此，如果我有不同的意见或者试图从不同的角度指出他们两个人中某一个人的问题，那也是无济于事的。

米纽庆医生：当你知道艾莉森错了，当她错了，你是如何赞同她的？

父亲：我并不知道她错了。

米纽庆医生：好的，她错了……当彼得 5 岁的时候，她和他开始了权力斗争。她之所以错了，是因为她是一个成年人，而彼得还是个孩子。她错了，而且你看到了这一点。你怎么能对她说你赞同她呢？

父亲：我猜我所采取的处理方式，是只管以我的方式去做。她多次告诉我，说我以转移注意力的方式回避或应付她。

戴维：所以彼得去坐牢了，嗯，我也好不到哪里去；而你和母亲两个人还在为住宅等不动产的价格波动而争论。

父亲：生活在继续……

米纽庆医生(对父亲)：我认为他在说的时候，你没有听。

父亲(对戴维)：我想知道你没有从我们这里听到的是什么，你说我们有很多问题，什么问题？你为何觉得我们好像不存在？

戴维：你们虽然身体在那里……但你们的心并不在那里。我一直都坐在后座。

母亲：我们意识到了……你说得对。

米纽庆医生：你们的两个孩子不仅聪明而且有敏锐的观察力，但他们非常挑剔，而你们正是他们注意和批评的焦点。当他们以极端聪明的方式进行观察的时候，他们是如何起作用的？会发生什么？

母亲：令人筋疲力尽。

彼得（对米纽庆医生）：我没有挑战他们。我认为，随着治疗强度的推进，今天的这次治疗，当你将焦点放在我父母身上，试图让他们相互交流，并且说我爸爸起不到任何帮助作用时，我明白你这是在慢慢地推倒一堵墙，并提出了更多的挑战。

父亲：为我们，还是为你们？

彼得：为你们。我们还没有讨论到我的问题。我不知道那将会是什么样。当他（米纽庆医生）说你起不到帮助作用的时候，我和你都看到了这一点。我认为你会把一种情境理智化，你会将它描述出来，让它听上去冠冕堂皇，但是你来到这里，就这种情境提出你的想法，对这类问题做出回应时，米纽庆医生却说“那样起不到任何帮助作用”。

父亲：好……那是他的事。

彼得：我看出你变得更不耐烦了。这一次，我认为你必须真正思考出一个答案，而不能像你往常那样脱口而出，而且这也许会令你产生没有权威的感觉，你不能只是将问题扔在一边。

米纽庆医生（对父亲）：你没有起到过帮助作用。如果艾莉森是一个控制狂，而且彼得也是个控制狂的话……他们俩将需要你，因为你不是一个控制狂，你具备这种分散矛盾的能力。

与有孩子在进行居住式治疗的家庭进行会谈时，我认为有必要去挑战和父母站在一起的机构联盟，而不是聚焦于他们的居住环境的影响，我通常通过关注父母与他们孩子的相处以及他们彼此之间相处的方式，使局势得以扭转。当彼得对治疗强度发表意见的时候，他注意到了这一点。我是通过反复但又温和地强调当妻子需要帮助的时候丈夫却起不到帮助作用来达到这一效果的。与此同时，彼得的评论——“我不知道那将会是什么样”——是一句新奇的评论，因为他总是习惯于成为被关注的中心。

但现在回过头来看，我发现我没有看到的是我参与了孩子们，即与他们一起批评了他们的父母……而且他们的父母感觉受到了指责，他们被指控为导致孩子们出现问题的罪魁祸首。

父亲：我不会去挑战我的妻子。我并不认为那是正确的，我也不认为那是我的事情。

米纽庆医生：你看到的情况是她即将被淹没，而你没有帮她。问题是，你们是一个团队吗？她需要你的技巧而不是情绪化的反应。

母亲：我的确非常专横。我是一个控制狂……确实是。

米纽庆医生：你说“我的确非常专横”就像描述其他事一样……就像在说自己不易改变。你的丈夫应该帮助你成长，但他没有，因为你教会了他让他不能帮你。

我被这对夫妇的“阻抗”惹恼了，于是我坚持努力使他们接受我的观点。

母亲（对米纽庆医生）：我绝对不同意你那么说。我同意我确实是个控制狂，这点毫无争议。但我和我丈夫的关系并不是你所说的那样。结果可能是那样，但关系不是。我们有许多交流，并交换想法。迈克看过很多书，并对不同事物做过许多研究，而且我们还对它们进行讨论。（对迈克）难道你不说说那些吗？

父亲：不，我会。

母亲：我不会说我丈夫没有起到帮助作用。我应该改变我自己，成为更负责任的人。但我们的付出摆在那里……这就是我想要说的。

米纽庆医生：我已经结婚很多年了，我了解丈夫和妻子，我知道他们会相互改变。如果你们有一份契约写着你们在结婚后不愿意相互改变，那这一定是一份错误的契约。你可以说，“我是专横的，但迈克能够影响我”。

母亲：讲得对。

米纽庆医生：很明显，迈克有着你没有的技巧，就因为这点，我才说他没有起到帮助作用。

父亲：我认为，我和我妻子就像一个团队，她有强的一面，而我有散漫的一面，由此我们可以相互补偿，就此发展下去，那将是再好不过的事了。

他们感到被挑战，于是他们重新组合，联合起来反对我的干涉。很明显，我没有加入他们，他们对我的挑战所做出的反应就好像我因他们对孩子照管得不好而在责备他们一样。回顾整个过程，我想我没有注意到这点，即没有承认他们多年来作为毒品成瘾孩子们的父母的无助感和所遭受的巨大创伤。我本应该加入他们的痛苦之中。我没有挑战他们的联盟以及看护他们孩子的机构，我只是加入孩子们并和他们一起反对父母。

戴维：那是如何起作用的？！我的天，我感觉我好像在读一本书……

父亲：好，她必须让我进入她的生活……她必须让我进去。

米纽庆医生：我认为现在应该休息一下了。（对孩子们）下午我想做的是继续和你们的父母一起会谈，并请你们两个坐着当观众。

当我们结束第一次治疗性会谈时，我感觉我已经很好地加入了青少年，并且开启了和父亲的对话，但下一次需要加入母亲。我对她抵制进入一次富有意义的谈话而恼火。我所没看到的是，我已经被吸引进这个将母亲定义为一个不可攻克的堡垒的家庭系统中，而且我已经无意中参与到了三个男人回避家庭中的女性的联盟之中。

第二次会谈

午饭后回来，这个家庭看上去与上午并无不同。孩子们看上去挺放松的，而他们的父母，如果说有变化的话，则似乎是更正式和更有礼貌了。

• • • 第三步：结构化地集中探索过去

米纽庆医生：艾莉森，我将从你开始。你将自己描述为一个具有特殊存在方式的人。你是一个专横的人、一个“控制狂”——你用非常严重的语言来描述你自己，当你这样说的时候，好像你就是那样的人一样。现在，我要说的是，那是不正确的，你远远不止那样。

母亲：你说得对。

米纽庆医生：很有趣的是你关注你自己的那个部分。因此，我想知道，你是怎么发展这些特殊类型的透镜的……你小的时候是怎样的孩子，你的家庭是如何使你形成这种看待自己的特殊方式的，请告诉我，好吗？

母亲：好的，我理解你在说什么。我认为当我还是个孩子的时候，我不是那样的，我的童年时代极其普通。我们家里有两个孩子，我是年幼的那个；我有一个哥哥，他比我大两岁半。我父亲去上班，而我母亲待在家里，典型的 20 世纪 50 年代的婚姻，没有什么与众不同。

米纽庆医生：让我们说得慢点儿。有关你的童年，请告诉我稍微多一点儿。

母亲：我的童年乏味极了，并没有什么特别的。我们只是一个普通的中产阶级家庭。

米纽庆医生：一个“控制狂”是指什么？它意味着什么？

母亲：我喜欢决定事情如何处理。

米纽庆医生：它是如何在你和他（迈克）的关系中发生的？

母亲：具体我不知道……像我控制钱，而且我喜欢钱受到控制。

米纽庆医生：但你在说你喜欢控制迈克。

艾莉森的反应并非罕见——“没什么要报告的”。我坚持讨论她的童年经历，而她看上去有些困惑。在一些不成功的尝试之后，我将话题转移到了当前以及夫妻俩的关系上。

母亲：我不知道我想要控制他。

父亲：我不认为她想要控制我，但她想要控制事情的结果。举例来说，如果我们俩在争吵，她(对争论)的想法组织得相当好，我发现过很多次这种情况。她不一定想要控制我所想的，但她确实想要控制结果。她是一个喜欢控制的人——一个想控制结果的人。要改变她对事物的想法是挺困难的。

母亲(对米纽庆医生)：不，我是听他的观点的。

父亲(对米纽庆医生)：但她不会改变(她的想法)……

米纽庆医生：艾莉森，既然那是你和彼得之间的一个非常重要的冲突，我们就需要理解它。很明显，这是围绕控制领域的问题，也涉及你如何建立控制并因此促使彼得反叛。他成为你的挑战者，这种情况是怎么发生的?

母亲：我确实不知道，但我不认为作为一个孩子……没有，我几乎可以明确地说没有。(对她丈夫)你认为我是将他(彼得)作为一个孩子在控制吗?

父亲：你母亲的日常生活就是一场控制斗争。我15岁走进你们家的时候我就知道，你父亲因为不喜欢你母亲抽烟，可以说是很不喜欢，所以就走进另一个房间；而且你母亲拥有和你有关的她自己的私人生活方式。

米纽庆医生：他们(艾莉森的父母)相互之间曾经陷入过一种权力斗争吗?

父亲：相互之间……是的，但我认为不是和孩子们。他们(艾莉森的父母)之间总是存在着一种权力斗争——由谁控制房子，谁打算……

母亲(插嘴)：我不同意。我父母的角色分工非常明确。我父亲是挣钱养家的人，但后来我上中学后，我母亲也去工作了。我母亲负责处理家务。

当彼得的父母还是青少年的时候，迈克就是艾莉森的男朋友，他描述了一个和艾莉森记忆中的家庭成员相处方式完全不同的家庭。她强调了一幅没有冲突的画面，但这种“和平”是在她父母分居的状况下实现的。

米纽庆医生(对母亲)：他正在描述你想要唾弃的有关你家庭的重要事情，所以你不知道有关你自己的一些事情，这一点儿也不奇怪。

父亲：她常常唾弃。我们出现这个临床问题已经有许多年了，而她拒绝承认它的影响。例如，她会问：它真的有那么要紧吗?到目前为止，我们的生活已基本上摆脱它了；那有什么要紧的吗？

米纽庆医生（对母亲）： 所以你是在"监狱"里。这个"监狱"虽然是你自己制造的，但它仍是个"监狱"。迈克有你所在"监狱"的钥匙，但他没有使用它。不幸的是，对彼得来说，他向你（母亲）学会了争吵、挣扎和控制，因此那是他的"特别禁闭室"（particular detention house）。

"监狱"是我常常用来描述家庭组织僵化的隐喻。

米纽庆医生（对父亲）： 你是从什么时候开始觉察到她需要控制结果，并且决定不去做相关的努力的？你是从什么时候开始将她视为一个你不能改变的人的？

我继续挑战艾莉森，并以这种挑战寻求和迈克的联盟。

父亲： 我觉得我没有那么大的影响力可以这样做。

米纽庆医生： 因为你认为她太强大？

父亲： 因为我认为我自己并不十分强大，而且她不让我进入她的生活。对她来说，当她处在控制某个事件的结果的过程中时，我是否在旁边并不重要；而且这么多年来，我所学到的应对方式是告诉自己那并不重要。我选择让步。

第三步——探索过去如何形成当前的相关的方式——已经因为艾莉森不愿意重新审视过去的事情而不得不被暂时搁置在一旁，取而代之的是立足于当前的问题进行会谈，其间迈克描述他妻子如何"导演了"他的回避冲突，我因她拒绝我的挑战而感到沮丧，我的挑战是让她以不同的方式观察事物。与此同时，我觉得这次治疗有失公允，所有的男性——迈克、男孩们和我自己——处在将她置于"监狱"的联盟之中，而该"监狱"并不是她自己建造的。于是，我改变思路转而支持她。

米纽庆医生： 艾莉森，迈克和你"离婚"多久了？

母亲： 对不起，我不明白你的意思。

米纽庆医生：他刚才说他放弃任何进入能帮助你成长的情感关系中的可能性。

父亲：我没有觉得我在放弃。我挑挑拣拣，而在大多数情况下，我是捡了芝麻丢了西瓜。

米纽庆医生(对母亲)：难道你没看见，不只是你在“监狱”里面，迈克也不想用钥匙把“监狱”的门打开吗？你明白我所说的吗？

母亲：明白。

父亲：我相信当我给自己贴上弱小或啰唆的标签时，我就摆脱了责任或谴责，而她变得沉重，而且那本身就是巨大的责任。因为最终我放弃了努力并告诉她“我们不值得为此相互争吵，你为何不一个人去处理它”。通过这种方式，我将她置于了你刚刚谈到的“监狱”之中。

米纽庆医生：艾莉森，你同意他说的吗？

母亲：我同意有些事是必须完成的，如果某个人不去做这些事，那另一个人就得去弥补，并亲自去完成。

艾莉森拒绝迈克的提议——迈克认为他的回避是她执着于控制的原因。此时此刻，我觉得我难以对她产生影响，所以转而探索迈克的角色。

米纽庆医生：好的，迈克，让我们转回到你。你是如何变成一个使她心情沉重的人的？

父亲：我来自一个大家庭——我是七个孩子中的老大。我父亲控制欲极强。我去了彼得接受居住式治疗的地方并阅读了有关资料后，得知我父亲是一个典型的酗酒者的孩子，因为我祖父是个酗酒者，他(祖父)的一生过得并不快乐。我父亲和他妹妹其实生活在一个功能紊乱的家庭中。我认为我父亲之所以变得非常具有控制欲望，是因为他对什么是正确的以及什么是事物本来的方式有着非常清晰的观点。有时我们七个人都被他毒打，并受到严重的惩罚。我被大家视为反叛者。我是老大，较难蒙混过关，而且我不得不为每件事而战。我的弟弟妹妹们则相对容易过关一些。

米纽庆医生：那你为什么不能对抗艾莉森呢？

父亲：如果我走得太远的话——如果我超越了界限，她就会切断和我之间的交流。她有着清晰的限定方式，规定成年人应有的行为方式以及应该发生的事，这些和我父亲看待生活的方式类似；而且如果我偏离了她的标准或者将她推得太远，对话就结束了。

米纽庆医生：那你是什么时候断定你不能改变她的？

父亲：当我发现这样太费劲的时候，我就不去尝试了。

母亲：我认为他经常能够使我感受到亲密关系中的快乐。

父亲：我记得大约在15年前我曾告诉过她，我注意到自己向她表达爱的方式是对抗她——推她，然后她又反过来推我；而后如果我真的爱她，我又会再推她。也许由于我是这样一个“布道者”（diffuser），或无论怎样，她都会试图从我这里得到反应。

米纽庆医生（对母亲）：迈克不在的时候，彼得还在你身边吗？

母亲：我认为自己不可以依赖孩子们来填补那些空虚。

戴维（对母亲）：我认为，他（米纽庆医生）在说的是当爸爸不再推回去的时候，你是否转而去推彼得？……因为你知道爸爸会这样。

戴维再次做了协同治疗师的工作。

母亲：不，我认为这种情况一直存在了很多年。

米纽庆医生：什么已经存在了很多年？

母亲：彼得的违抗……

米纽庆医生：我只是想让你理解彼得对你的对抗，而且当他在对抗的时候，他并不只是在对抗，他是在对抗你。

尽管我认为我仅仅指出了行为是关系的反映，但艾莉森将我的干预理解为指控她是个坏母亲，因而她很自然地保护她自己免受指控。

母亲：我理解，但我认为我并没有使他加入和我的对抗中，没有用彼得来填补迈克不对抗我的空虚。

米纽庆医生：什么时候彼得成了你们生活的中心？

母亲：可能在他大约7岁或9岁时。

米纽庆医生：那是怎么发生的呢？

母亲：彼得有许多违抗（defiance）行为。

米纽庆医生： 违抗只是存在于他身上的一个术语，而我认为并不是这样的。我相信他是在对抗你。

母亲： 是的。

米纽庆医生： 这并不意味着他是挑衅的并因此攻击你。他和你只是处在对抗中。

母亲： 那么如果要用语言来表达它，更准确的表述会是什么呢？

很明显我们处于一场权力斗争中。她根本不考虑我的观察而仅仅将我所说的话视为言语表达，与此同时，我对她的挖苦所做出的反应是感到一种内在的紧张。这种紧张本应该是我让步的信号，但我却深深地陷入了我试图解说的内容中了。

米纽庆医生（对母亲）： 我努力想让自己对你们有所帮助，而现在正遇到困难；我在思考你在这个家庭中所处的沉重的位置，可能不仅是控制，还包括责任。你看，你虽然在谈论有关控制的问题，但对家庭也是负责任的。我说得对吗？

母亲： 对的。

米纽庆医生： 与"控制"比起来，我更喜欢"负责任"这个词。你丈夫说，他已经将父母的责任交给了你，他已经将家庭的责任交给了你。这对你来说可以接受吗？

我通过在不负责任的成员组成的家庭中将她的"控制"重构为"负责任"来解决我的困扰。

母亲： 要将整个的生活和努力剖析成这个或那个是很困难的。在养育彼得的问题上，毫无疑问地，我确实是太严厉了。

父亲： 我认为"严厉"这个词用错了。我认为你说你必须赢的时候，你离孩子们更近，因为我一直能感觉到你在他们应该如何作为、如何表现以及如何反应方面有着非常明显的、确定的感知方式——你较早地打断他们，这样以后你就不必再处理接下来的问题了，这对你来说非常重要。

米纽庆医生（对彼得）： 我们在谈论过去，我想看看将来。你看，我认为你母亲需要帮助。

彼得：我同意。

米纽庆医生：如何让这个家庭有所改变，以便你们的生活能过得更好一些呢？我这里所说的更好一些，不只是对你（彼得），对你母亲也是如此。（转向彼得和戴维）接下来你们需要做些什么呢？现在该你们发表看法了，父母听着，他们是听众。

虽然在第三步中孩子们已经是父母交谈的一部分了，但我还是在四个家庭成员中正式开启了这一阶段的谈话，谈话的目标是探索有关改变的新方式。

第四步：探索相关的改变方式

彼得（对母亲）：你以前从来没有面对过。你从未质疑过你的过去，而且我认为你并没有意识到——不是因你自己的过错或选择——你被抚养的方式和你的家庭存在的方式，直接影响了你今天的人格以及你着手做每件事的方式。

戴维：是的，我感觉到很恐惧——对我们家庭中每一个人的恐惧。

父亲：我们害怕什么？

戴维：改变。你们害怕改变。我们相互之间玩了很多精神游戏，而且我们一直这样。我对这些确实感到有点儿厌烦了。

母亲：他说得对。我们确实经常在家里下心理棋（mental chess）。那就是家庭游戏，而且我们都在玩。

父亲：我们相互之间非常了解，我们总是对这个事实感到得意。（转向米纽庆医生）但你所说的改变必须发生，你要说得更具体一些。

米纽庆医生：如果我能说得更具体一些，我就是个魔法师了。我对戴维印象深刻，我认为他挑选的词语非常具有治疗作用。问题是……你（迈克）能改变吗？

戴维（对母亲）：你最后砌起了这面没人能改变的“墙”。我认为，我们需要做的是想出一些办法来改变它，比如让爸爸来管钱。

……………………………

戴维在感觉到我的支持后变成了传递我声音的家庭成员。

……………………………

戴维： 让爸爸驾车回家。

母亲(摇摇头)： 你在想什么？！

彼得(对戴维)： 你在等待一种戏剧性的改变。

戴维： 我并不是在等待一种戏剧性的改变，我是在等待进步……而我现在还没看到它出现。

……………………………

他运用了和我类似的语言风格来挑战他的家庭。

……………………………

米纽庆医生： 戴维的意思是探索能够起帮助作用的选择，而且你(母亲)对驾车的反应就像你是称职的司机，而迈克不是一样。

……………………………

我放大了戴维的声音，而且感激他已经引入了一个能够将治疗推向成功结果的观点。

……………………………

母亲： 不，他是一个称职的司机，而我是一个神经质的乘客。

米纽庆医生： 但戴维在说——现在开始改变。迈克，你能驾车回家吗？

母亲： 谢天谢地，我们乘火车。

米纽庆医生： 戴维在问的是你能否处理不舒服的感觉。

母亲： 不能处理，我明白。

米纽庆医生： 戴维在说，(*转向彼得*)当你不是中心人物的时候，你能应对吗？接受不舒服，并且在这个过程中你将开始做别的事。迈克可以为一些事情承担责任，这将会使迈克不舒服。艾莉森可以听取迈克一些有关改变的想法，那也将会使她不舒服。所以我会将你们带入一种实验性的处境里。(*握着戴维的手*)无论什么时候，只要你想将自己训练成一个治疗师，我都会帮助你的。有任何问题要问吗？

彼得： 如释重负。我认为那就是过去针对家庭的治疗为何从未见效的部分原因，因为每次当我们所有人走进房间时，焦点总是在我身上。

结束语

第二周，转介者打电话给我，告诉我说戴维已经离开了那家提供居住式治疗的机构，并且迈克坚持帮艾莉森开车。

最初，我认为这是个成功的个案，因为在两次治疗后随即就发生了一些改变；但我因无法和艾莉森联系上而苦恼。就我的审美感而言，我本来是愿意以更优雅的方式和她“跳舞”的；但我陷入了我治疗风格的局限性之中，在我的风格中，当我发现我的治疗目标遇到阻抗时，我就变成了一个说服者。

后续治疗的优点之一是，治疗师有可能对治疗做一些回顾，并消除咨询者和治疗师之间的一些误解。然而，一名治疗师不得不面对的问题是，他可能没有第二次机会了。

治疗构架

家庭组织

当与那些同服务机构发展出长期关系的家庭进行会谈的时候，治疗师应当让服务机构成为家庭组织的一部分，就像延伸家庭的一只胳膊一样。因此，我们可以将麦克拉伦一家视为一个联盟中的父母与服务机构的执行亚系统，以便可以控制青少年亚系统。不幸的是，这个父母联盟受到了削弱，原因是父母放弃了他们在儿子们生活中有可能起到的有效作用。当理智和爱似乎并不奏效而耐心又被消耗殆尽的时候，迈克和艾莉森便屈服于精神卫生系统。与此同时，彼得和戴维脱离了他们的父母，剥夺了父母养育和控制他们的机会，也丧失了他们在一个更成熟的基础上学习如何应对父母的机会。

此外，这个家庭组织还有一个联盟，即父亲和孩子们之间的联盟，该联盟将母亲限定为一个负责任的、控制欲极强的但又不可能奏效的角色：该角色要么是被他人避之不及，要么是到处奔波，但不可以直接挑战家庭成员。总之，配偶亚系统以一种僵化的互补性为特征，其中，迈克通过默许妻子的控制来回避冲突，但却将所有沉重的责任感和孤独感留给了艾莉森。

个体视角

艾莉森之所以扮演了固执角色，有一部分原因是这个家庭教导的。她倾向于将不赞同转变为对抗，这导致她丈夫回避挑战她，而让她处于家庭里孤立的指挥位置上。我们仍然不清楚她是如何变得具有控制欲以及为何她觉得需要采取那种方式的，因为她太缺乏内省力，也不提供有关她童年的信息。艾莉森的父亲很明显是一个性格专横的人，而且她父母似乎关系疏离。但她父母实际上是如何对待她以及他们之间是如何对待彼此的，依然隐藏在她不透明的记忆中。

迈克将他在家庭中的工作定位成妻子的助手。他在专治、权威的父亲身边长大，因而将那些不可辩驳的秉性投射到了妻子身上。他回避冲突，因此也回避了担当责任。在他还是一个小孩的时候，他就知道争辩会招致一顿毒打，所以他宁愿退却也不挑战艾莉森。他将她描述为一个不可能与之争论的人，这可能部分正确，但这也反映了他自己对权威的恐惧。

彼得成了和他父亲相反的人——一个战士。他从很小的时候就开始为了自己的权利和母亲争斗。一旦他拒绝了母亲这个权威，他就推而广之地拒绝了普遍意义上的其他权威。这种思维使他在很小的时候就开始陷入了麻烦的境地。

戴维是家庭里经常内省的成员。他将自己视为家庭组织的牺牲品，在家里，他父母总是忙于处理他哥哥的问题。他从彼得和他母亲争斗的道德剧中学会了回避公开的对抗，退缩到了他自己的思维中。结果，他变得喜欢思考，但很孤立。

在为这两个男孩的行为提供了一些心理学及家庭系统的粗浅解释之后，我们不应该忘记毒品成瘾有其自身一系列的后果。这次咨询的目标如果要试图分出家庭、同辈以及彼得和戴维自己对他们变成毒瘾者的各自作用，并非不可能；但我们的目标是以他们父母能够提供给他们仍然需要的爱和指导这样的方式，帮助他们和他们的父母再联结——并给他们机会学习除了反叛和退缩以外与他们生活中主要的权威人物相处的方式。

• • • 干预策略

迈克和他的妻子已经承认他们对处理儿子的毒品成瘾问题感到无助。因此，我的策略是挑战他们的疏离。但为了使治疗工作变得十分有效，我必须努力去理解他们已有的所有想法与措施，并与他们产生共情：一个个不眠之夜，一个个半夜从警察局打来的电话，一趟趟赶往急诊室的路程，戒瘾病房里漫长的煎熬的治疗过程，坐在候诊室的无止境的等待……

不幸的是，我卷入了一场与父母的权力斗争中。我变成了一个说服者，并坚持认为父母参与了对他们孩子生活的构造，然而他们将此理解为他们是应当受到谴责的、不负责任的父母。当他们的父母阻抗的时候，我对亲近的工作姿态以及父母的疏离无能为力，使得这次治疗变成了一场没有获胜者的竞赛。

• • • 技巧

按照我们的四步模式，我首先干预的是将对儿子们毒品成瘾问题的聚焦扩展到他们深陷其中的家庭的相互作用中。治疗开始时，我询问他们的父母，这两个男孩是如何沦为吸毒者的。然后，在接受了他们所描述的和他们父母关系疏离之后，我转向探索这种关系模式是如何形成的。就在这时，阻抗产生了。

尽管如此，从这个案例中我可以总结出一个失误，即治疗师应该习惯性地避开对抗，而选择做一个支持性的倾听者。成为一个成功的治疗师的艺术在于要知道何时坚持、何时顺其自然。正如对彼得和戴维的父母而言，也许随他们去要比要求他们应该干什么更好一些，我可能推动得太急迫、太快了。我成功地揭示了迈克和艾莉森之间的互补性，而且我认为我能够帮助迈克看清：因为他的退缩，以及未能采取措施平衡他妻子和长子之间的权力斗争，最终导致了不幸的后果。我发现戴维是个辅助治疗师，并帮助他发现自己的“声音”；然而我在加入艾莉森的过程中并不成功。

结语

我们一起对所访谈的十个家庭的复杂性进行了深入探讨。我们以一幅地图，也就是我们评估家庭的四步模式开始，但当我们描述治疗过程时，这幅地图渐渐丧失了某些引人入胜的简约性。治疗路径看似柳暗花明，却又常常山重水复。访谈某些个案时，家庭成员和治疗师能很快步入熟悉的方向；而访谈另外一些个案时，则又很容易误入歧途；有时对某些场景反复详查细看，这样做似乎很有必要，但又单调乏味。总之，在治疗师和十个家庭共同走过的旅程中，我们体味到了复杂的感觉，其中不乏悲伤、恐惧、新奇和希望。

治疗是人类遭遇的一种建构性经验，是一种特殊手艺，这种手艺包括一组目标以及实现这些目标的方式。经验丰富的治疗师和经验匮乏的治疗师的区别在于，前者在发掘家庭动力关系并将之融入治疗过程方面技术娴熟；而后者则倾向于将家庭浇铸在他们预先构想好的架构中，就像将生面团放入曲奇饼干切割机里一样。两种方式中的任一种方式都有它的优势，也有它的劣势，每一个个案都是一个独一无二的产品，读者可以凭借自己的经验和敏感性进行浏览、欣赏以及批评。

我们应该指出，对家庭进行访谈，永远也不会像有些模式所推崇的那样直截了当。某个模式或许理论上简单明了，但现实的治疗过程却总是让我们步入模棱两可的境地。绝大多数的培训都包括讲授某些特别的技术，但却很少给学员以创新的空间。心理治疗的培训应当有不同的层次，因为它依赖隐喻性的沟通，而且常常要与混乱、矛盾以及冲突的观念甚至误解和争论打交道。治疗是一项奇怪的事业，有问题的人们向治疗师寻求咨询，而治疗师的工作不过是提问、分析，甚至重新定义他们需要寻求帮助的问题的特别含义而已。从本质上来说，这样做意味着治疗师与家庭成员一起，将家庭所带来的问题建构为另外一种不同的现实。

治疗并不涉及真理，而涉及选择。治疗究竟要往哪个方向进行、使用何种语言、选择何种隐喻、建构何种意义、寻求何种变化，每一个治疗师都必须对此做出抉择。只有当治疗师接受了真理的不确定性（the truth of uncertainty）时，治疗的教育和培训目的才能算完成。当你根据我们的地图寻找治疗方向的时候，我们希望你能注意到，我们在与每个家庭一同前行在不确定的旅途上，同时也在不屈不挠地抗争。虽然我们在本书中所选择的大多数案例是治疗成功的案例，但我们发现，与你们一起分享最后一个家庭个案失败的例子也很有必要。可以说，我们就像波斯工匠一样，在一块精美绝伦的地毯上故意编织出一点儿瑕疵。事实上，我们最初认为这个与药物成瘾抗争的家庭应该是一个成功的个案；直到再次回顾治疗过程时，我们的临床感觉才告诉我们，情形可能有所不同，才发现这个个案并不成功。（有时，太关注治疗师所说的话的有效性会使人忽略一个事实，那就是家庭并不买账。）

家庭成员由一个无形的网络所联结，虽然我们对此时刻保持着警觉，但是对进入家庭系统的治疗师——尽管他们也是编织这张无形的网的“丝线”——我们却并非总是牢记在心。我们在培训过程中所学到的所有技术之中最有效的依然是提问的能力。因此，即使我们的四步模式是治疗之旅的有用的地图，它也不过是为治疗方向提供了一个大致的轮廓而已。有时我们对治疗过程的描述看起来会过于简单直接，我们会再次浏览这些描述，并进一步讨论其复杂性。

就拿“撒谎的青少年”这个个案来说，在未看到三个家庭成员的相互影响的情况下，将青少年的说谎转换成隐喻或者诗歌，并将其作为建构的重点，对我们来说是再容易不过的事情。但是如果你注意到治疗师在探索夫妻关系方面的不懈努力，那么你将会看到，他开始询问他们中谁是最出色的侦探，实则是在以一种特殊的方式讨论个案中撒谎的少女，并将她的撒谎重构为她与父母关系的产物。因为这是一对混合夫妻，女儿来自母亲上一次的婚姻，所以治疗师有必要对母女之间密切的关系结构以及尚未完全建立起来的夫妻亚系统进行探索。后者可被视为一种未曾被利用的家庭资源，为了促进变化而有必要予以激活。应当注意的是，这个案例所出现的变化，并不在于探索目前所存在的问题的意义，而在于通过对目前所存在问题的重构创造一种要求家庭关系和结构做出改变的场景。一旦丈夫开始为其妻子在处理与女儿的关系方面提供更好的支持，并对他们各自从既往经历中所带来的经验进行探索，将有助于加深他们对以前的经验如何塑造现在的关系的理解。

很显然，两个治疗过程几乎在同时进行，而且两个过程相互交织和重叠。其中一个过程的重点在于拓展所存在问题的定义，消除家庭成员对带到治疗之中的问题所持有的狭隘观点；另一个过程在于推动家庭成员重新建构他们的关系模式，并促使他们在家庭亚系统内采取更为健康的行为方式。这两个过程有如乐器表演中的二重奏，此起彼伏，绵延相接，有时一个在追赶另外一个，而导致交替领奏；有时又在某一个主题上交相呼应。

如此看来，在所有这些个案中，的确有两条故事主线。第一条是治疗师如何处理目前所存在的症状的内容，第二条是治疗师如何利用第一条故事主线来促使新的行为方式的出现。这两条故事主线在四步模式图中的方向是蜿蜒交替的，详见图 1。

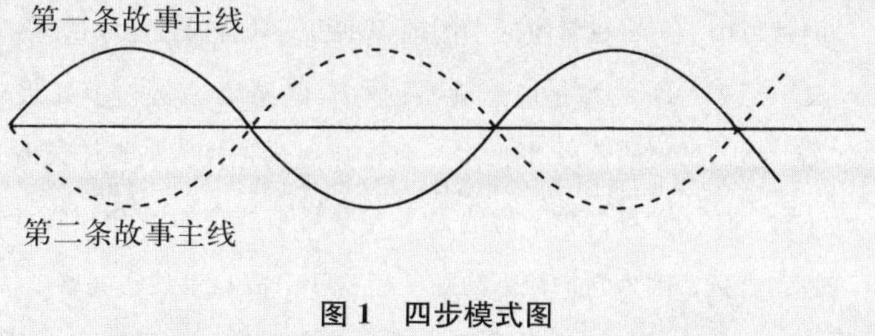

图 1　四步模式图

因此，那个奥地利男子的神秘的胃痛，便成为整个家庭的痛（第一条故事主线）；而治疗师在称赞这名奥地利男子对其家庭的高度敏感时，事实上，他是有意在儿子和其父母之间制造距离(第二条故事主线)。或者，再拿“父母化了的孩子”这个个案来说，那个西班牙年轻女性的“伴有自杀观念的抑郁”的标签，被重新解释为她在所担负的对家庭的诸多角色上“富有责任心和助人为乐”(第一条故事主线)，而探索的目标则在于，使她有可能放下某些负担过重的角色(第二条故事主线)。不管是多动的男孩，还是觉得双手永远不干净的母亲，在治疗过程中，治疗师对其总是有两种水平的干预。治疗师似乎对目前所存在的症状抱有好奇心，而且总是想方设法地制造出戏剧性的效果，甚至达到荒谬的程度，但他真正关注的事情却不在于此，而在于促使维持问题的家庭结构和关系模式做出改变。

对目前存在的(线性的)问题，提出一种新的(人际的)观点，是治疗过程中非常重要的第一步，但不是最后一步。它不过是治疗过程的开始而已，这个过程需要从重新审视僵化的信念转向引入新的互动模式上，以及改变僵化的家庭结构。因此，需要牢记的是，我们的四步模式虽然是一种评估工具，但并不只是对所呈现的问题进行评估那么简单，而是对是否需要采取另外的关系模式以及如何开始改变进行评估。如果我们能成功地灵活运用四步模式，便可以创造出新的可能性，成功也就唾手可得。

我们以某一个主题开始，然后再附加另外一个主题。在第一个主题中，治疗师将所呈现的症状转变为完全不相同的、有意义的和交互式的含义。例如，撒谎是诗歌，抑郁是“湿婆”(Shiva)的武器，自杀意图是对俄狄浦斯式身份的印证，等等。我们可以广泛地运用隐喻，就像在《邮差2》(*II Postino*)的故事中一样，日常生活中的琐碎小事，只有通过隐喻的转换，才会变得有意义。另外一个主题是通过观察，对家庭结构的运作模式进行探索。在这方面，隐喻转换的本质并非在于治疗师的创造性，而在于反复观察的有效性。不过，让人觉得自相矛盾的是，人类关系的荒谬性和模糊性都可以在经验中找到依据，因为它们代表的是从经验和对混乱生活的观察中所吸取的教训。

因为生活本身就充满了矛盾和不确定性，家庭治疗也具有同样的特点，这是再自然不过的事情。不过，治疗师并非剧作家，可以用他自己的术语来编写家庭戏剧；他也不是寓言家，可以任意编造关于家庭的故事。为了激活来自家庭内部的、有可能促使变化出现的能量，治疗师必须成为家庭对意义进行探索的参与者。尽管我们所有人都认为每一个家庭都是独一无二的，但在访谈中，对家庭特点的探索不可避免地将会受到治疗师自己对文化常规(cultural norms)的感知的影响。这类偏见在治疗过程中是无法避免的，甚至可以说，各种形式的培训不过是重塑这类偏见的过程而已。

在纽约米纽庆家庭治疗中心的培训研讨会上，一位瑞典的社会工作者在观看了一部家庭访谈的录像带后感到心烦意乱，因为她看到治疗师鼓励父母管制他们无法管控的 4 岁孩子。这位社会工作者可以接纳治疗师给这个孩子所下的让父母觉得无助、让孩子感到无望的精神病学诊断，但她认为，治疗师让孩子的父母在孩子暴怒和失控时抱住他是在虐待儿童。是什么因素决定了我们会有不同的反应呢？就我们自己的敏感性而言，文化的影响和我们以前所受过的培训肯定对塑造我们的观点有影响。因此，我们假定治疗师是有偏见的，而且任何声称对此有免疫力的人不过是对心理治疗的内在特征视而不见而已。因为本书的示范个案来源广泛，包括来自不同种族和文化背景的家庭，所以持有上述观点尤为关键。我们所追求的，不是治疗所有家庭问题的魔术般的效果，而只是对家庭来治疗时展露在我们面前的无助感的挑战。当然，如果某个家庭因其成员陷入僵化的结构而苦不堪言，治疗师在利用其自我方面将会不可避免地将自身对待改变过程的独特观点囊括进去。

因此，我们所描述的在治疗过程中的两个主题也涉及矛盾和冲突。一方面，它涉及新的可能性的广阔想象空间；另一方面，我们又必须认识到家庭在治疗室中所描述的现实。家庭治疗犹如下棋一样，是一种交互式的人类活动过程，有其特定的思考方式和技术，其目的在于创造变化和帮助人们摆脱痛苦。虽然每一局棋或者每一次治疗都是不同的，有其无法预测的各种可能性，但两者都有一套简单的规则，不过，我们在全神贯注于思考我们的每一个步骤时容易忘记这些规则。

所以，在一次良好的对弈结束时，在对某一个治疗个案进行总结后，还是有许多疑问会被提及：我们在对弈的某一步中是否有可能走出更好的一步棋呢？因为棋局中的任何一步都有可能会对整体结果产生影响，我们是否可以用完全不同的策略来下这盘棋呢?

从现代主义到后现代主义，再回归到生物学模式，我们发现自己持之以恒地在与人类发展领域的许多声音对话。虽然每一次对话都会有所触动，但我们仍然忠实于并且投身于关系科学，因为关系科学认为，人类经验所涉及的永远不止某一个人，而且幸福的关键有赖于我们从有问题的关系模式的限制中解放我们自己的能力。本书到此已基本结束了，究竟什么是最重要的呢？答案依然是“关系”——分享这次旅程的人们的关系。

后记

一、关于本书的作者

关于本书的三位作者，前言中已有粗略的介绍，我与王曦影合译的《家庭治疗——理论与方法》（华东理工大学出版社 2005 年版）中的介绍则更为详尽一些，有兴趣的读者不妨找来一览。这里仅做一些简要的补充。

萨尔瓦多·米纽庆是家庭治疗的开山鼻祖，1921 年，他出生于阿根廷，大学期间的他曾因反对当时的胡安·庇隆（Juan Perón）政府而入狱三个月。2006 年，美国《心理治疗网络》（*Psychotherapy Networker*）杂志及其网站联合哥伦比亚大学在美国国立精神卫生研究所的资助下，通过对2 598名心理咨询与心理治疗方面的从业人员的调查，评选出过去 25 年来最有影响的十位治疗师。萨尔瓦多·米纽庆位列第 3 名，前两名分别是来访者中心治疗的创始人卡尔·罗杰斯（Carl Rogers）和现代认知治疗的奠基者阿伦·贝克（Aaron Beck）。萨尔瓦多·米纽庆在业界的影响力由此可见一斑。

萨尔瓦多·米纽庆在写作本书之前，曾于 2001 年秋到过中国，并在北京为来自海峡两岸的 200 余名家庭治疗爱好者进行了为期两天的现场治疗示范。令人兴奋的是，米纽庆医生允诺有机会将再次来中国演讲或进行治疗示范，我们期待着这一天早日到来。

迈克尔·P. 尼科尔斯是美国乃至西方国家非常著名的家庭治疗师，他和理查德·施瓦茨(Richard Schwartz)合著的《家庭治疗——理论与方法》一书一直是各大学和培训机构在家庭治疗培训方面的首选教科书之一。

李维榕博士出生于中国香港，在中国台湾完成了大学教育，在加拿大、美国分别完成了硕士和博士学业，二十多年前曾在意大利接受过系统式家庭治疗(米兰学派)的培训，并在加拿大的多伦多从事家庭治疗的临床、督导和培训工作多年，后来又师从米纽庆医生学习结构式家庭治疗。20 世纪 90 年代中期，她回国在香港大学任教至今。但每年暑期，她必定有三个月赴纽约进行家庭治疗督导和培训，因为她一直是纽约米纽庆家庭治疗中心的董事会成员。在与米纽庆医生十几年的交往过程中，李博士与他的关系也由单纯的师生关系发展为同行以及合作者。在完成了他们合作撰写的第三部有关家庭治疗的专著后，米纽庆医生在印有梵·高的名画《鸢尾花》的卡片上亲笔写下了下面这段话[①]，并亲手交给了李博士。

亲爱的维榕：

看到一个学生变成了自己的同行，接着又成为一个合作者，并且以全新的方式拓展了身为人师的她所论证的领域，没有什么比这能让一位“勉强的老师”(reluctant teacher)更为高兴的事情了。你在我们的著作中所撰写的章节是一块“宝石”，令人赏心悦目。

谨致爱的谢忱。

萨尔瓦多

李博士在中西方文化方面的深厚底蕴以及对英语、汉语(普通话和粤语)的娴熟运用，使得她在欧美国家和亚洲华人地区的培训、督导和治疗示范过程中游刃有余。她在中国大陆先后举办了两届十余期家庭治疗工作坊，使大陆和台湾地区的家庭治疗爱好者获益匪浅。最让人惊讶和敬佩的

① 引自 Minuchin S, Lee W Y, Simon G M. Mastering Family Therapy: Journeys of Growth and Transformation-2nd edition. New York: Wiley, 2006: 242.——译者注

是，她在接受米纽庆医生培训和督导的连续三年时间里，每周的周末从多伦多乘飞机赶往纽约，培训和督导结束后再乘飞机从纽约赶回多伦多。我正是被她这种孜孜不倦的精神所感动，加上她对治疗方向炉火纯青的驾驭、对治疗细节恰到好处的把握、对治疗过程丝丝入扣的阐释、对督导片段引人入胜的讲解，激励着我不顾年近不惑的“高龄”，秉持“朝闻道，夕死可矣”的教诲，通过艰难的托福(TOEFL)考试，并非常幸运地成为她在香港大学的哲学博士研究生。在香港学习的四年多时间里，李博士对我的督导和教诲，将让我受益终身。

二、关于本书

在本书的前言中，米纽庆医生开宗明义地宣称，本书是他对半个多世纪以来家庭治疗临床、培训和督导的总结，他在本书中创造性地提出了“家庭治疗”的四步模式。这个模式简单明了，既具有实际操作性又蕴涵着理论思考，对治疗的方向性极具指导意义。尤其需要指出的是第三步——结构化地集中探索过去，可以说是21世纪家庭治疗中重大且旗帜鲜明的理论突破。一方面，这一突破说明家庭治疗已经发展到足以海纳百川、不计前嫌的成熟度；另一方面，这也是心理治疗逐步整合的大势所趋。我们知道，家庭治疗在20世纪50年代创始之初为了旗帜鲜明地与精神分析学派分道扬镳，曾特别强调家庭治疗的“此时此地”(here and now)，并与精神分析学派强调“过去”和“童年的创伤”划清界限。

本书的第一章对家庭治疗的历史进行了简要回顾和总结，着重介绍了米纽庆医生本人提出的家庭治疗的四步模式的理论、技术和方法，并对当代心理治疗界极为流行的非言语干预以及隐喻的运用进行了简要介绍。第二章至第十一章则是对四步模式在世界各地不同类型的十个家庭个案中具体应用的总结和分析，其中包括对个案的介绍、对治疗过程的分析、对治疗转折点的描述以及对治疗的理论和技术的具体应用分析等。作者还将这十个个案分为五大类，对这五大类家庭的共同特点进行了理论阐述，并对治疗方向和治疗技术提出了建议。最后的结语则是四步模式在十个家庭中具体应用的理论总结，并对如何应用四步模式提出了警示性的意见。这是一部涉及家庭治疗理论，但又不拘泥于理论，特别强调理论在实际治疗过程中的应用、分析和总结的著作。书中有不少地方给人以豁然开朗、妙不可言的感受。

值得一提的是，本书的第九章所描述的个案是李维榕博士在中国举办结构式家庭治疗工作坊时用四步模式所访谈的现场治疗示范，这一个案可以说是西方家庭治疗理论和方法在中国的完美应用，尤其值得仔细研读。

需要指出的是，本书对家庭治疗的流派及其理论和方法的来源并未进行系统且具体的论述，对此有兴趣的读者不妨将本书与《家庭治疗——理论与方法》结合起来阅读。

另外，本书除了对治疗过程有详细的描述外，还从家庭组织、个体视角、干预策略和技巧等方面对治疗构架进行了总结与分析。更为难能可贵的是，治疗师还对治疗过程中的不足之处进行了自我剖析，并提出了改进方式。因此，本书不仅适合家庭治疗爱好者阅读，相信对从事咨询和治疗工作的人士也将大有裨益。

作为李维榕博士的研究生，我有幸目睹了本书的酝酿及写作的整个过程，其中部分章节在尚未正式出版前就已多次被我所先睹为快。在我的记忆中，本书部分章节的修改、润色达百余次之多。印象中，四步模式中的第一步曾经被称为“分散目前的主诉”（decentralizing the presenting complaint），后来被修改为“拓展目前的主诉”（opening up the presenting complaint）。虽然仅有一词之差，但两者的确存在一些微妙的差异，值得从心理治疗理论甚至从哲学的角度去细细揣摩。

三、关于译者及分工

本书的三位译者都是受过正规研究生教育的精神科医生，都对心理治疗尤其是家庭治疗有着浓厚的兴趣，同时也都已成为孩子的父亲或母亲。我和陈珏是李维榕博士主讲的全国第一届结构式家庭治疗连续培训班的学员，而卢建平则是此班的第二届学员。卢建平曾经是湖南医科大学六年制英语医学班的高才生，而陈珏曾经在美国哈佛大学留学。她们娴熟运用英文的能力以及以家庭治疗为取向的精神科医生的教育和临床背景得到了本书中文简体字版编辑委员会的认可。

三位译者是本着学习和研究的态度来翻译本书的。其中，第二、三、六、七、八章以及第一、三、四部分开头的理论阐述内容由卢建平翻译；第四、五、九、十、十一章以及第二、五部分开头的理论阐述内容由陈珏翻译；第一章及其余部分，包括结语和前言以及译者注等由我翻译和撰写。卢建平所翻译的第二章和第三章由陈珏校对，第六、七、八章由上海市精神卫生中心的李樱校对；陈珏所翻译的内容则由卢建平校对。所有校对稿统一交由我审校。我所翻译的内容则分别由陈珏和卢建平先后校对后再交由我审校。卢建平通读了整个审校稿，并提出了修改意见，最后由我定稿。

四、关于翻译

尽管翻译工作应该遵守"信、达、雅"的原则，但因为心理治疗语言的特殊性，我们可能在翻译过程中相对更偏重"信"和"达"，而对"雅"则难免有些照顾不及，甚至有所牺牲，其中尤以治疗师的评述、问话或者回应为甚。不少语句初读起来可能非常别扭，甚至不知所云，但如果仔细研读，就会发现妙趣横生。

绝大多数专业术语以及翻译过程中难以准确把握的英文单词或者短语，我们都将英文原文附于这些词或者短语后面的括号内，可供有一定英文阅读能力的读者参考。以下是我们所翻译的专业术语中一些有代表性的例子(括号内的页码为英文原版中的页码)。

"identified patients"（p.2)，国内多数学者将其翻译成"索引病人"(index patients)，我们将之翻译为"被认定的病人"，包含有被家庭成员及病人本人认定的含义。因为究竟谁是病人、病在哪里，正是家庭治疗师要挑战和探索的。

"was diagnosed as depressed"（p.19)，如果将其翻译成"罹患抑郁"或

者“患有抑郁”可能更符合中文表达的习惯，但我们还是直译为“被诊断为抑郁”，这是因为“罹患”或“患有”表示“抑郁”是“病人”本身所具有或所伴随的特征，而“被诊断为”则只是表示被其他专业人士如精神科医生诊断，家庭治疗师可以相对容易对这个诊断进行挑战。

“has responded to the medication”（p.19）直译应该为“对药物治疗产生了反应”，我们译为“产生了疗效”。这是因为中文“对药物治疗产生了反应”包含了正面的反应（疗效）和负面的反应（副作用）两方面，而英文的表述中通常只指“疗效”。

“Yes, you have my permission.”（p.82）如果翻译成“行，我同意”似乎更符合中文表达的习惯，也并没有违背原意，但我们还是将其直译为“行，你得到我的准许了”。这是出于从来访者与治疗师对话中语言的连贯性来考虑的。这样翻译虽然有点别扭，但似乎更接近于“治疗”。

另外，需要说明的是，第九章所描述的个案是李维榕博士在中国武汉用汉语普通话所访谈的个案。我们在处理第九章治疗师与家庭成员的对话片段的时候，参阅并吸收了治疗过程的中文笔录，使其更接近治疗过程本身，这也是李维榕博士的建议，她认为，将中文笔录写成英文，那才叫翻译。因此她建议，我们在“翻译”这一章时应该以治疗过程的中文笔录为主，最好不要翻译“她的翻译”。这也许可以算得上是本书中文译本最具中国特色之处了。

五、关于本书的中文译名

本书的英文名为 *Assessing Families and Couples: From Symptom to System*，英文直译应该是“评估家庭与夫妻：从症状到系统”。虽然米纽庆医生也在本书的第六章结尾处强调，“如果评估（assessment）被视为治疗师所从事的某项工作，那治疗（therapy）便意味着是在家庭成员身上施行手术”（p.108），但我们还是将书名译为“家庭与夫妻治疗：案例与分析”。之所以这样翻译，是因为本书实际上是一部有关家庭与夫妻“治疗”（therapy）而非单纯涉及“评估”方面的书。如果直译，会给人一种印象偏差，让人以为这是一部有关家庭和夫妻的心理评估，涉及量表和问卷等内容的著作。读者也许会问，既然是这样，那么原著作者为什么要用“评估”这个“虚”名，给人一种“挂‘羊’头卖‘狗’肉”的错觉呢？这里可能有两方面的原因：（1）米纽庆医生本人治疗风格的变化。在本书的第一章中，米纽庆医生对他几十年来的治疗风格的变化进行了总结：“经过数十年的治疗实践，我已经从一个主动的挑战者——对抗、指导、控制——转向更柔和的风格。其间，我可以运用幽默、接纳、支持、建议和引导等方法，去实现以前需要运用犀利的风格才能达到的目标。我已经从指导者转变成一个协作者，但我并没有放弃作为一个专家的角色；我已经从其所植根的社会情境去看待家庭和人类转向于观察家庭系统和个人的精神世界，但并没有丧失对其相互影响的警觉；我已经从目不斜视地关注现在转向探索过去的影响，不过，目标仍然在于促进现在的改变。这些变化使我的风格更为复杂，也更加多样。”（2）当代心理治疗强调治疗师与来访者协同式或合作式方式（collaborative approach）的大趋势。合作式意味着治疗师对来访者应尽量避免干预、指导和控制，而应尽可能接纳、支持和引导；这意味着治疗师应尽量保持中立和被动，并以此推动来访者的主动性。也许，仅仅通过“评估”来推动来访者做出改变可能是“治疗”的最高境界。

另外，就是关于“couple”一词的翻译，新加坡大学的沈文伟博士建议要考虑目前西方人所说的“couple”除了传统意义上的夫妻外，还包括非婚同居的异性伴侣和同性伴侣等。我们也曾讨论过这一问题，但考虑到国内来接受治疗的还是以处于婚姻存续期的夫妻为绝大多数，而且本书中的个案也都属于传统意义上的夫妻，所以摒弃了“伴侣”这个词，而仍然翻译成“夫妻”。

最后，有关“From Symptom to System”的翻译，将其直译为“从症状到系统”本来非常简洁明了，但我们还是根据本书的内容和形式将其意译为“案例与分析”，原因有二：（1）国内同道对“System”一词虽然不乏了解，但如果直译为“从症状到系统”，很容易使人误认为本书是一部从“系统论”的角度来阐述家庭和家庭治疗的理论方面的著作，而实际上，本书的主要篇幅是对十个案例及其治疗过程的详细分析，以“案例与分析”作为中文译名也算是恰如其分；(2)“从症状到系统”虽然从词义上完整地表达了“From Symptom to System”的含义，但从音律上却无法找到如此匹配且含义相近的词语。

译者虽然是抱着研究和学习的态度，认真细心来翻译本书的，但由于中英文写作水平有限及对心理治疗的理解有限，所以翻译中难免会有各种各样的不足，希望读者批评指正，以便再版时改进。

胡赤怡

内容提要

在本书的开篇，作者对家庭治疗的历史进行了简要回顾和总结，着重介绍了米纽庆医生本人历经半个多世纪所总结并提出的家庭治疗的四步模式的理论、技术和方法，并对当代心理治疗界极为流行的非言语干预以及隐喻的运用进行了简要介绍。

在全书中，作者用了十个章节详细描述了运用四步模式对来自世界各地不同类型的十个家庭进行治疗和个案分析的具体过程，并对每个个案从家庭组织、个体视角、干预策略及技巧等方面的治疗构架进行了总结和分析。 此外，作者还从理论的角度对麻烦的孩子和他们的父母、有继子女的家庭、互补的夫妻、心身家庭、家庭和社会服务等五个方面的特点进行了总结，并提出了可操作性的治疗策略。

本书不仅适合家庭治疗爱好者阅读，而且对从事咨询和治疗工作的人士也会大有裨益。